JN495463

낭만주의 영시

English
Romantic Poetry

이철 지음

English
Romantic Poetry

낭만주의 영시작품 50편 주석과 해설

신아사

저자의 말

낭만주의영시는 사람들의 사랑을 가장 많이 받고 있는 영시 중 하나이다. 낭만주의는 본질적으로 18세기말부터 유럽을 휩쓸었던 프랑스혁명정신의 예술적 표현이라 할 수 있을 것이다. 인간의 자유와 평등, 박애를 지향한 프랑스혁명의 이념은 귀족사회를 무너뜨리고 문학예술을 소수의 특정계층 사람들만이 아니라 다수의 보통사람들도 주체적으로 즐길 수 있는 시대를 열어주었다. 낭만주의영시는 새롭게 등장한 시민사회에 걸맞게 보통사람들의 삶을 그들이 실생활에서 쓰는 언어를 통해 보여주었다. 그만큼 낭만주의영시는 보통사람들의 정서와 부합하고 읽기에도 그다지 어렵지 않다.

이 책은 6명의 주요한 영국낭만주의 시인, 블레이크(Blake)와 워즈워스(Wordsworth), 콜리지(Coleridge), 바이런(Byron), 셸리(Shelley), 키츠(Keats)의 중요작품 50편을 정선하여 주석과 번역, 해설을 붙인 것이다. 문학작품의 해석에는 정답이 있는 것도 아니고, 어떤 객관성을 보장할 수 있는 것도 아니다. 그러나 해석들 간의 설득력이나 합리성의 차이는 존재한다. 이 책의 목적은 독자들 나름의 독창적이며 논리적인 해석에 도움이 되는 필수정보들을 정확하고 충실하게 제공하는 데 있다.

시작품들을 다루기에 앞서 이 책은 먼저 시인들의 생애와 주요작품, 작품경향 등을 비교적 상세하게 기술함으로써 시인들의 성격과 세취, 세계관 등이 독자들에세 느껴질 수 있도록 했다. 시인에 대한 소개가 있고난 후에 각각의 작품을 다루고 있다. 시 원문을 싣고 시의 이해에 필요한 주석과 번역, 작품해설을 붙였다. 해설부분은 주로 연을 따라 가면서 꼼꼼하게 분석하고 설명하여 작품을 전체적으로 이해할 수 있도록 했다. 이 책은 누구나 읽기에 쉬운 문체로 기술되어 있다. 많은 독자들이 이 책을 통하여 걸출한 영국 낭만주의 시인들의 아름다운 시세계의 향기를 느낄 수 있기를 바란다.

2020년 8월 30일

목 차

낭만주의 영시

English Romantic Poetry

William Blake(1757-1827)

윌리엄 블레이크(William Blake)는 1757년 11월 28일 런던의 소호(Soho) 지역에서 양말가게를 하는 제임스와 캐서린 블레이크(James and Catherine Blake) 부부 사이에서 태어났다. 블레이크의 여섯 형제들 중 둘은 어린 나이에 죽었다. 블레이크는 어린 시절부터 종종 환상을 보았다. 네 살 때는 유리창에 얼굴을 대고 있는 하느님을 보았고, 여덟 살 무렵에는 시골길을 걷다가 나무에 천사들이 가득히 앉아있는 환상을 보기도 했다. 블레이크가 본 환상들은 평생에 걸쳐 그의 그림과 글에 영향을 미쳤다. 그의 부모는 블레이크의 말을 믿지는 않았지만, 그가 보통 아이들과 다르다는 것은 알았기 때문에 억지로 학교에 보내는 대신 집에서 읽기와 쓰기를 가르쳤다.

열 살이 되었을 때 블레이크가 화가가 되고 싶다고 하자 부모는 그를 헨리 파스(Henry Pars)의 그림학교에 보냈나. 2년 후 블레이그는 처음으로 시를 쓰기 시작했다. 열네 살이 되었을 때 그는 등록금이 비싼 미술학교를 그만두고 조각가 제임스 배지어(James Basire) 밑에 도제로 들어가게 되었다. 블레이크가 맡은 일은 웨스트민스터 사원의 무덤과 비석들을 스케치하는 것이었는데, 이 일을 하면서 익숙하게 된 고딕 양식은 후일 그의 시와 판화 작업에 큰 영감을 주었다. 7년의 도제기간이 끝나고 나서 블레이크는 영국왕립미술학교(Royal Academy of Arts)에서 잠시 공부하기도 했다.

1782년 스물다섯 살의 나이에 블레이크는 글을 읽을 줄도 쓸 줄도 모르는 캐서린 부쳐(Catherine Sophia Boucher)와 결혼했는데, 이들 부부 사이에는 아이가 없었다. 그는 아내에게 읽기와 쓰기, 밑그림작업 기술 등을 가르쳤고, 그 지식을 바탕으로 그녀는 블레이크의 삽화시 제작을 도왔다. 남편이 본 환상들과 천부적 재능을 믿었던 캐서린은 남편이 죽는 날까지 45년 동안 그를 전심으로 지지하고 도움을 아끼지 않았다. 1784년에 블레이크는 함께 도제생활을 했던 친구 제임스 파커(James Parker)와 인쇄소를 차렸지만, 몇 년 후 사업은 실패로 돌아갔다. 나머지 생애동안 블레이크는 책과 잡지의 판화 및 삽화 작업을 하면서 빈곤하게 살았다.

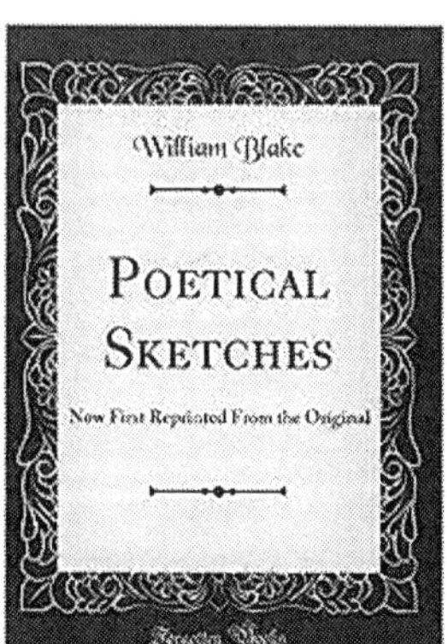

블레이크가 그림과 판화를 가르쳤던 동생 로버트(Robert Blake)는 1787년 겨울, 24세의 나이에 폐결핵으로 세상을 떠났다. 동생이 죽었을 때 블레이크는 동생의 영혼이 기뻐서 손뼉을 치며 하늘로 올라가는 환상을 보았다. 블레이크는 동생의 영혼이 지속적으로 자신을 찾아온다고 믿었으며, 그의 삽화시들의 인쇄방식은 동생 로버트가 꿈에서 가르쳐준 것이라고 주장하기도 했다.

블레이크는 1783년 26세의 나이에 주로 10대에 쓴 시들을 모아 첫 시집 『시적소묘』(*Poetical Sketches*)를 출판했다. 그는 또 1789년에는 『순수의 노래』(*Songs of Innocence*)를 출판하고, 그로부터 5년 후인 1794년에는 이를 『경험의 노래』(*Songs of Experience*)와 합본 형태로 출판했다. 이 두 시집은 블레이크가 직접 동판(銅板)에 텍스트를 쓰고 삽화를 새겨 넣어 판화의 형태로 출판되었다.

블레이크는 18세기의 신고전주의에 반대하여 시와 예술 창조에 있어서 이성보다는 상상력이 필수적이며 이상적인 형상은 자연의 관찰이 아닌 예술가 자신의 내적 비전에서 만들어져야 한다고 주장했다. 그는 자신이 어떤 체계를 창조하지 않으면 다른 사람이 만든 체계의 노예가 될 것이라고 말했다. 그의 「프랑스혁명」("The French Revolution", 1791), 「아메리카」("America, a Prophecy", 1793), 「앨비언의 딸들에 대한 환상」("Visions of the Daughters of Albion", 1793), 「유럽」("Europe, a Prophecy", 1794) 등은 전제주의 정치체제에 대한 저항감을 표현한 작품들이다.

1800년에 블레이크는 미술애호가 윌리엄 헤일리(William Hayley)의 후원을 받아 영국남부의 조그만 해변마을 펠팜(Felpham)으로 이주했다. 그곳에서 그는 독학으로 그리스어와 라틴어, 히브리어, 이탈리아어 등을 공부하여 여러 고전들을 원어로 읽을 수 있게 되었다. 또한 깊은 영적 깨달음을 얻음으로써 후일에 『밀턴』(*Milton*, 1804-08), 『네 조아』(*The Four Zoas*, 1797; 1800 이후 개정), 『예루살렘』(*Jerusalem*, 1804-20) 등의 장편 예언시들을 출판할 수 있는 기틀을 마련했다.

블레이크는 헤일리의 속물주의 근성에 염증을 내기 시작하면서 두

사람 사이는 점점 벌어졌다. 그러던 중 블레이크에게 1803년 8월, 자신의 땅에 무단으로 들어온 어떤 군인과 충돌하는 사건이 벌어졌다. 그는 군인에게 거기서 나갈 것을 요구했지만 군인이 이를 거부하자 둘 사이에 언쟁이 벌어졌고, 결국 블레이크는 힘으로 그를 몰아냈다. 그러자 군인은 블레이크가 왕을 모욕했다고 주장하면서 선동혐의로 그를 고발했다. 당시는 나폴레옹전쟁 때라 반역선동혐의는 중벌로 다스려졌다. 헤일리는 블레이크를 위해 변호사를 고용했고, 블레이크는 다음 해 1월에 석방되었다. 이를 계기로 블레이크 부부는 런던으로 다시 돌아왔다.

블레이크는 자신의 시와 미술작품이 보통사람들에게 이해받기를 바랐지만, 인기에 영합하여 자신의 비전을 희생시킬 마음은 조금도 없었다. 그는 1808년과 1809년에 미술작품 전시회를 열었다. 블레이크의 작품을 보고 그의 예술성을 칭찬한 사람들도 있었지만, '섬뜩하다'든지 블레이크가 '제정신이 아니다'라든지 하는 평가를 하는 사람들도 있었다. 블레이크의 시작품 또한 일반대중들에게 거의 알려지지 않았다.

블레이크는 만년을 가난 속에서 살았지만, 자신들을 〈고대인들〉('the Ancients')라고 부른 한 무리의 젊은이들의 지지를 받았다. 1818년에 그는 존 린넬(John Linnell)이라는 젊은 예술가를 만나서 재정적 지원을 받음으로써 새로운 작업에 몰두할 수 있게 되었다. 1825년에 린넬은 단테(Dante)의 『신곡』(*Divine Comedy*)에 들어갈 삽화를 그리는 일을 맡겨서 블레이크는 죽을 때까지 이 작업에 매달렸다.

마지막에 블레이크는 이름을 알 수 없는 병으로 고통을 받으며 살다가 1827년 8월 12일 존 번연(John Bunyan)의 『천로역정』(*Pilgrim's Progress*)의 수채화 삽화작업과 성경 「창세기」(Genesis) 삽화작업을 미완성으로 남겨둔 채 세상을 떠났다. 살아있을 때와 마찬가지로 그는 죽어서도 사람들의 인정을 그다지 받지 못했다. 사람들은 블레이크의 예술적 성취보다는 그의 기이함에 더 주목하는 경향이 있었다.

시인으로서 블레이크가 본격적으로 다루어지기 시작한 것은 1893년 예이츠(W. B. Yeats)와 엘리스(Edwin Ellis)가 린넬 집안이 소유한 블레이크의 원고들을 토대로 세 권의 블레이크 전집(*The Works of William Blake: Poetic, Symbolic and Critical*)을 발간하면서부터의 일이다. 20세기에 들어와서 1924년 데이먼(Foster Damon)은 최초의 블레이크의 연구서『윌리엄 블레이크의 철학과 상징』(*William Blake: His Philosophy and Symbols*)을 출판했고, 어드먼(David Erdman)은 블룸(Harold Bloom)의 주석을 붙여『블레이크의 시와 산문집』(*The Poetry and Prose of William Blake*)을 편집 출판했다. 오늘날에 와서는 많은 예술가들과 작가들에게 영감을 불어넣는 존재가 된 블레이크는 영문학의 중요시인들 중의 하나로 평가되고 있다.

from *The Poetical Sketches*

To Spring

O thou with dewy locks, who lookest down
Thro' the clear windows of the morning, turn
Thine angel eyes upon our western isle,
Which in full choir hails thy approach, O Spring!

The hills tell one another, and the listening
Valleys hear; all our longing eyes are turn'd
Up to thy bright pavilions: issue forth
And let thy holy feet visit our clime!

Come o'er the eastern hills, and let our winds
Kiss thy perfumèd garments; let us taste
Thy morn and evening breath; scatter thy pearls
Upon our lovesick land that mourns for thee.

O deck her forth with thy fair fingers; pour
Thy soft kisses on her bosom; and put
Thy golden crown upon her languish'd head,
Whose modest tresses are bound up for thee.

〈주석〉

0] 이 시는 James Thompson(1700-1748)의 "The Seasons: Spring"과 매우 유사하다.

Come, gentle Spring, ethereal Mildness, come,
And from the bosom of yon dropping cloud,
While music wakes around, veil'd in a flower
Of shadowing roses, on our plains descend(제1-4행).
오소서, 다정한 봄이여, 천상의 온화함이여, 오소서,
음악이 온 자연을 일깨우는 동안, 그림자 진 장미꽃 베일을 쓰고
저 빗방울 떨구는 구름의 가슴으로부터
우리의 들판으로 내려오소서.

2] Thro': Through.

3] Thine: Your. 다음에 나온 명사가 모음으로 시작할 때는 thine을, 자음으로 시작할 때는 thy를 쓴다.
our western isle: '영국'을 말함.

4] hails: greets, welcomes, cheers.

7] pavilion: 정자(亭子).
issue forth: come forth.

8] clime: region.

11] morn: 'morning' 대신 주로 시에서 운율을 위해 음절을 줄일 때 쓰임.

13] deck: decorate.

16] tresses: 머릿단, 땋은 머리.

오, 머릿결에 이슬 머금고
맑은 아침 창을 통해 내려다보고 있는 그대여,
그대의 천사 같은 눈길을 우리 서쪽 섬으로 향해 주세요,
우리는 그대 오시기를 한목소리로 환호합니다, 오 봄이여!

언덕들은 서로 얘기하고, 골짜기들은 귀 기울여
듣습니다. 그대를 바라는 우리의 모든 눈길은
그대의 빛나는 정자를 올려다봅니다. 나오셔서
그대의 성스런 두 발로 우리 땅을 찾아주소서!

동쪽 언덕을 넘어 오셔서 우리 땅에 부는 바람이
그대의 향내 나는 옷에 입맞추게 하소서. 우리로 하여금
그대의 아침과 저녁 숨결을 맛보게 하소서. 그대가 그리워
슬피 우는 상사병 걸린 우리 땅에 그대의 진주를 뿌려주소서.

우리 땅을 그대의 고운 손길로 꾸며주소서. 그 가슴에
그대의 부드러운 키스를 퍼부어주소서. 그 지친 머리 위에
그대의 금관을 씌워주소서.
우리 땅은 그대를 위해 그 얌전한 머리를 땋아 올렸습니다.

〈해설〉

블레이크의 시 「봄에게」(“To Spring”)는 그의 첫 시집 『시적소묘』(*The Poetical Sketches*)에 실린 「여름에게」(“To Summer”), 「가을에게」(“To Autumn”), 「겨울에게」(“To Winter”)와 같은 소위 〈계절노래들〉(‘Season Songs’) 중 하나로서, 봄이 의미하는 새로운 시작과 희망, 재생과 풍요를 노래하고 있는 작품이다. 이 시는 과감하게 각운을 생략하고 있지만, 정연한 네 개의 연으로 구성되어 있다.

첫 연에서 시인은 봄을 ‘머릿결에 이슬 머금은’, ‘천사 같은’ 존재로

의인화하여 부른다. 그는 봄이 눈길을 시인의 나라 영국('우리 서쪽 섬')으로 향해달라고 부탁하며, 봄이 다가오기를 온 나라가 환호하며 기다린다고 말한다.

둘째 연에서는 봄과 마찬가지로 의인화된 영국의 자연('언덕들'과 '골짜기들')이 봄이 오기를 기다리며 서로 얘기를 주고받고 듣는다고 말한다. 시인은 봄에게 '성스런 두 발'로 영국 '땅을 찾아주기를' 부탁한다.

셋째 연에서는 드디어 영국 땅에 내려온 봄의 모습이 묘사된다. 둘째 연까지만 해도 사람들은 하늘에 있는 봄의 '빛나는 정자를 올려다' 보았지만, 이제는 영국 '땅에 부는 바람'이 봄의 '향내 나는 옷'을 스치게 된다. '상사병 걸린' 영국 땅에 뿌려주기를 바라는 '그대의 진주'란 겨우내 목말랐던 대지를 적셔줄 봄비를 말하는 것으로 보인다.

마지막 넷째 연에 와서는 '봄'이 남성적 존재였음이 드러난다. 그는 봄을 기다리는 영국 땅을 봄의 '고운 손길로 꾸미고' 그 가슴에 '부드러운 키스를 퍼부어' 주고 '그 지친 머리 위'에 봄의 '금관을 씌워' 달라고 부탁한다. 영국 땅은 신랑인 봄을 기다리는 신부처럼 그 '얌전한 머리를 땋아 올리고' 기다리고 있었기 때문이다.

Song("How Sweet I Roam'd")

How sweet I roam'd from field to field,
And tasted all the summer's pride,
'Till I the prince of love beheld,
Who in the sunny beams did glide!

He shew'd me lilies for my hair,
And blushing roses for my brow;

He led me through his gardens fair,
Where all his golden pleasures grow.

With sweet May dews my wings were wet,
And Phoebus fir'd my vocal rage;
He caught me in his silken net,
And shut me in his golden cage.

He loves to sit and hear me sing,
Then, laughing, sports and plays with me;
Then stretches out my golden wing,
And mocks my loss of liberty.

〈주석〉

3] I the prince of love beheld: I beheld the prince of love.
the prince of love: Eros, Cupid, the ancient Greek god of love.

5] shew'd: showed.

8] grow: grew. 제6행 'brow'와 시각적으로 운을 맞추기 위해 현재형으로 쓴 것.

10] Phoebus: Apollo as the sun god.
vocal rage: passion for singing(노래하고 싶은 욕구).

얼마나 즐겁게 나는 이 들판 저 들판을 돌아다니며
여름의 온갖 좋은 것들을 맛보았던가.
그러다가 햇살에서 미끄럼을 타는
사랑의 왕자를 보게 되었네.

그는 내 머리를 장식할 백합을,
내 이마를 위해서는 수줍어 얼굴 붉히는 장미를 보여주었네.
그는 나를 자기의 아름다운 정원 속으로 인도했는데,
그곳에서는 온갖 금빛 쾌락들이 자라고 있었네.

달콤한 오월 이슬로 내 날개는 젖고
태양신 아폴로는 노래하고 싶어 하는 내 욕구에 불을 질렀네.
그는 나를 비단 그물로 사로잡아
금빛 새장에 가두었네.

그는 앉아서 내가 노래하는 것을 즐기며
웃고 나를 희롱하네.
그리고는 내 금빛 날개를 잡아 늘이고는
내가 자유를 잃어버렸다고 놀리네.

〈해설〉

블레이크가 열두 살 때인 1769년에 쓰기 시작한 이 작품은 시의 화자가 사랑의 왕자와 만나 겪게 되는 상황을 중심으로 전개되고 있다. 네 개의 연으로 이루어진 이 시의 첫 연에서는 화자와 왕자의 만남이 이루어지고, 둘째 연에서는 왕자가 유혹을 하고, 셋째 연에서는 왕자가 화자를 사로잡아 가두고, 넷째 연에서는 왕자가 화자를 조롱하는 것으로 되어 있다.

첫 연에서 화자는 여름 들판을 돌아다니면서 온갖 자연의 즐거움을 만끽한다. 그러다가 햇살에서 미끄럼을 타는 사랑의 왕자를 만나게 된다. 사랑의 왕자는 그리스 신화의 큐피드로서, 햇살에서 미끄럼을 타는 것은 셋째 연에 나오는 태양신 아폴로와 연결이 되는 것처럼 보인다.

둘째 연에서는 사랑의 왕자가 화자에게 백합과 장미를 선물하여 유혹하고는, 금빛 쾌락들이 자라고 있는 자기의 아름다운 정원 속으로 화자를 데리고 간다. 여기에서 '금빛'이라는 것은 태양과 관계된 색깔이며, '쾌락들'이라는 것은 구체적으로 사람들에게 즐거움을 주는 정원의 열매나 꽃 같은 것들을 암시한다.

셋째 연에서는 태양신 아폴로가 등장한다. 문제는, 바로 다음 행과 넷째 연에 나오는 'He'를 누구로 볼 것인가 하는데 있다. 일반적인 영어의 쓰임새에 따르자면 이때의 'He'는 아폴로가 된다. 그렇게 보면 이 시는 제1-2연과 제3-4연이 분리되어, 시의 전반부에서는 화자와 사랑의 왕자 큐피드의 관계를, 후반부에서는 화자와 태양신 아폴로의 관계를 묘사하는 시가 된다. 말하자면 시로서 갖추어야 할 통일성과 일관성이 없는 망가진 시가 되어버리고 만다.

따라서 우리는 셋째 연과 넷째 연의 이 'He'를 시의 첫머리에서부터 언급되어온 큐피드로 보는 것이 좋을 것이다. 아폴로는 음악의 신이기도 하므로 아폴로를 등장시킨 것은 단지 화자가 큐피드와의 사랑에 빠져 노래하고 싶을 정도의 기분이 되었음을 표현한 것으로 보면 될 것이다. 그런데 어쨌든 화자를 사랑의 기분에 젖게 만든 큐피드가 돌연 화자를 비단 그물로 사로잡아서 금빛 새장에 가두는 일이 벌어지게 된다.

넷째 연에서 큐피드는 그렇게 새장에 가두어둔 화자의 노래를 듣기를 즐기며, 화자와 성적 쾌락을 나눈다. 그러면서도 그는 화자의 금빛 날개를 잡아 늘이며 화자가 자유를 잃어버렸다고 놀린다. 사랑의 왕자가 왜 갑자기 이처럼 화자를 가두고 조롱하는지, 그리고 그 의미가 무엇인지 시에 명확히 나타나있지 않다.

우선 화자가 어떤 존재인지 살펴볼 필요가 있을 것이다. 사랑의 왕자와 사랑을 나누었으니 일단 여성적인 존재로 보는 것이 일반적인 생각일 것이다. 화자의 모습은 셋째 연과 넷째 연에서 묘사된 바에 따르면 노래하기를 좋아하며 날개가 있고 결국 새장에 갇히는 존재이다. 단적으로 말해 새 같은 모습을 가진 존재이다.

화자가 구체적으로 누구를 암시하는지는 화자와 사랑을 나누는 큐피드를 염두에 두면 어렵지 않게 짐작할 수 있다. 말하자면 그리스신화의 프시케(Psyche)를 암시하고 있다. 인간의 영혼을 의미하는 프시케는 날개를 달고 있는 것으로 묘사된다. 그런데 이 시에서는 그리스신화에서와는 달리 큐피드의 존재에 대해 프시케가 알지 못한 채 둘의 사랑이 밤에 은밀히 이루어지는 그런 식이 아니다. 두 존재의 사랑은 첫 연의 '햇살'이나 셋째 연의 '아폴로'에 대한 언급에서도 분명하듯 밝은 낮에 이루어진다. 어쨌든 이 시는 프시케와 큐피드의 사랑을 형상화하고 있는 것으로 보인다.

또 다른 관점에서 보자면, 이 시의 화자가 노래하기를 좋아하고 날개를 가지고 있다는 점은 날개달린 말 페가수스를 타고 상상의 세계를 날며 노래하는 시인의 모습을 떠올리게 한다. 따라서 이 시의 화자는 시인 혹은 시인의 영혼을 상징하는 것으로 보인다. 이 시에서 시와 음악의 신인 아폴로가 등장하는 것은 우연이 아니다. 이 시는 시의 신인 아폴로와 사랑에 빠진 시인의 모습, 즉 몹시도 시를 노래하고 싶어 하는 시인인 화자 자신의 모습을 그리고 있는 것으로 보인다. 이런 관점에서 본다면 첫 연의 '사랑의 왕자'는 큐피드가 아니라 시인이 사랑하는 대상인 아폴로가 된다.

이 시를 보다 넓은 관점에서 어떤 사랑이나 향락 등의 유혹에 빠진 인간의 일반적인 모습을 그리고 있는 것으로 볼 수도 있다. 어떤 대상에 대한 관심이 지나치게 되면 그것은 결국 인간을 구속하게 된다. 그 대상이 사람이든 예술이든 취미이든 혹은 술이든 오락이든 그것에 너무 깊이 빠지게 되면 나중에는 그것의 노예가 되어버린다. 사람이 사랑하는 일도 이와 같아서 사랑에 의해 애인이 되고 결혼에 이르기도 하지만 그것은 결국 인간을 속박하는 장치로 작용하기도 한다.

from *Songs of Innocence*

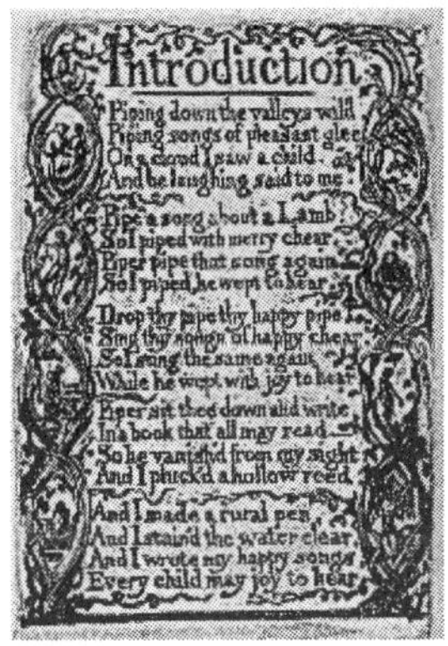

Introduction

Piping down the valleys wild
Piping songs of pleasant glee
On a cloud I saw a child,
And he laughing said to me,

"Pipe a song about a Lamb";
So I piped with merry chear;
"Piper pipe that song again" —
So I piped, he wept to hear.

"Drop thy pipe thy happy pipe
Sing thy songs of happy chear";
So I sung the same again
While he wept with joy to hear.

"Piper, sit thee down and write
In a book that all may read" —

So he vanish'd from my sight.
And I plucked a hollow reed,

And I made a rural pen,
And I stained the water clear,
And I wrote my happy songs
Every child may joy to hear.

〈주석〉

2] glee: delight, pleasure, joy.
3] On a cloud I saw a child: I saw a child on a cloud.
6, 10] chear: cheer. 제8, 12행 끝의 'hear'와 시각적으로 운을 맞추기 위해 변형한 것.
8] he wept to hear: i.e. with joy, as in the following verse(제12행)
11] sung: sang.
13] sit thee down: sit (thyself, yourself) down.
20] joy: rejoice.

우거진 골짜기로 피리를 불며 내려가다가
즐겁고 유쾌한 노래를 피리로 불며 가다가
나는 보았네, 구름 위에 있는 한 아이를.
아이는 웃으며 내게 말했지.

"어린 양에 관한 노래를 피리로 불어주세요."
그래서 나는 기분 좋게 신나게 피리를 불었네.
"피리 부는 아저씨, 그 노래를 다시 피리로 불어주세요"—
그래서 나는 또 피리를 불었고, 아이는 들으며 눈물을 흘렸네.

"아저씨의 피리, 그 기쁨의 피리는 놓아두고
행복하고 신나는 노래를 불러주세요."
그래서 나는 그 노래를 다시 불렀는데,
아이는 노래를 듣고 기쁨에 겨워 눈물을 흘렸네.

"피리 부는 아저씨, 앉아서 책에다 적어 주세요,
누구나 읽을 수 있게"—
그리고는 아이는 시야에서 사라졌네.
나는 속이 빈 갈대를 꺾어

그것으로 전원의 펜을 만들었네.
그리고 맑은 물에 물감을 풀어
내 기쁨의 노래들을 적었네,
모든 아이들이 듣고 즐거워하라고.

〈해설〉

이 작품은 『순수의 노래』(*Songs of Innocence*)의 서시(序詩)로서 이 시집의 전체적인 성격을 알려주는 역할을 한다. 이 시의 화자는 자신을 골짜기에서 피리를 부는 목동으로 상상하며 시를 전개한다. 피리를 불던 화자는 구름 위에 있는 아이를 만나게 되고, 아이의 부탁으로 '양에 관한 노래'를 피리로 연주한다. 그 연주를 듣고 난 후 아이는 목동에게 그 노래를 피리 대신 직접 목소리로 불러달라고 조른다. 목동의 노래를 듣고 난 후 아이는 다시금 목동에게 누구나 읽고 즐길 수 있도록 그 노래를 책으로 써달라고 청한다. 그래서 화자인 목동은 갈대를 꺾어 모든 아이들이 듣고 즐거워하도록 그 행복한 노래들을 적었다고 말한다. 목동이 피리를 불다가(piping) 노래를 부르고(singing) 최종적으로는 글로 적었다(writing)는 것은 자연에 가까운 소리에서 인간의 기호(記號)로 변해가는 과정을 보여주는 것으로서, 실제로 시가 어떻게 만들어지는지를 보여준다.

구름 위의 아이는 순수의 상징인 동시에, 화자로 하여금 연주하고 노래하고 글로 쓰도록 만든 영감의 상징이기도 하다. 아이의 부탁으로 화자인 목동이 부른 노래의 주제가 '어린 양'이라는 점은 이 시집에 실린 작품들이 어린 양과 같은 아이들의 순수한 세계를 노래할 것이라는 사실을 암시한다. 특히 이 시는 아이들의 순수하고 행복한 상태에 걸맞게 어린아이들이 쓸 법한 단순한 어휘들을 반복적으로 사용하고 있다. 이 작품들을 쓴 목적이 '모든 사람들이 읽을 수' 있도록 하기 위함이며 '모든 아이들이 듣고 즐거워'하는 것이라는 말은 이 시집이 인간과 사회에 대한 비판이나 계도에 그 목적이 있는 것이 아니라, 시와 노래를 통하여 사람들에게 순수한 정신적 기쁨을 주려는 데 있다는 점을 말해준다.

The Lamb

Little Lamb, who made thee?
Dost thou know who made thee?
Gave thee life & bid thee feed,

By the stream & o'er the mead;
Gave thee clothing of delight,
Softest clothing, woolly bright;
Gave thee such a tender voice,
Making all the vales rejoice!
    Little Lamb, who made thee?
    Dost thou know who made thee?

    Little Lamb, I'll tell thee,
    Little Lamb, I'll tell thee!
He is callèd by thy name,
For He calls Himself a Lamb;
He is meek & He is mild,
He became a little child;
I a child & thou a lamb,
We are callèd by His name.
    Little Lamb God bless thee.
    Little Lamb God bless thee.

〈주석〉

2] Dost thou know: Do you know.

4] o'er: over. 시에서 운율을 맞추기 위해 음절수를 줄인 형태.
mead: 시에서 운율을 맞추기 위해 'meadow' 대신 쓰는 말.

8] vales: 시에서 운율을 맞추기 위해 'valleys' 대신 쓰는 말.

15] He is meek & He is mild: 「마태오의 복음서」 11:29 ('나는 마음이 온유하고 겸손하니' for I am meek and lowly in heart.) 참조.

17] I a child & thou a lamb: I [am] a child, and thou [art] a lamb. (be동사가 생략됨)

18] We are callèd by His name: 「예레미야」 14:9 ('야훼여, 수께서는 우리 가운데 계시는 분, 우리는 주의 이름으로 불리는 백성이 아닙니까?' yet thou, O Lord, art in the midst of us, and we are called by thy name) 참조.

어린 양이여, 누가 너를 만들었니?
누가 너를 만들었는지 아니?
누가 너에게 생명을 주고 먹도록 해 주었는지 아니?
시냇가에서 풀밭 위에서.
누가 너에게 기쁨의 옷을 주었는지 아니?
가장 보드라운 양모의 빛나는 옷을.
누가 너에게 그렇게 상냥한 목소리를 주어
온 골짜기를 즐겁게 만들었는지를!
어린 양이여, 누가 너를 만들었니?
누가 너를 만들었는지 아니?

어린 양이여, 내가 말해줄게,
어린 양이여, 내가 말해줄게!
그 분은 너의 이름으로 불리신다.
그 분은 자신을 양이라고 부르시니까.
그 분은 유순하고 온유하시다.
그 분은 어린아이가 되셨다.
나는 어린아이, 너는 양,
우리는 그 분의 이름으로 불린다.
어린 양이여, 신이 너를 축복하시길.
어린 양이여, 신이 너를 축복하시길.

〈해설〉

이 작품은 첫 연의 질문과 둘째 연의 대답으로 구성되어 있다. 화자가 양에게 던지는 질문의 요지는 그 양을 창조한 존재가 누구인가 하는 것이다. 그 존재는 양에게 생명을 주었을 뿐만 아니라 먹을 것을 주고 빛나는 기쁨의 옷과 상냥한 목소리까지 준 것으로 묘사되어 있다. 그런데 둘째 연에서 화자의 질문에 대해 답하는 자는 양이 아니라 화자 자신이다. 그러니까 화자가 질문을 했던 이유는 그 답을 몰라서 궁금했거나 양으로부터 직접 대답을 듣고 싶어서가 아니라, 둘째 연의 답에서 나타나는 주장을 화자 자신이 하고 싶었기 때문이다.

자문자답 형식을 취하는 이 시의 둘째 연에서 화자는 양의 창조주가 누구라고 딱 집어서 말하는 대신 그 존재의 성격과 비유적 호칭을 언급하고 있다. 인간의 형상을 하고 어린아이로 태어난 그 존재는 성품이 유순하고 온유하며 스스로를 양이라고 불렀다고 한다. 기독교에서 인간의 형상으로 세상에 내려온 하느님이라고 말하는 예수에 대한 언급이다. 그런데 여기에서 화자는 자신도 어린아이라는 사실을 밝힌다. 예수는 어린아이로 태어나 '하느님의 어린 양'으로 불림으로써 이 시의 화자인 어린아이와 청자인 양을 모두 끌어안으며 세 존재가 하나로 동화되는 느낌을 준다.

기독교의 핵심적 역설 중의 하나는 하느님은 양과 인간을 창조한 존재인 동시에 스스로 양과 같은 인간이 된 존재이이기도 하다는 것이다. 창조주인 동시에 스스로 피조물이 되는 이중성을 갖고 있다는 말이다. 이 시의 제목은 「양」이지만 이 시의 주제는 양이 아니라 바로 하느님이다. 그러나 여기에서 말하는 하느님은 어떤 초월적인 존재로서가 아니라 인간화된 존재로 나타난다. 인간화된 하느님에 시의 초점이 있다. 온유하고 유순한 인간은 하느님의 속성을 드러내며, 결국 하느님은 다름 아닌 온유하고 유순한 인간임을 말하고 있는 것이다.

The Chimney Sweeper

When my mother died I was very young,
And my father sold me while yet my tongue
Could scarcely cry " 'weep! 'weep! 'weep! 'weep!"
So your chimneys I sweep & in soot I sleep.

There's little Tom Dacre, who cried when his head
That curl'd like a lamb's back, was shav'd, so I said,
"Hush, Tom! never mind it, for when your head's bare,
You know that the soot cannot spoil your white hair."

And so he was quiet, & that very night,
As Tom was a-sleeping, he had such a sight!
That thousands of sweepers, Dick, Joe, Ned, & Jack,
Were all of them lock'd up in coffins of black;

And by came an Angel who had a bright key,
And he open'd the coffins & set them all free;
Then down a green plain leaping, laughing, they run,

And wash in a river, and shine in the Sun.

Then naked & white, all their bags left behind,
They rise upon clouds, and sport in the wind.
And the Angel told Tom, if he'd be a good boy,
He'd have God for his father & never want joy.

And so Tom awoke; and we rose in the dark
And got with our bags & our brushes to work.
Tho' the morning was cold, Tom was happy & warm;
So if all do their duty, they need not fear harm.

〈주석〉

3] 'weep!: "sweep"(굴뚝 쑤셔요!)을 혀짧은 소리로 표현한 것으로, 일종의 두음소실현상(aphaeresis). 아이들의 비참한 상황을 보여준다.
6] shav'd: 머리털을 타지 않도록 깎은 것을 말함.
8] white: fair(금발의). 검댕과 대비되면서, 동시에 어린이의 순수함(innocence)을 나타내는 표현.
10] he had such a sight!: 꿈을 꾸었다는 것.
13] by came an Angel: an Angel came by.
17] their bags: 청소도구 혹은 검댕을 담는 가방.
19] if he'd: if he would.
20] want: lack.

우리 엄마가 돌아가셨을 때 저는 아주 어렸죠.
그래서 아버지는 저를 팔아먹었죠, 제 혀가
"-뚝 쑤셔요, -뚝 -뚝 -뚝!" 소리도 제대로 못 낼 때.
그래서 여러분들의 굴뚝을 청소하고 검댕에서 잠을 자지요.

꼬마 탐 데이커는 양의 등처럼 곱슬곱슬 거리는
머리털을 밀었을 때 울었어요. 그래서 제가 말했죠.
"쉿, 탐! 신경 쓰지 마, 머리털이 없으면
너의 금발머리가 검댕으로 더럽혀지지 않잖아."

그래서 그는 잠잠해졌어요. 바로 그날 밤
탐은 잠을 자면서 멋진 광경을 보았지요!
수천의 굴뚝청소부 아이들, 딕과 조, 네드, 잭이
모두 검은 관속에 갇혀 있었어요.

그런데 빛나는 열쇠를 가진 천사가 와서
관을 열고는 모두를 자유롭게 했지요.
그래서 그들은 초록 들판 아래로 뛰고 웃으며 달려 내려가
강물에서 몸을 씻고 햇빛 속에서 빛났지요.

그리고는 하얗게 벌거벗은 몸으로 가방들을 내버려둔 채
구름위로 올라가 바람을 타고 놀았어요.
천사가 탐에게 말했지요, 그가 착한 아이가 되면
하느님이 아버지가 되고 늘 기쁠 거라고요

그래서 탐은 잠에서 깨었어요. 우리는 깜깜할 때 일어나
가방과 솔들을 챙겨서 일하러 갔어요.
아침은 추웠지만 탐은 행복했고 따뜻함을 느꼈어요.
그러니 모두 제 의무를 다한다면, 해를 당하지 않을까 두려워할 필요가
없지요.

〈해설〉

이 시는 18세기 후반부터 19세기 초반에 걸쳐 일어난 영국의 산업혁명 시기를 배경으로 하고 있는 작품이다. 15세기 중엽 이후 19세기까지 지속되었던 인클로저운동(종획운동 縱劃運動)으로 많은 농민들은 토지를 잃고 도시로 나가 노동자가 되었다. 산업혁명 시기 영국 도시노동자들의 삶의 조건은 열악하기 그지없었고, 어린 자식들을 7년 기간으로 굴뚝청소업자의 도제로 팔기도 했다. 굴뚝청소를 하기 위해서는 몸집이 작은 어린아이들이 필요했는데, 1788년에 8살 미만 아이들의

굴뚝청소부 고용을 금지하는 법률이 제정되었지만 제대로 지켜지지 않았다. 이 작품에는 그런 굴뚝청소부 아이들의 고통스런 삶이 그대로 드러나 있다.

이 시의 화자는 굴뚝청소부 아이 중 하나로서, 엄마가 죽은 후 아버지가 자신을 굴뚝청소업자에게 팔아먹었다고 얘기하고 있다. 아직 'sweep'이라는 발음도 제대로 되지 않아 'weep'이라고 소리 지를 수밖에 없는 어린 나이에 그는 굴뚝청소를 하면서 검댕이 속에서 잠을 잔다고 한다. 그러나 화자 아이는 이런 상황에 절망하기보다는 자신보다 나중에 이곳에 들어온 신참내기 청소부 탐 데이커를 위로하는 모습을 보여준다. 탐의 머리칼이 양털처럼 곱슬곱슬하고 희다고 말한 것은 아이들의 순수함과 깨끗함을 비유적으로 표현하고 있는 것이다.

화자의 위로를 받고 울음을 그친 탐은 그날 밤 천사가 나타나는 꿈을 꾸게 된다. 천사는 빛나는 열쇠로 검은 관을 열어 갇혀 있던 아이들을 해방시켜준다. 그러자 아이들은 초록 들판 아래로 웃으며 달려내려가 강물에서 검댕으로 더럽혀진 몸을 씻고 반짝이는 몸으로 구름 위로 올라가 바람을 타고 놀게 된다. 꿈속에서 그런 해방감과 자유를 맛본 탐은 이튿날 춥고 깜깜한 새벽에 일어나 아무런 불평 없이 행복감과 따스함을 느끼며 일터로 나가는 모습을 보여준다. 이렇듯 이 작품 속에 등장한 굴뚝청소부 아이들은 자신들의 처지를 비관하거나 불평하지 않고 긍정적으로 살아가는 삶의 태도를 보여주고 있다.

문제는, 다섯 번째 연에 나오는 '그가 착한 아이가 되면/ 하느님이 아버지가 되고 늘 기쁠 거라'는 천사의 말이나 마지막 연에 나오는 '그러니 모두 제 의무를 다한다면, 해를 당하지 않을까 두려워할 필요가 없지요'라는 화자의 말이 예사롭게 들리지 않는다는 것이다. 천사가 탐에게 하는 말은 화자의 아버지처럼 자신을 굴뚝청소업자에게 팔아

먹은 매정한 자기 아버지 대신 하느님이 새로운 아버지가 되어줄 거라는 희망적인 메시지로 보이는 것 같다. 그러나 이 문맥에서 '그가 착한 아이가 된다'는 말의 의미는 무엇인가? 일반적인 도덕적 기준으로 착한 사람이 된다는 뜻은 물론 아니다. 여기에서는 자신의 처지에 대해 불평하며 일을 게을리 하거나 반항하는 대신, 굴뚝청소업자의 말을 고분고분하게 잘 듣는다는 의미가 될 것이다. 그렇다면 이 구절은 교회가 오히려 아이들의 고통에 대해 눈감고 묵인하고 있다는 의미로도 읽히게 된다. 시 마지막 부분에 나오는 화자의 말 또한 모든 사람이 자신의 의무를 다해야 한다는 일반적인 충고라기보다는 일종의 위협처럼 느껴진다. 아이들이 제 의무를 다하지 않으면 해를 당하게 된다는 경고로 들린다는 것이다. 일을 제대로 하지 않으면 가만히 두지 않겠다는 굴뚝청소업자의 위협을 일반적인 도덕적 가르침으로 포장하고 있는 것으로 보인다는 말이다.

그렇다면 이 시에서 보여주는 화자 아이의 긍정적인 삶의 태도는 이 시의 작자인 블레이크의 태도를 반영하는 것인가 하는 의문이 생기게 된다. 여기에서 바로 '극적 아이러니'(dramatic irony)가 나타난다. 극적 아이러니는 시의 화자가 말하는 것과 시가 말하는 것의 차이에서 빚어지는 아이러니를 말한다. 시가 말하는 것이란 궁극적으로 시인이 그 시를 통해서 전달하려는 메시지이다. 따라서 극적 아이러니는 시의 화자와 시인이 말하는 것의 차이에서 일어나는 아이러니라고 볼 수 있다. 이 시의 화자는 자신이 속한 상황에 대해 비판하기보다는 긍정하고 수용하려는 태도를 보여준다. 이런 태도가 작자인 블레이크의 태도라고 단정을 내려서는 안 된다. 오히려 블레이크가 보여주려는 것은 이런 긍정적 수용의 태도가 갖고 있는 문제점이다. 착한 사람이 되라든지 의무를 다하라든지 하는 가르침은 당시 교회에서 늘 강조하던 것이었다. 이런 가르침은 문맥에 따라 잘못된 상황을 무조건 수용하고 굴종하기를 강요하는 가르침이 될 수도 있다. 블레이크가 문제로 삼은 것도 이런 교회나 사회의 보수적 관념이었다. 탐이라는 아이는 꿈을 통해서 해방감을 느꼈지만, 그 해방은 현실적으로 이루어진 해방이 아니라 꿈속의 해방일 뿐이었고 변한 것은 아이의 태도일 뿐 다른 아무 것도 없다. 여기에서 낭만주의가 중시했던 상상력에 대한 비판이 제기될 수도 있을 것이다. 아이가 꾼 꿈은 본질적으로 상상력과 같은 성격을 띠고 있기 때문이다.

The Divine Image

To Mercy, Pity, Peace, and Love,
All pray in their distress,
And to these virtues of delight
Return their thankfulness.

For Mercy, Pity, Peace, and Love
Is God, our father dear;
And Mercy, Pity, Peace, and Love
Is Man, his child and care.

For Mercy has a human heart,
Pity, a human face,
And Love, the human form divine,
And Peace, the human dress.

Then every man, of every clime,
That prays in his distress,
Prays to the human form divine,
Love, Mercy, Pity, Peace.

And all must love the human form,
In heathen, Turk, or Jew.
Where Mercy, Love & Pity dwell,
There God is dwelling too.

〈주석〉

3] virtues: examples of moral excellence(덕목 德目들).

3-4] to these virtues of delight/ Return their thankfulness: (all) return their thankfulness to these virtues of delight.

8] care: 돌보는 대상(a person to be cared for).

10] Pity, a human face: Pity (has) a human face. 제11, 12행에서도 'has'가 생략되어 있다.

12] the human dress: 인간성이 겉으로 드러난 모습(the outward appearance of humanity).

13] clime: country, region.

18] heathen: 이교도(pagan).

자비와 연민, 평화, 사랑에게
고통 중에 있는 모든 이가 기도를 드리며,
이 기쁨의 덕목들에게
감사를 돌린다.

자비와 연민, 평화, 사랑은
사랑하는 우리 아버지 하느님이요
자비와 연민, 평화, 사링은
그 분이 돌보시는 아이인 인간이기 때문이다.

자비는 인간의 심장을 가지며
연민은 인간의 얼굴,
사랑은 성스런 인간의 형상,
평화는 인간의 옷을 가지기 때문이다.

그러니 고통 중에서 기도하는
모든 지역의 모든 사람들은
성스런 인간의 형상인
사랑, 자비, 연민, 평화에게 기도한다.

모든 사람은 사랑해야 한다,
이교도나 터키인이나 유태인 속에 든 인간의 형상을.
자비와 사랑과 연민이 사는 곳에
하느님도 살고 계신다.

〈해설〉

이 시는 첫 연에서 고통에 빠진 사람들은 자비와 연민, 평화, 사랑과 같은 덕목들에게 기도하고 감사를 드린다고 말한다. 여기에서 기쁨을 주는 이런 덕목들은 'Mercy, Pity, Peace, and Love'와 같이 대문자로 시작된다는 점에서, 또한 사람들이 기도를 드리는 대상이라는 점에서 이들은 의인화 혹은 신격화되어 있음을 알 수 있다. 이런 덕목들은 추상적인 관념들이 아니라 어떤 인격적 존재가 보여주는 구체적 행위와 관련되어 있다는 것이다. 결국 이 말은 고통에 빠진 사람들은 다른 사람들의 자비와 연민, 평화와 사랑을 구하며, 그런 것들을 찾았을 때 감사를 드린다는 뜻이다.

그 점은 둘째, 셋째 연에서 잘 드러난다. 사람들이 이 덕목들에게 기도를 드리는 이유, 즉 다른 사람들로부터 자비와 연민, 평화와 사랑을 구하는 이유는 이것들이 하느님 아버지의 속성일 뿐만 아니라 하느님의 성품을 따라 만든 인간이 가지고 있는 속성이기도 하기 때문이라는 것이다. 또한 인간의 마음에는 자비가 있고, 인간의 얼굴에는 연민이 나타나며, 인간의 거룩한 형상에는 사랑이 깃들어 있고, 옷과 같은 인간의 외양에는 평화가 나타나기 때문이라고 한다.

넷째 연에서는 첫 연의 내용을 반복하면서 지구상 어떤 지역에서이든지 고통에 빠져 기도를 드리는 사람들은 거룩한 인간의 모습을 하고 있는 이들 덕목에게 기도를 드린다고 말한다. 인간은 고통을 당할 때 다른 사람들의 거룩한 행위를 바란다는 뜻이다. 마지막 다섯 째 연에서는 그런 인간의 거룩한 속성은 종교와 인종을 초월해서 모든 인간의 내면에 깃들어 있으며, 하느님은 바로 그런 인간의 내면에 존재한다는 점을 다시 강조하며 끝을 맺는다.

블레이크는 초기에 스웨덴의 신비주의 신학자 에마누엘 스베덴보리(Emmanuel Swedenborg, 1688-1772)의 영향을 크게 받았다. 블레이크 부부는 실제로 1789년 4월에 스베덴보리를 추종하는 런던사람들의 조직인 〈새 교회〉(New Church)의 모임에 참석하기도 했다. 스베덴보리의 핵심적 가르침 중의 하나는 인간은 그 진정한 본성이 거룩하다는 점에서 신의 이미지로 만들어졌다고 말할 수 있다는 것이었다. 그의 모토는 한마디로 〈신은 거룩한 인간이다〉(God is the Divine Man)였다. 신은 어떤 초월적인 존재가 아니라 다름 아닌 거룩한 인간이며, 거룩한 모습을 보여주는 인간이야말로 바로 신이라는 주장이었다. "흰 구름을 신성하다고 생각해보라. 당신은 그것을 사랑할 수 없을 것이다. 그러나 그 구름 속에 성스러운 인간이 있다고 생각해보라. 그러면 당신의 마음속에 사랑이 솟구쳐오를 것이다. 인간이 배제된 신성함을 생각해 보았자 애정이 생길 리 없기 때문이다"라는 스베덴보리의 말은 인간의 신성성에 대한 그의 믿음을 잘 보여준다. 이 작품이 보여주는 것도 자비와 연민, 평화, 사랑과 같은 덕목들이 인간에게서 구체화되지 않는 한 단순히 추상적인 개념에 머물 것이라는 점이다.

Holy Thursday

'Twas on a Holy Thursday, their innocent faces clean,
The children walking two & two, in red & blue & green;

Grey-headed beadles walked before, with wands as white as snow,
Till into the high dome of Paul's they like Thames' waters flow.

Oh what a multitude they seemed, these flowers of London town!
Seated in companies they sit, with radiance all their own.
The hum of multitudes was there, but multitudes of lambs,
Thousands of little boys & girls raising their innocent hands.

Now like a mighty wind they raise to heaven the voice of song,
Or like harmonious thunderings the seats of heaven among.
Beneath them sit the aged men, wise guardians of the poor;
Then cherish pity, lest you drive an angel from your door.

〈주석〉

2] children: 자선학교 아이들.
red & blue & green: 각 자선학교의 제복 색깔.

3] beadles: 질서유지와 벌칙시행의 임무를 주로 맡는 영국교회의 하급관리들.
wands: 권위의 상징인 지팡이(관장 官杖).

4] flow: flowed. 제3행 끝에 나오는 'snow'와 각운을 맞추기 위해 현재형을 쓴 것임.

9-10] Now like a mighty wind they raise to heaven the voice of song,/ Or like harmonious thunderings the seats of heaven among: Now they raise the voice of song to heaven like a mighty wind or like harmonious thunderings among the seats of heaven.

11] the aged men: 제3행에 나오는 'Grey-headed beadles' 혹은 자선학교 후원자들(voluntary contributors).

12] lest you drive an angel from your door: 성경「히브리인들에게 보낸 편지」제13장 2절('나그네 대접을 소홀히 하지 마십시오. 나그네를 대접하다가 자기도 모르는 사이에 천사를 대접한 사람도 있었습니다.' Be not forgetful to entertain strangers: for thereby some have entertained angels unawares.)을 연상시키는 구절.

성 목요일이었다. 천진하고 말끔한 얼굴로
아이들은 빨강 파랑 초록의 제복을 입고 둘씩 짝지어
눈처럼 흰 지팡이들을 든 백발의 교회 집사들을 따라 걸어서
둥근 지붕 높이 솟은 폴 성당으로 템스강물처럼 흘러들어갔다.

아, 런던의 이 꽃들, 많기도 하지!
짝지어 자리를 잡고 앉아 스스로 빛난다.
많은 무리의 웅성거림은 바로 어린 양 무리의 것,
천진한 손을 치켜든 수많은 소녀 소녀들.

이제 노래하는 그들의 목소리 하늘까지 올라간다, 거센 바람처럼,
천국의 보좌 가운데서 울리는 조화로운 천둥소리처럼.
아이들 아래쪽에는 가난한 이들을 돌보는 현명한 노인들이 앉아있다.
그러니 연민을 품으세요, 천사를 문간에서 내쫓지 않도록.

〈해설〉

〈성 목요일〉(Holy Thursday)은 기독교에서 예수가 십자가에 못 박혀 죽었다가 부활한 후 하늘나라로 올라간 것을 기리는 날로서, 부활절로부터 40일째 되는 목요일이다. 이날 런던에서는 각 자선학교(慈善學校 charity school) 아이들이 성 폴 성당에 모여 찬송을 드리는 관례가 있었다. 자선학교는 18세기 초부터 영국에서 빈민층 아이들을 위해 독

지가들의 후원을 받아 교회에서 운영했던 학교로서 영국 초등 보통교육의 기초가 되었다. 자선학교는 읽기와 쓰기, 셈하기 등을 기본으로 가르쳤고, 교육비는 물론 책과 옷, 음식까지 무료이거나 거의 무료였다. 이 작품은 어느 성 목요일 행사를 묘사하면서 빈민층에 대한 당시 영국인들의 시각이 어떠했는지를 보여준다.

이 시는 시간적 순서를 따라서 첫 연에서는 각 자선학교 아이들이 짝을 지어 걸어서 마침내 성당 안으로 들어가는 모습을, 둘째 연에서는 성당에 자리를 잡고 앉아 웅성거리는 모습을, 셋째 연에서는 찬송가를 부르는 모습을 각각 보여준다.

첫 연은 성 목요일에 자선학교 아이들이 자기네들 고유의 제복을 입고 각 학교에서 나와 둘씩 짝을 지어 거리를 걸어서 폴 성당으로 들어가는 광경을 묘사한다. 그들의 행렬은 당시 런던 시민들의 삶에서 중요한 부분을 차지하고 있던 템스강의 흐름처럼 그려져 있는데, 이것은 이 아이들도 마찬가지로 런던의 소중한 부분임을 보여준다. 아이들은 형형색색의 옷을 입고 말끔한 얼굴로 교회집사를 따라 질서정연하게 행진을 한다.

둘째 연에서 아이들은 꽃과 양에 비유되고 있다. 아이들이 런던의 꽃이라는 말은 이 빈민층 자녀들이 더 이상 런던의 골칫거리가 아니라 소중하고 아름다운 존재들이라는 뜻이다. 그러나 그 비유는 이들의 아름다움뿐만 아니라 이들이 꽃처럼 부서지기 쉬운 연약한 존재임을 동시에 보여준다. 아이들을 양에 비유하는 것 또한 이들의 순수성과 함께 연약성을 보여준다. 양에 대한 비유는 스스로를 하느님의 어린 양으로 칭했던 예수를 연상시키기도 한다.

이들이 가진 순수성의 힘은 셋째 연에서 아이들의 노랫소리가 하늘에 도달한다는 표현으로 이어진다. 찬송가를 부르는 아이들의 목소리는 '거센 바람'과 같고 하늘에 울리는 '천둥소리'와 같다고 한다. 아이들은 더 이상 연약한 존재가 아니며 하느님과 소통할 수 있는 힘을 가지고 있다는 말이다. 그래서 앞서서 이들을 성당으로 인도해왔던 교회 집사들 혹은 자선학교의 후원자들이 오히려 이들의 '아래쪽'에 앉아 있는 형국이 된다.

똑같은 상황을 『경험의 노래』(*Songs of Experience*, 1794)에 실린 「성 목요일」("Holy Thursday")에서는 비판적 관점에서 묘사한다. 이들을 후원하는 사람들은 고리대금업자와 같은 냉정한 사람들이며 나라는 부유하지만 이 아이들은 고통에 빠져 있다고 말한다. 또한 이들의 찬송은 사실상 기쁨의 노래가 아니라 떨리는 울음이며, 아이들은 태양도 비추지 않고 비도 내리지 않는 황무지 같은 곳에 살면서 가난 때문에 굶주리고 마음을 졸인다고 지적한다.

이와는 달리 『순수의 노래』(*Songs of Innocence*, 1789)에 실린 이 작품에는 표면적으로는 당대 사회에 대한 어떤 비판도 나타나 있지 않다. 빈민층 아이들이 자선가들의 후원 덕분에 기본적인 교육을 받고 체계적인 관리에 따라 말끔한 얼굴과 복장으로 종교적 행사에 참여하는 모습을 보여준다. 아이들은 꽃이나 양처럼 아름답고 순수하며 이들의 찬송은 하늘까지 도달하는 것으로 묘사되어 있다.

그럼에도 불구하고 화자가 보여주는 긍정적 태도와는 상관없이 이 작품 곳곳에서는 블레이크가 보여주는 비판적 시각이 숨어 있다. 첫 연에 나오는 '말끔한 얼굴'이라는 표현은 평소와는 달리 행사를 위해 잠시 얼굴을 단장한 듯한 느낌을 주기 때문이다. 또한 아이들을 인도해가는 교회집사들이 들고 있는 '눈처럼 흰 지팡이들'은 깨끗하고 성스럽다는 느낌보다는 아이들을 통제하는 권위적 표지로 느껴지게 된다. 말하자면 평소에는 지저분하게 관리되던 아이들이 특정행사를 위해 일시적으로 단장된 채 일사불란하게 통제 속에서 움직이는 느낌을 준다. 그런 의미에서 보자면 폴 성당의 높은 둥근 지붕도 권위의 상징이 될 수 있을 것이다. 아이들이 이처럼 동원되어 성당에서 찬송가를 부르는 것은 아마 실제로는 셋째 연에 언급된 현명한 노인들의 더 많은 후원을 유도하기 위해서일 것이다. 따라서 이 시의 마지막 행에서 독자들에게 하는 말처럼 보이는 아이들에 대한 연민의 강조는 사실 후원자들에게 하는 말처럼 보이기도 한다. 한편으로는 이들이 받는 사회적 냉대에 대한 하느님의 경고로 들리기도 한다.

from *Songs of Experience*

The Clod and the Pebble

"Love seeketh not itself to please,
Nor for itself hath any care,

But for another gives its ease,
And builds a Heaven in Hell's despair."

So sung a little Clod of Clay,
Trodden with the cattle's feet;
But a Pebble of the Brook,
Warbled out these metres meet:

"Love seeketh only self to please,
To bind another to its delight,
Joys in another's loss of ease,
And builds a Hell in Heaven's despite."

〈주석〉

1] Love seeketh not itself to please: Love does not seek to please itself.
5] sung: sang.
8] metres: song, verse.
meet: suitable, fitting, proper.
11] Joys: (동사) rejoices.
12] despite: insult; malice; hatred; spite.
in Heaven's despite: in spite of the will of God.
4, 12] John Milton, *Paradise Lost,* 제1권 제253-255행 참고:

A mind not to be chang'd by place or time,
The mind is its own place, and in itself
Can make a heav'n of hell, a hell of heav'n.
때와 자리에 따라 변하지 않는 마음,
마음이 자리이니, 그 자체가
지옥을 천국으로, 천국을 지옥으로 만들 수 있느니.

"사랑은 자신의 기쁨을 추구하거나
자신을 돌보려고 하기보다는
다른 이들에게 자신의 평안을 주며
지옥의 절망 속에서 천국을 만드네."

가축 발에 밟힌 조그만 진흙 덩어리가
이렇게 노래했다.
그러나 시냇가의 조약돌은
제격에 맞는 노래를 이렇듯 낭랑하게 불렀다.

"사랑은 자신만의 기쁨을 추구하여
그 기쁨 때문에 다른 이들을 속박하며
다른 이들이 평안을 잃어버린 것을 즐거워하고
천국에서조차 지옥을 만드네."

〈해설〉

이 시는 사랑에 관한 두 대립되는 견해를 두 가지 자연물을 통해 보여주고 있다. 첫 연은 이타주의를 대변하는 진흙 덩어리의 말로 이루어져 있고, 셋째 연은 이기주의를 대변하는 조약돌의 말로 이루어져 있다. 둘째 연은 이 두 화자를 설명하는 부분으로서, 제1-2행은 첫 연에 나온 진흙 덩어리의 상황을, 제3-4행은 셋째 연에 나온 조약돌의 상황을 알려준다.

첫 연에서 진흙 덩어리는 사랑이란 자신의 즐거움을 추구하거나 자신에 대해서 신경을 쓰는 게 아니라 다른 이에게 자신의 평안을 주는 것이어서 지옥 같은 절망 속에서도 천국을 만들 수 있다고 주장한다. 진흙 덩어리의 말은 '사랑은 오래 참습니다. 사랑은 친절합니다. 사랑은 시기하지 않습니다. 사랑은 자랑하지 않습니다. 사랑은 교만하지 않습니다.'와 같은 구절을 담고 있는 바울로 사도의 「고린토인들에게 보낸 첫째 편지」제13장을 연상시킨다.

셋째 연에서는 이와 정반대되는 견해를 조약돌의 말을 통해 제시한다. 조약돌은 사랑이란 자신만의 즐거움을 추구하며 그 즐거움을 위해서 다른 사람들을 이용하는 것이며 다른 사람들이 평안을 잃어버린 것을 오히려 즐거워하면서 천국에서도 지옥을 만들 수 있다고 주장한다.

이타주의와 이기주의를 상징하고 대변하는 자연물로서 진흙 덩어리와 조약돌이 선택된 것은 이것들이 본래 가지고 있는 성질과 관계가 있는 것으로 보인다. 진흙 덩어리는 부드럽고 물렁물렁하며 외부의 힘에 따라 자신의 형태를 바꾸고 다른 진흙 덩어리와 쉽게 뭉치는 성질을 가지고 있는데 반해, 조약돌은 딱딱하고 모양이 변치 않으며 다른 조약돌과 절대로 합쳐지지 않는 독자적 성질을 가지고 있기 때문이다. 문제는, 이타적 사랑을 외치는 진흙 덩어리는 가축 발에 밟히는 신세이지만 이기적 사랑을 주장하는 조약돌은 시냇가에서 유유자적하게 낭랑한 목소리로 노래를 부른다는 점에 있다. 남을 위하는 사람이 오히려 고통을 당하며, 이기적인 사람이 좋은 환경에서 호의호식하는 현실을 보는 것처럼 보이기도 한다.

그렇다면 이 작품을 통해 블레이크가 독자들에게 보여주고자 하는 것은 무엇인가? 현실사회에서는 이타주의보다는 이기주의가 더 유리하다는 것인가? 아니면 세상은 선과 악이 공존할 수밖에 없다는 것인가? 나아가 이 우주는 서로 대립되는 것들의 조화와 균형에 근거하고 있고, 그런 원리는 인간 삶에도 그대로 적용된다는 것인가?

The Chimney Sweeper

A little black thing among the snow
Crying " 'weep, 'weep," in notes of woe!
"Where are thy father & mother? say?"
"They are both gone up to the church to pray.

"Because I was happy upon the heath,
And smiled among the winter's snow;
They clothed me in the clothes of death,
And taught me to sing the notes of woe.

"And because I am happy, & dance & sing,
They think they have done me no injury,
And are gone to praise God & his Priest & King,
Who make up a heaven of our misery."

〈주석〉

2] 'weep: 'sweep'의 두음소실현상(頭音消失現象). *Songs of Innocence*의 "The Chimney Sweeper" 제3행 주석 참조.

7] clothes of death: *Songs of Innocence*의 "The Chimney Sweeper" 제12행에 나오는 'coffins of black'을 상기시키는 표현.

12] make up a heaven of our misery: invent a promise of rewards to come for our pains in this world.

"-뚝 쑤셔요, -뚝"하고 슬픈 가락으로 울부짖는
눈 속의 작고 새까만 것!
"엄마 아빠는 어디 계시니? 말해줄래?"
"두 분 모두 기도드리러 교회에 갔어요.

황야에서 제가 행복해하며
겨울눈 속에서 미소를 지으니까
엄마 아빠는 제게 죽음의 옷을 입히고
슬픈 가락의 노래를 가르쳐주었지요.

제가 행복해하며 춤추고 노래 부르니까
두 분은 제게 아무런 해도 끼치지 않은 줄 알고
하느님과 사제와 왕을 찬양하러 갔어요,
우리의 불행으로 천국을 만드시는 그분들을요."

〈해설〉

시집『경험의 노래』에 실린 이 시는『순수의 노래』에 실린「굴뚝청소부」와 같은 제목을 가진 시(namesake)로서, 마찬가지로 굴뚝을 청소하는 아이들의 애환이 잘 드러난 작품이다. 이 시는 첫 두 행의 아이에 대한 묘사와 셋째 행의 아이에 대한 질문, 그리고 시 나머지 부분 전체의 아이의 대답으로 구성되어 있다. 이 시의 화자나 질문에 답하는 굴뚝청소부 아이는 『순수의 노래』의 「굴뚝청소부」 화자와는 다른 아이로 보인다. 엄마가 돌아가시자 아빠가 자신을 팔아먹었다고 하는 『순수의 노래』의 「굴뚝청소부」 화자 아이와는 달리, 이 작품에서 답하는 아이는 부모가 모두 살아있는 것으로 되어 있기 때문이다. 아이에게 질문을 던지는 사람은 첫 두 행의 화자와 동일한 인물로 보이는데, 그는 아마도 길을 가다가 눈 덮인 황야에서 굴뚝청소부 아이를 만난 어떤 어른일 것이다.

첫 연에서 굴뚝청소부 아이는 인격체로서가 아니라 하나의 사물처럼 '작고 새까만 것'(A little black thing)으로 묘사되어 있다. 아이의 '굴뚝을 쑤셔요'라는 외침은 그야말로 슬픔이 깃든 울부짖음이다. 시의 화자로 보이는 인물이 굴뚝청소부 아이에게 부모가 어디에 계신지 묻자, 두 분 모두 교회에 기도드리러 갔다고 대답한다. 아이에게 부모의 소재를 묻는 것은 어린아이가 돌보는 이 없이 눈밭에서 헤매고 있었기 때문일 것이다. 그러나 뜻밖에도 아이는 부모가 모두 살아있고 교회에 예배드리러 갔다는 말을 한다. 여기에서 우리는 자기 자식조차 제대로 돌보지 못하는 부모들이 교회에 가서 기도드린다는 것이 얼마나 가식적인 행위인지를 느끼게 된다.

아이의 대답은 다음 연에서도 계속된다. 둘째 연에서 아이가 굴뚝청소부로서 계속 일하고 있는 것은 아이가 불평할 줄 모르고 미소 짓고 행복해했기 때문이라고 말한다. 그래서 부모는 아이의 고통에 대해 알지 못하고 자식을 굴뚝청소업자에게 팔아먹고도 아무런 양심의 가책을 느끼지 않는 것처럼 보인다. 그러나 이 굴뚝청소부 아이는 자신의 새까만 옷이 '죽음의 옷'이며 자신의 외침이 '슬픈 가락의 노래'임을 인식하고 있다.

셋째 연에서도 아이는 같은 얘기를 반복한다. 자신이 굴뚝청소부로서 겪는 고통을 드러내거나 불평을 늘어놓지 않기 때문에 부모는 자신에게 아무런 해도 끼치지 않았다고 생각한다는 것이다. 이 말은 부모가 알지 못하고 있을 뿐 자신은 엄청난 고통을 당하고 있다는 말이다. 그럼에도 불구하고 부모는 '하느님과 사제와 왕'을 찬미하러 교회에 갔다는 것이다. 이 말은 굴뚝청소부 아이가 당하는 고통이 결국 나라의 종교와 정치의 잘못에서 비롯된다는 얘기이다. 아이는 이들이 자신들의 불행을 천국으로 만든다고 말하는데, 이것은 아이들의 고통을 토대로 이들이 자기네들만의 행복을 누린다는 뜻이다. 한편으로 이 말은 기독교에서 강조하는 〈현세의 고통은 천국에서 받을 보상의 약속〉이라는 위안이 얼마나 거짓된 것인지를 알려준다. 천국에서의 보상을 강조하는 것은 현세의 삶의 문제에 대해 무관심하고 무력하며, 현세의 타락에 대해 적당히 타협하는 종교집단이 보여주는 거짓된 약속일 수도 있다.

『순수의 노래』의 「굴뚝청소부」가 굴뚝청소부 아이의 긍정적 시선 속에 사회의 모순이 감춰진 가운데 굴뚝청소부 아이들의 비참한 상황을 궁극적으로 용인하고 방조하는 교회의 선에 대한 강조에 주목함으로써 당대 교회에 대한 비판을 넌지시 담고 있다면, 『경험의 노래』의 「굴뚝청소부」는 당대 교회와 정치에 대해 직접적인 비판을 가하고 있다고 할 수 있을 것이다. 『순수의 노래』의 「굴뚝청소부」가 보여주는 개인적 의무와 선에 대한 강조는 인간이 겪는 모든 문제를 개인의 문제로 돌리도록 만든다. 반대로 『경험의 노래』의 「굴뚝청소부」가 보여주는 교회와 왕에 대한 비판은 인간이 겪는 모든 문제는 결국 사회를 지탱하는 두 틀인 종교(정신적 틀)와 정치(현실적 틀)의 문제에서 비롯된다는 점을 보여줌으로써 개인의 문제를 집단의 문제와 연결시키고 개인이 당하는 문제의 근본적 사회적 원인을 추적하도록 만들어준다.

The Tyger

Tyger! Tyger! burning bright
In the forests of the night,
What immortal hand or eye
Could frame thy fearful symmetry?

In what distant deeps or skies
Burnt the fire of thine eyes?
On what wings dare he aspire?
What the hand dare seize the fire?

And what shoulder, & what art,
Could twist the sinews of thy heart?
And when thy heart began to beat,
What dread hand? & what dread feet?

What the hammer? what the chain?
In what furnace was thy brain?

What the anvil? what dread grasp
Dare its deadly terrors clasp?

When the stars threw down their spears
And water'd heaven with their tears,
Did he smile his work to see?
Did he who made the Lamb make thee?

Tyger! Tyger! burning bright
In the forests of the night,
What immortal hand or eye
Dare frame thy fearful symmetry?

〈주석〉

5] deeps: seas. 성경 「창세기」 1:2 참조: '어둠이 깊은 물 위에 뒤덮여 있었고'(darkness was upon the face of the deep).

6] thine eyes: your eyes.

7] he: 호랑이를 만든 존재(창조주).

8] What the hand dare seize the fire?: What was the hand that dared to seize the fire?

10] twist the sinews of thy heart: 심장을 만들었다는 뜻.

12] What dread hand? & what dread feet?: 블레이크의 퇴고 과정 참조(What dread hand & what dread feet// Could fetch it from the furnace deep?; What dread hand formed thy dread feet?; What dread hand forged thy dread feet?).

13] What the hammer? what the chain?: What was the hammer? what was the chain?

15] anvil: A heavy block of iron or steel with a smooth, flat top on which metals are shaped by hammering(모루).

16] Dare: Dared (to clasp its deadly terrors).
terrors: 호랑이의 무시무시한 사지(四肢).

17] When the stars threw down their spears: when the fallen angels dcfcated by God surrendered to him(Lucifer와 함께 하느님에게 반역한 타락 천사들이 신의 노여움에 굴복했다는 뜻).

the stars: 블레이크의 시에서는 차가운 이성과 강압적 규칙의 상징.

19] Did he smile his work to see?: 성경 「창세기」 1:3-4('하느님께서 "빛이 생겨라!" 하시자 빛이 생겨났다. 그 빛이 하느님 보시기에 좋았다.' And God said, Let there be light: and there was light. And God saw the light, that it was good.) 참조.

24] Dare frame: Dared to frame.

호랑아! 밤의 숲에서
밝게 불타는 호랑아!
어떤 불멸의 손 혹은 눈이
너의 균형 잡힌 무시무시한 몸을 만들 수 있었겠느냐?

어느 먼 심연 혹은 하늘에서
너의 두 눈의 불이 타올랐느냐?
어떤 날개로 그 분은 감히 솟구치려고 했느냐?
어떤 손이 그 불을 감히 움켜잡으려했느냐?

어떤 어깨, 어떤 기술이
너의 심장 근육을 비틀 수 있었느냐?
그리고 너의 심장이 고동치기 시작했을 때
어떤 무서운 손이? 어떤 무서운 발이?

어떤 망치가? 어떤 사슬이?
어떤 용광로 속에 너의 뇌가 있었느냐?
어떤 모루가? 어떤 무서운 손아귀가
감히 그 치명적 공포들을 움켜쥘 수 있었느냐?

별들이 창을 내던져버리고
하늘을 눈물로 적셨을 때,
그 분은 자기 작품을 보고 미소를 지으셨느냐?
양을 만드신 그 분이 너를 만드셨느냐?

호랑아! 밤의 숲에서
밝게 불타는 호랑아!
어떤 불멸의 손 혹은 눈이 감히
너의 균형 잡힌 무시무시한 몸을 만들 수 있었겠느냐?

〈해설〉

『경험의 노래』에 실린 이 시는 『순수의 노래』의 「양」과 대비되면서 짝을 이루는 작품이다. 「양」의 초점이 양이 아닌 그 양을 창조한 하느님에 주어졌듯이, 이 시의 초점도 호랑이에라기보다는 그 호랑이를 창조한 하느님에 주어져 있다. 자문자답의 형식을 취하고 있는 「양」과는 달리, 이 작품은 전체가 질문의 형식으로 되어 있다. 그 질문의 내용은 이 무시무시한 호랑이를 창조한 이가 누구인가 하는 것이다.

첫 연에서 화자는 밤의 숲속에서 밝게 불타는 호랑이를 부르면서 어떤 신이 그 호랑이의 무시무시한 몸을 창조할 수 있었겠느냐고 묻는다. 둘째 연에서는 성경의 「창세기」를 연상시키는 표현들로써 그 신이 기독교에서 말하는 하느님과 유사함을 암시한다. 셋째 연에서는 하느님이 호랑이의 심장을, 넷째 연에서는 호랑이의 뇌와 네 다리를 차례로 만드는 모습을 보여준다. 다섯째 연에 나오는 '별들이 창을 내던져버리고/ 하늘을 눈물로 적셨다'라는 표현은 별들이 손에 들었던 창을 떨어뜨리고 건장한 호랑이를 보고 감탄하며 감격의 눈물로 하늘을 적셨다는 말이다. 이 표현은 일차적으로는 밤이 지나고 새벽이 밝아오는 모습을 묘사하고 있는 것으로 보인다. 그 다음 행은 밤새 호랑이를 만드셨던 하느님이 바로 그런 아침에 자신의 창조물에 스스로 만족하여 미소를 지었으리라 상상하는 부분이다. 여기에서 별들이 가지고 있는 창이란 아마 별빛을 말하는 것일 텐데, 따라서 이것은 날이 밝아오며 별이 자신의 세계가 사라지는 것을 슬퍼하며 눈물을 흘리고 그 눈물이 아침이슬이 되어 천지를 적셨다는 의미가 될 것이다. 이 표현은 다른 한편으로는 루시퍼로 대표되는 사탄의 무리와 하느님의 싸움을 암시하면서 결국 사탄의 무리가 하느님의 힘에 굴복했다는 의미가 될 것이다. 이 사탄의 무리는 블레이크의 상징체계에서는 인간을 타락하게 만든 이성을 암시한다.

여기에서 호랑이를 창조한 하느님이 양을 창조한 바로 그 하느님이기도 하다는 말은 창조의 이중성과 하느님의 복합적 성격을 보여준다. 블레이크는 이 우주가 선과 악, 빛과 어둠 등 상반되는 것들의 대립과 조화에 의해 움직이며, 이를 창조한 하느님의 속성 또한 그런 이중성을 가지고 있다고 생각한다. 하느님은 양을 만드신 분으로서 유순하고 온유한 성격을 가지고 있을 뿐만 아니라 호랑이가 보여주는 힘과 충동, 분노를 품고 있는 분이기도 하다는 것이다. 한편으로 이것은 사람들의 세상을 보는 관점의 차이를 보여주는 것이기도 하다. 세상 모든 것을 서로 조화되고 행복한 상태로 있는 것으로 긍정적 관점에서 보는 사람에게 하느님은 양과 같은 존재로 보일 것이며, 반대로 세상 모든 것을 서로 적대적인 관계로, 대립되고 분리된 것으로 부정적 관점에서 보는 사람에게 하느님은 호랑이와 같은 존재로 보일 것이다.

이 시의 마지막 연은 첫 연을 반복하면서 수미상관 구조를 통해 이 시가 끝이 나고 있다는 것을 알려준다. 첫 연과 마지막 연은 단 한 개의 단어를 제외하고는 사실상 같다. 블레이크는 여러 번 퇴고과정을 거쳐서 결국에는 첫 연의 'Could frame'을 마지막 연에서 'Dare frame'으로 바꾸어 놓았는데, 이 한 단어의 변화 혹은 차이는 이 시의 전개나 주제와 깊은 관련을 맺는다. 일단 이 변화는 시의 첫 부분보다는 마지막 부분에서 하느님의 창조과정을 더욱 강하게 표현하기 위한 것으로 보인다. 그런데 마지막 부분에서 쓰인 '감히'(Dare)라는 말이 조금 어색하게 느껴진다. '감히'라는 말은 해서는 안 되는 어떤 행위를 할 때 쓰는 표현이다. 기독교에서 말하는 하느님은 전지전능하고 이 세상 모든 것을 만든 근원이기 때문에 하느님이 하지 못할 일이나 해서는 안 되는 일이란 있을 수 없기 때문이다. 그럼에도 불구하고 '감히'라는 표현을 쓴 이유는 무엇인가? 하느님의 행위에 '감히'라는 말을 붙일 수 있는 것은 하느님 스스로 자신이 만든 원리나 자신이 정한 원칙을 위배할 경우에만 가능할 것이다. 하느님이 이 호랑이를 만든 것을 두고 '감히' 만들었다고 하는 것은 결국 하느님이 호랑이를 만든 것은 하느님 스스로 정한 창조의 원리나 원칙에 어긋난다는 생각에서 나왔다는 말이다. 그렇다면 이런 생각을 하는 사람들은 누구인가? 그것은 아마도 하느님을 이중적이고 복합적인 존재로 파악하는 대신 양과 같이 선하고 온유한 분이며, 그런 것들만을 만들었다고 단선적으로 생각하는 일반인들일 것이다. 블레이크는 그런 사람들의 생각을 가져와서 하느님의 창조의 복합적 성격을 표현하고 있는 것으로 보인다.

그런데 호랑이를 창조하는 과정에 망치와 사슬, 용광로, 모루 등이 등장하는 것으로 볼 때 이 호랑이는 자연에 있는 호랑이가 아닌 대장간에서 만들어진 쇠붙이로 된 호랑이 같은 모습이 연상된다. 이것은 산업혁명기에 살았던 블레이크가 즐겨 사용했던 이미지들로서, 여기에서는 이 호랑이가 단순한 호랑이가 아님을 보여주기도 한다. 그 점은 특히 호랑이의 영어표기에서도 나타난다. 예를 들어 tigger보다는 tiger가 더 크고 강한 느낌을 주는데, 마찬가지로 tyger라는 블레이크의 표기는 tiger보다 더 무섭고 압도적인 느낌을 주며 실제의 호랑이와는 다른 어떤 것을 표상할 가능성을 열어준다. 이 시의 편집자들 또한 대부분 tiger라는 현대영어 표기보다는 블레이크의 표기를 그대로 따르고 있는 것은 이 작품의 호랑이가 가지는 복합성 때문이기도 할 것이다. 비평가에 따라서는 이 호랑이가 신의 노여움을 상징한다고 보기도 하고, 물질주의나 프랑스 혁명 이후의 공포정치를 상징한다고 보기도 한다.

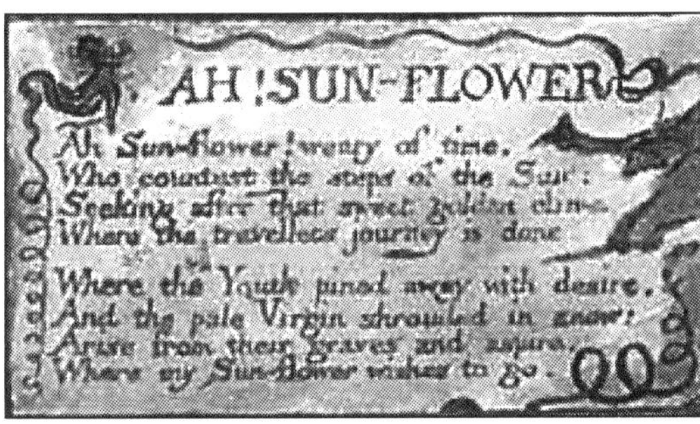

Ah! Sun-Flower

Ah Sunflower, weary of time,
Who countest the steps of the Sun,
Seeking after that sweet golden clime
Where the traveller's journey is done;

Where the youth pined away with desire,
And the pale virgin shrouded in snow,
Arise from their graves, and aspire,
Where my Sunflower wishes to go.

〈주석〉

2] countest the steps of the Sun: 햇볕을 향하여 자라는 해바라기의 향일성(heliotropism)을 묘사하는 부분.
countest: count. 고어에서 어미 -est는 2인칭 주어에 따르는 동사의 어미 형태. 여기에서 Sunflower는 3인칭이 아니라 화자가 부르고 있는 2인칭의 호격(呼格)이다.

3] clime: region.

5-6] Where the youth pined away with desire,
And the pale virgin shrouded in snow:
Where the youth (who) pined away with desire,
And the pale virgin (who was) shrouded in snow,

아 해바라기여, 시간을 지루해하며
태양의 발걸음을 세고,
아름다운 황금 땅을 찾는구나.
그곳은 여행자의 여행이 끝나는 곳,

욕망으로 시든 젊은이와
흰 눈의 수의를 입은 창백한 처녀가
무덤에서 일어나 갈망하는 곳,
나의 해바라기가 가고 싶어 하는 곳.

〈해설〉

이 시는 태양신 아폴로(Apollo)를 그리다가 처녀로 죽어 해바라기가 된 클리티에(Clytie)의 신화를 상기시키는 작품이다. 여기에서 태양을 향해 계속 얼굴을 돌리는 해바라기의 움직임은 태양이 상징하는 어떤 세계에 대한 인간의 갈망을 비유적으로 보여주는 것처럼 보인다. 여기에서 해바라기가 의인화되어 있기 때문이다. 첫 행에서 해바라기가 시간을 '지루해하는' 것이라든지, 둘째 행에서 해바라기를 'Who'라는 인간에게 쓰이는 관계대명사를 사용하여 설명하는 것 등을 이를 말해준다.

해바라기가 땅에 뿌리를 박고 있다는 점에 주목하면 해바라기는 현실의 세계, 육체의 세계, 경험의 세계, 시간의 세계에 사로잡혀 있는 인간의 모습에 대한 상징으로 보인다. 이와는 반대로 해바라기가 갈망하는 태양은 현실의 속박에서 벗어난 자유로운 세계, 이상적 세계, 영혼의 세계, 순수의 세계, 영원의 세계의 상징으로 보인다. 따라서 첫 연은 현실의 속박을 벗어나서 이상적 세계에 다다르기를 끊임없이 갈망하는 인간의 모습을 보여준다고 할 수 있을 것이다.

전통적으로 태양빛을 황금빛으로 표현한 점에 비추어볼 때 셋째 행에서 언급한 '아름다운 황금 땅'은 태양의 세계를, 넷째 행의 '여행자'는 하늘을 여행하는 태양을 지칭하는 것으로 보인다. 그러나 이렇게 본다면 여행자인 태양의 여행이 끝나는 곳이 태양의 세계라는 의미가 되므로 행동하는 주체 자체가 그 주체의 목적지가 되는 비논리적인 상황이 발생하게 된다. 흔히 인생을 나그네에 비유하듯 사실 넷째 행의 여행자는 태양보다는 오히려 인간을 떠올리게 만든다. 그런 점에서 인생이 그 나그네의 길을 끝내고 가는 곳인 '아름다운 황금 땅'은 죽음의 세계, 저승의 세계가 되는 셈이다.

죽음의 이미지는 둘째 연으로 이어진다. 욕망으로 시든 젊은 남자나 흰 눈 같은 수의를 입은 처녀는 모두 죽음의 상태에 있음을 보여준다. 물론 이 죽음은 실제의 죽음이라기보다는 현실의 굴레에 갇혀 있는 인간의 비유적 죽음을 이르는 것으로 보인다. 무덤 같은 현실에 매인 인간들이 갈망하는 곳, 그곳은 바로 해바라기가 가고 싶어 하는 곳이기도 하다는 말이다. 그러나 그 아름다운 황금 세계는 죽어야만 갈 수 있는 곳이라는 사실이 인간에게는 비극이다.

태양이 지상에 있는 모든 생명의 원천이듯 태양을 늘 불타는 젊음과 생명의 세계로 본다면 해바라기나 이 젊은이들의 갈망은 부활과 젊음에 대한 갈망이 될 것이며, 그렇다면 이들의 갈망은 긍정적인 것이다. 반면 태양은 허공에 있는 세계이며 인간이 결코 도달할 수 없는 세계라는 점을 상기한다면 태양은 인간의 헛된 이상이 될 것이며, 자신이 뿌리박고 있는 현실이 아닌 그 황금 세계에 대한 추구는 인간의 헛된 욕망을 보여주는 것이다. 한편 이런 죽음이나 황금의 이미지에 주목한다면 태양은 기독교에서 말하는 천국을 암시하는 것처럼 보이기도 한다. 바로 이런 관점에서 비평가 가드너(Stanley Gardner)는 이 시를 '천당의 기약에 대해 몹시 풍자적인' 작품이라고 평하기도 했다.

London

I wander thro' each charter'd street,
Near where the charter'd Thames does flow,
And mark in every face I meet

Marks of weakness, marks of woe.

In every cry of every Man,
In every Infant's cry of fear,
In every voice, in every ban,
The mind-forg'd manacles I hear:

How the Chimney-sweeper's cry
Every blackening Church appalls,
And the hapless Soldier's sigh
Runs in blood down Palace walls.

But most, thro' midnight streets I hear
How the youthful Harlot's curse
Blasts the new-born Infant's tear,
And blights with plagues the Marriage hearse.

〈주석〉

1, 2] charter'd: 자유가 주어진(given liberty); 사유물로서 먼저 차지한(pre-emptied as private property); 세 낸(rented out); 왕이나 법률에 의해 특허를 받은(licensed or given privileges to).

3] mark: take notice; observe.

4] Marks: evidences, signs.

7] ban: 정치적 법적 제재(political and legal prohibition); 저주(curse); 공적인 비난(public condemnation); 성혼선언(marriage proclamation) 등의 복합적 의미를 가진 말.

8] mind-forg'd: forged by mind(사람의 정신이 벼려서 만든).
manacles: fetters or chains for the hands or feet(수갑이나 족쇄).

10] appalls: fills with horror or fear.

11] hapless: unlucky, unfortunate.

13] thro': through.

15] Blasts: blights, withers.

16] hearse: 장의차(a vehicle for conveying a coffin) 혹은 상여(bier)의 의미.

나는 헤맨다, 임자 있는 거리들을,
근처로는 임자 있는 템스강이 흐르고
내가 만나는 모든 사람들의 얼굴에서 나는 목도한다,
약함의 표정, 고통의 표정을.

모든 사람들의 모든 외침에서
모든 유아들의 겁에 질린 울음소리에서
모든 목소리에서, 모든 금지령에서
마음이 만들어낸 쇠고랑 소리를 나는 듣는다.

어떻게 굴뚝청소부의 울부짖음이
시커멓게 되어가는 모든 교회를 오싹하게 하고
어떻게 불운한 병사의 한숨이
피가 되어 왕궁 벽을 타고 흘러내리는지를.

그러나 무엇보다도 한밤중의 거리에서 나는 듣는다,
어떻게 젊은 창녀의 저주가
갓난아기의 눈물을 마르게 하고
결혼 장의차를 역병으로 시들게 하는지를.

〈해설〉

이 시는 산업혁명이 한창 진행되던 시기의 영국 런던의 모습을 적나라하게 보여주고 있는 작품이다. 첫 연은 1인칭화자가 런던 거리 이곳저곳을 지나가면서 목격하게 되는 암울한 광경들을 묘사하고 있다. 시의 첫 부분에서 반복적으로 쓰이는 '임자 있는'(charter'd)이라는 말은 왕이나 법률에 의해 독점권이 주어진 것을 의미한다. 당시에 런던은 특허를 받아 일종의 자유와 권리가 주어졌지만, 그 권리는 모든 사람들에게 주어진 것이 아니었다. 특정 소수의 사람들만이 그 권리를 독점함으로써 그들만이 런던의 어떤 구역이나 템스강을 이용할 수 있었다. 이 시의 화자가 런던의 거리를 지나가며 템스강을 바라보면서 느끼는 것은 바로 그러한 영국의 제도적, 경제적 불평등이다. 영국은 산업혁명을 통해 막대한 국가적 부를 축적할 수 있었지만 그 혜택을 누릴 수 있는 것은 소수의 사람들뿐이었고, 대부분의 사람들은 가난의 고통속에서 허덕일 수밖에 없었다. 이런 상황에서 화자는 런던 거리에서 만나는 모든 사람의 얼굴에서 그런 나약함과 고통의 표정을 읽게 된다.

둘째 연은 고통 받고 있는 사람들의 참상을 주로 청각적 이미지를 통해 표현하고 있다. 화자가 듣게 되는 고통과 두려움의 외침은 모든 사람에게서, 심지어 유아들에게서도 나온다. 여기에서 'ban'(금지령)이라는 말은 인간을 옥죄는 모든 종류의 규제나 비난을 의미한다. 특히 이 말에는 '성혼선언'의 의미가 있는데, 이것은 결혼제도가 인간을 속박하고 있다는 블레이크의 생각을 표현하는 것이기도 하다. 그런데 화자는 그 모든 외침에서 '마음이 만들어낸 쇠고랑 소리'가 난다고 말함으로써 인간을 억압하고 구속하는 모든 것의 근원이 바로 인간의 정신, 인간이 만든 이데올로기라는 점을 강조하고 있다.

셋째 연은 사람들에게 고통을 주는 대표적 사회비리 두 가지를 언급하고 있다. 먼저 화자는 굴뚝청소부 아이들의 울부짖음이 시커멓게 되어가는 교회를 오싹하게 할 것이라고 말한다. 정작 시커먼 것은 검댕이 묻은 굴뚝청소부들이 아니라 바로 그들을 보호하고 후원한다고 하는 교회라는 말은 당시 교회에게는 모욕적인 말이 될 것이다. 화자는 또한 불운한 병사들의 한숨이 왕궁의 성벽을 피처럼 흘러내릴 것이라고 말한다. 이는 군인들이 피를 흘리며 고통을 받고 한숨을 쉴 수밖에 없는 것은 군주제의 유지와 관계있다는 점을 보여준다. 이런 언급들은 결국 아이들과 군인들의 고통의 근원은 영국을 지탱하는 두

개의 큰 세력인 교회와 왕, 즉 종교와 정치의 타락과 문제점에서 비롯된다는 사실을 보여주는 것이다.

넷째 연은 런던의 타락이 정치와 종교의 타락에 그치지 않고, 사회를 이루는 기본적 구성단위인 가정에까지 깊이 뿌리박혀 있음을 보여주고 있다. 특히 여기에서 언급된 것은 사람들의 성적타락으로서, '젊은 창녀의 저주가/ 갓난아기의 눈물을 마르게 한다.'는 말은 결혼 전 창녀와 성관계를 가진 남자가 옮아온 성병 때문에 갓난아이의 눈이 멀게 되는 것을 뜻한다. 특히 마지막 부분에 나오는 'hearse'라는 말은 관을 실어가는 영구차나 관가(棺架)의 뜻으로서, 'Marriage hearse'라는 말은 결혼마차를 장의차로 묘사하거나 결혼침대를 상여로 묘사한 표현이다. 이렇듯 화자는 'hearse'라는 말을 'Marriage'라는 말과 결합시킴으로써 결혼이 새로운 생명의 탄생을 가져오기는커녕 죽음을 낳게 되는 무시무시한 상황을 적나라하게 드러내고 있다.

William Wordsworth(1770-1850)

윌리엄 워즈워스(William Wordsworth)는 1770년 4월 7일 잉글랜드 북서부 호수지방(Lake District) 북쪽 가장자리에 있는 작은 마을 코커머스(Cockermouth)에서 태어났다. 워즈워스의 생애와 작품은 이 호반지역과 연관이 깊다. 그는 독일과 프랑스, 이탈리아에 잠시 머물렀을 때를 제외하고는 평생 자기 고향을 떠나지 않았고, 1850년에 사망했을 때도 자신의 출생지에서 멀지 않은 웨스트모어랜드(Westmoreland) 그래스미어 (Grasmere)에 묻혔다.

워즈워스는 토지변호사인 아버지와 포목상의 딸인 어머니 사이에서 태어난 다섯 형제자매 중 둘째였다. 워즈워스보다 한 살 아래의 유일한 여동생 도로시 (Dorothy)는 결혼을 하지 않고 워즈워스와 평생을 함께 붙어 지내며 오빠 워즈워스의 삶의 궤적을 기록으로 남겼다. 워즈워스는 고집스러운 아이였고 종종 폭력적인 기질을 보였기 때문에 어머니는 걱정이 많았다. 그의 어머니는 1779년, 워즈워스가 아홉 살이 채 되기도 전에 세상을 떠났다.

그 직후 워즈워스와 형은 에스트웨이트 호수(Esthwaite Lake) 근처 혹스헤드(Hawkshead)에 있는 무료 문법학교에 보내졌다. 그는 뛰어난 학생은 아니었지만 시골아이들 사이에서 다소 두드러진 존재였다. 워즈워스는 자식이 없는 하숙집 주인아줌마 앤 타이슨(Ann Tyson)에게 돌아가신 어머니를 대신할 애정을 느꼈던 것으로 보인다. 여러 해 동안 그는 하숙집을 자신의 집으로 여겼고, 엄격한 친척들로부터의 벗어날 수 있는 피난처로 생각했다. 그 하숙집 바로 근처에는 마음껏 뛰놀 수 있는 넓은 들이 펼쳐져 있었다. 이곳에서 워즈워스는 자연을 누비고 돌아다니며 자연의 소리와 경치를 마음속으로 받아들였고, 시골사람들과 양치기들, 외로운 방랑자들을 만났다. 또한 그의 시적 재능을 눈여겨본 윌리엄 테일러(William Taylor) 교장의 격려를 받으며 교장이 소장한 서적들을 끝없이 탐독하였다. 이 시절의 이런 경험들은 나중에 워즈워스의 시를 창조하는 원동력이 되었다.

1783년, 워즈워스가 열세 살이 되었을 때 아버지마저 갑자기 세상을 떠났다. 아버지는 죽기 전에 큰아버지와 큰외삼촌을 아이들의 공동 후견인으로 지정했다. 네 아이들은 큰외삼촌에게 보내졌는데, 그는 아이들에게 호의적이지 않았다. 특히 워즈워스는 큰외삼촌과 그의 하인들이 모두 싫어하는 존재였다.

워즈워스는 나이가 들어가면서 장차 변호사가 되기로 결심했다. 그래서 1787년 10월, 큰외삼촌의 집을 떠나 케임브리지대학 세인트 존스 칼리지(St. John's College, Cambridge)에 입학했다. 케임브리지대학에 대한 워즈워스의 관심은 오래가지 않았다. 그는 교수들과 동료학생들이 깊이가 없다고 생각했다. 교과과정이 일관성이 없다는 것을 느낀 워즈워스는 대학 교육체계에 대한 불만을 공공연히 토로하기도 했다. 그는 상류계층 자제들이 중심이 된 케임브리지대학 동아리에 들어가기를 원했지만, 가난하고 평범한 가정에서 자란 그를 아무도 받아들이려 하지 않았다.

방학 때가 되면 워즈워스는 혹스헤드의 옛 하숙집을 찾아가서 시간을 보냈고, 동생 도로시와 함께 도보여행을 하기도 했다. 1790년 3학년말 여름방학에 3개월간 그는 애초에 생각했던 장학금 신청을 포기하고 학교 절친 로버트 존스(Robert Jones)와 함께 해외여행을 떠났다. 프랑스를 거쳐 알프스산과 코모 호수까지 도보여행을 했고, 이 여행 경험은 그의 『서곡』(*The Prelude*) 제6권에도 기록되어 있다. 당시에 프랑스인들은 바스티유 감옥파괴 1주년을 축하하고 있던 상황이었다.

워즈워스의 후견인들은 그를 성직자로 만들고 싶어 했지만, 그는 이 핑계 저 핑계를 대면서 계속 미루고 있었다. 케임브리지 대학을 졸업하고 워즈워스는 네 달 동안 런던에 머물렀다. 그는 다시 친구 존스와 함께 웨일스 도보여행을 한 후(이 경험은 『서곡』 제14권에 나온다), 여행 가이드가 될 생각으로 프랑스어와 프랑스관습을 배우기 위해 혼자 프랑스로 떠났다. 그는 파리에서 나흘 머물렀다가 이내 오를레앙(Orléans)으로 갔다. 워즈워스는 그곳에서 1년 동안 지내면서 프랑스 혁명당원들과 친밀한 사이가 되었고 프랑스혁명의 열렬한 지지자가 되었다. 그는 처음에는 혁명과 그것이 표방한 이상에 전혀 관심이 없었으나 점차 혁명의 대변인으로 변모해 갔다.

워즈워스는 같은 하숙집에서 살고 있는 기병대원들을 통해 폴 발롱(Paul Vallon)과 그의 여동생 마리 안느(Marie Anne)를 차례로 소개받았다. "아네트"(Annette)라고 불린 안느는 워즈워스보다 네 살 연상이었다. 그녀가 자기 집으로 놀아갈 때 워즈워스도 동행을 했다. 1792년 봄에 그녀는 임신사실을 사람들에게 알리고 아이의 아버지는 워즈워스라고 말했다. 워즈워스는 아네트와 결혼해서 프랑스에 정착하고 싶어했다. 그러나 돈이 다 떨어진 워즈워스는 영국으로 돌아가지 않을 수 없었다. 워즈워스는 10월에 불루아를 떠나 여권 문제로 파리에서 약간 지체하다가 영국으로 갔다. 워즈워스가 영국으로 돌아온 직후인 1792년 12월에 그의 딸 카롤린느가 태어났다. 그러나 영국과 프랑스 사이에 전쟁이 발발하자 워즈워스는 더 이상 왕래를 할 수 없었고, 후견인인 외삼촌이 결혼을 반대한 데다 둘 사이의 이별의 세월이 길어지면서 둘의 결합은 거의 불가능하게 되었다.

1793년 1월에 루이16세가 참수되었다. 표면적으로 워즈워스는 프랑스의 정치상황을 변호할 수밖에 없었지만, 이때부터 서서히 그의 정치적 신념은 바뀌어가고 있었다. 그는 프랑스혁명 이후 1790년대 초반에 나타난 공포정치에 대한 환멸로 진보적 지식인에서 보수주의자로 변하게 되었다. 워즈워스는 아네트와의 관계에서 비롯된 죄의식과, 영국과 프랑스 사이에서 어느 편에 서야 할 것인지에 대한 고뇌, 프랑스혁명 이상의 변질에서 오는 환멸감 등으로 신경쇠약에 걸리게 되었다.

프랑스혁명의 한 장면

1796년에 워즈워스는 브리스톨(Bristol)에서 콜리지(Coleridge)를 처음 만나 교유를 시작했다. 몇 달 후 워즈워스는 친구 캘버트(Raisley Calvert)가 죽으면서 약간의 유산을 남겨주자, 콜리지와 가까이 살기 위해 도로시와 함께 서머셋(Somerset)으로 이사했다. 그들은 매일 만나고 함께 작업을 하며 영문학의 흐름을 바꿀 획기적인 책의 출판을 계획했다. 1798년 9월에 워즈워스와 콜리지 두 사람이 공동으로 발행한 『서정민요시집』(*Lyrical Ballads*)은 처음에는 그다지 사람들의 주목을 받지 못했지만, 점차 영국시의 새로운 전환점을 마련해 주는 시집으로 자리를 잡게 되었다. 이 시집에는 「늙은 뱃사람의 노래」("The Rime of the Ancient Mariner") 등 콜리지의 시 4편과 「틴턴사원」("Lines Written a Few Miles above Tintern Abbey") 등 워즈워스의 시 19편이 실려 있었다. 콜리지가 초자연적이고 공상적인 세계를 주로 다룬 데 반해, 워즈워스는 자연의 세계, 일상의 세계를 주로 다루었다.

1800년에는 이 시집의 증보판이 나왔는데, 그 〈서문〉(" Preface")에는 '영국낭만주의의 선언'이라 할 워즈워스의 시 이론이 전개되어 있었다. 〈서문〉에는 '시란 강렬한 느낌들이 저절로 넘쳐흐르는 것이라 했는데, 그것은 마음이 평성한 상태에서 다시 떠올린 삼성에서 처음 시작된다.'(poetry is the spontaneous overflow of powerful feelings: it takes its origin from emotion recollected in tranquility)라는 주장이 나온다. 시란 시인이 그때그때 느낀 자신의 감정을 즉흥적으로 표출하는 것이 아니라 시인이 과거에 느꼈던 감정을 마음속으로 거듭해서 깊이 있게 숙고하고 명상함으로써 생겨난다는 말이다. 또한 〈서문〉에서는 시란 '일상생활의 사건과 상황을 택하여'(to choose incidents and situations from common life), '그것들을 사람들이 실제로 쓰는 언어를 골라서 말하거나 묘사해야'(to relate or describe them…in a selection of language really used by men) 한다고 주장한다. 보통사람들의 실제 삶을 그 사람들이 실제로 쓰는 말로 표현해야 한다는 이 주장은 시의 언어와 시의 소재에 관한 획기적 주장으로서, 영웅이나 귀족, 신화적 존재들의 세계를 실생활에서는 쓰지 않는 시적 용어(詩語 poetic diction)을 사용해서 그려냈던 전 시대의 시 이론과 정반대였다. 〈서문〉의 이런 주장은 프랑스혁명의 자유와 평등의 이념을 문학적으로 표현한 것이라 할 수 있을 것이다.

워즈워스 남매가 1799년-1808년 사이에 살았던 도브 코티지

1802년 서른 두 살의 나이에 워즈워스는 소꿉친구 메리 허친슨(Mary Hutchinson)과 결혼했다. 워즈워스는 결혼 직전 아네트에게 결혼에 관

해 양해를 구할 생각으로 도로시와 함께 프랑스 칼레(Calais)로 가서 아네트를 만나고 딸 카롤린느를 처음이자 마지막으로 보게 되었다. 워즈워스와 카롤린느의 만남은 워즈워스의 소네트「고요하고 상쾌한 아름다운 저녁」("It Is a Beauteous Evening Calm and Free")에 기록되어 있다.

그 이후 워즈워스에게는 여러 가지 불운이 닥쳤다. 1805년에는 선장인 동생 존이 탄 배가 폭풍에 휘말려 난파되는 바람에 존이 익사하는 사고가 일어났다. 이 일은 그해에 쓴 워즈워스의 「비가」("Elegiac Stanzas")에도 언급되어 있다. 워즈워스와 메리 허친슨 사이에는 여섯 아이가 태어났는데, 그들 중 1812년에 몇 달 사이를 두고 두 아이가 사망했다. 또한 1810년에 콜리지와 대판 싸우고 나서 그로부터 점차 멀어지게 되었고, 둘은 그 이후 거의 20년 동안 절교의 상태에 있었다. 또한 1829년 무렵부터 동생 도로시는 정신질환을 앓기 시작했고, 1835년에 이르러서는 완전히 정신이상이 되었다.

후년의 도로시 워즈워스

그러나 워즈워스는 중년 이후 점차 명성을 얻고 재정적으로도 넉넉해지면서 평안한 삶을 살았다. 그는 1813년에 공직(Stamp Distributor for Westmoreland)을 받았고, 그래스미어 근처에 있는 저택으로 이사를 했다. 그가 죽을 때까지 살았던 이 집은 점차 관광객들이 자주 찾는 명소가 되어갔다. 1815년에 워즈워스는 첫 번째 시전집을 출판했고, 그 이후 죽은 해인 1850년까지 다섯 개의 판이 더 출판되었다. 워즈워스는 친구에게서 재산을 물려받아 재정적으로 풍족해지면서 유럽을 여행하기도 했다. 워즈워스는 젊은 시절에 가졌던 종교적 회의론을 접어두고 영국국교회를 받아들였다. 그는 나폴레옹이 권력을 잡는 순간부터 보수주의를 지향하고 자유주의에 반대하는 입장을 취했던 것이다. 그는 1838년 더럼대학에서, 1839년 옥스포드대학에서 명예학위를 받았다. 1842년에는 공직을 사임하고 연금을 받았으며, 이듬해인 1843년에는 사우디(Southey)의 뒤를 이어 계관시인(Poet Laureate)으로 임명되었다.

워즈워스는 말년에 이르면서 많은 명성을 얻게 되었고, 유명인으로서 이곳저곳에서 환영받았다. 그를 비평했던 사람들도 그가 계관시인이 되자 잠잠해졌다. 그의 시들은 당시에 부상하는 중산층에게 꽤 인기가 있었다. 빅토리아 시대 초반에는 워즈워스의 시를 읽는 모임들이 유행되기도 했다. 1850년에 워즈워스는 애지중지하던 딸 도라(Dora, Dorothy)가 죽자, 회복하기 어려운 우울증에 빠지게 되었고, 그해 4월 23일 80세의 나이로 세상을 떠났다. 그가 죽은 직후 1850년에 그의『서곡』이 출판되었다. 이 작품은 1799년에 2부로 쓴 것을 1805년에 총 13권으로 확장 출판하고 그 이후 죽을 때까지 수정을 거듭하여 14권으로 출판한 것으로, 워즈워스 자신이 어떻게 자연과의 관계를 통해 시인으로 성장했는가를 보여주는 자서전적 작품이라 할 수 있다.

워즈워스 부부의 묘비

We Are Seven

——————A Simple Child,
That lightly draws its breath,
And feels its life in every limb,
What should it know of death?

I met a little cottage Girl:
She was eight years old, she said;
Her hair was thick with many a curl
That clustered round her head.

She had a rustic, woodland air,
And she was wildly clad:
Her eyes were fair, and very fair;
—Her beauty made me glad.

"Sisters and brothers, little Maid,
How many may you be?"

"How many? Seven in all," she said
And wondering looked at me.

"And where are they? I pray you tell."
She answered, "Seven are we;
And two of us at Conway dwell,
And two are gone to sea.

"Two of us in the church-yard lie,
My sister and my brother;
And, in the church-yard cottage, I
Dwell near them with my mother."

"You say that two at Conway dwell,
And two are gone to sea,
Yet ye are seven!—I pray you tell,
Sweet Maid, how this may be."

Then did the little Maid reply,
"Seven boys and girls are we;
Two of us in the church-yard lie,
Beneath the church-yard tree."

"You run about, my little Maid,
Your limbs they are alive;
If two are in the church-yard laid,
Then ye are only five."

"Their graves are green, they may be seen,"
The little Maid replied,
"Twelve steps or more from my mother's door,
And they are side by side.

"My stockings there I often knit,

My kerchief there I hem;
And there upon the ground I sit,
And sing a song to them.

"And often after sun-set, Sir,
When it is light and fair,
I take my little porringer,
And eat my supper there.

"The first that died was sister Jane;
In bed she moaning lay,
Till God released her of her pain;
And then she went away.

"So in the church-yard she was laid;
And, when the grass was dry,
Together round her grave we played,
My brother John and I.

"And when the ground was white with snow,
And I could run and slide,
My brother John was forced to go,
And he lies by her side."

"How many are you, then," said I,
"If they two are in heaven?"
Quick was the little Maid's reply,
"O Master! we are seven."

"But they are dead; those two are dead!
Their spirits are in heaven!"
'Twas throwing words away; for still
The little Maid would have her will,

And said, "Nay, we are seven!"

〈주석〉

4] it: 제1행의 'A Simple Child.'
10] clad: clothed, dressed.
19] Conway: 웨일스의 콘위(Conwy).
34] Your limbs they are alive: Your limbs=they(운율을 맞추기 위해 반복한 것).
36] ye: you(고어 'thou'의 복수형).
42] kerchief: 머릿수건(A square scarf, often worn as a head covering)
hem: (가장자리를) 감치다.
47] porringer: 죽그릇, 죽사발(bowl for porridge).
67] 'Twas throwing words away: 말을 낭비하는 것이었다. 'Twas= It was(운율을 맞추기 위해 음절을 줄인 형태).
69] Nay: ((고어, 방언)) No.

———— 순진한 아이,
가볍게 숨을 쉬며
온 팔다리에서 생기를 느끼는
그 아이가 어찌 죽음을 알리오?

한 시골소녀를 만났었지
여덟 살 먹었다고 소녀는 말했네.
숱 많고 곱슬곱슬 거리는 그녀의 머리칼은
머리에 포도송이처럼 뭉쳐있었지.

그녀는 시골스런 숲속 분위기를 띠었고
옷차림새는 투박했네.
눈매는 고왔지, 아주 고았지.
—그 아름다움이 나를 기쁘게 했네.

"애야, 너의 형제자매는

몇이나 되니?"
"몇이냐고요? 모두 일곱이에요" 소녀는 대답하며
의아한 듯 나를 쳐다보았네.

"그럼 모두 어디 있니? 말해줄래?"
소녀는 대답하기를, "우리는 일곱이에요.
둘은 콘웨이에 살고
둘은 선원이 되었어요.

둘은 교회무덤에 누워있고요,
우리 언니하고 오빠가요.
그리고 저는 교회에 딸린 조그만 집, 언니 오빠 근처에서
엄마와 같이 살아요."

"둘은 콘웨이에 살고
둘은 선원이 되었다고 말하면서도
너희가 일곱이라니!—말해보렴
귀여운 아가씨야, 어떻게 그럴 수 있는지."

그때 꼬마 아가씨가 대답하기를,
"우리 형제자매는 일곱이에요.
둘은 교회무덤에 누워있어요
교회무덤 나무 밑에요."

"너는 사방을 뛰어다니잖아, 꼬마 아가씨야
너의 팔다리는 살아있어.
둘이 교회무덤에 누워있다면,
너희는 다섯뿐이잖니."

"언니 오빠 무덤은 초록빛이고, 여기서도 보일 거예요"
꼬마 아가씨가 대답했네.

"우리 집에서 열 두어 걸음 떨어진 곳에서
언니 오빠는 나란히 있어요.

저는 거기서 종종 양말을 뜨기도 하고
머릿수건 가장자리를 감치기도 해요.
바닥에 앉아
언니 오빠한테 노래도 불러줘요.

아저씨, 해가 지고난 후에 종종
날씨가 맑고 좋으면
저는 그릇을 가지고 가서
거기서 저녁을 먹어요.

맨 처음 죽은 것은 제인 언니였어요.
침대에서 신음하며 누워있었죠.
마침내 하느님이 고통을 덜어주어
언니는 떠났지요.

그래서 교회무덤에 눕혀졌지요.
그리고 풀들이 말랐을 때
우리는 함께 언니 무덤 주위에서 놀았어요,
우리 오빠 존과 제가요.

땅이 흰 눈으로 하얗게 덮여
달리며 미끄럼을 탈 수 있었을 때,
우리 오빠 존은 가야만 했어요.
그래서 언니와 나란히 누워있지요."

"그러면 너희는 모두 몇 명이니?
둘이 천국에 있다면 말이야"하고 나는 물었네.
꼬마 아가씨는 얼른 대답했네,

"아이고, 아저씨, 저희는 일곱이예요."

"그렇지만 그들은 죽었잖니, 둘은 죽었단 말이야!
그들의 영혼은 천국에 있어!"
그것은 하나마나한 말이었네. 여전히
꼬마 아가씨는 고집을 꺾지 않고
"아니에요, 우린 모두 일곱이에요!"라고 말했으니까.

〈해설〉

워즈워스는 1793년 4월부터 이듬해인 1794년 2월까지 영국 남부에서 출발해서 잉글랜드와 웨일스를 도는 긴 여행을 했다(도중에 프랑스에 갔을 가능성이 있다는 얘기도 있다). 여행을 시작할 수 있었던 것은 워즈워스의 혹스헤드 스쿨(Hawkshead School) 동창인 윌리엄 캘버트(William Calvert)가 상당한 재산을 물려받아 여행비용을 댔기 때문이다. 두 사람은 영국 최남단에 있는 와이트 섬(Isle of Wight)에서 여행을 시작했다. 그들은 그 섬에서 한 달간 머물다가 북쪽을 향해 길을 나섰는데, 그들이 탄 이륜마차가 대파되는 사고가 난 후 두 사람은 솔즈베리 근처에서 헤어졌다. 홀로된 워즈워스는 도보로 솔즈베리를 거쳐 바스와 브리스톨을 지난 후 웨일스로 들어가서 틴턴사원을 지나 와이강을 따라 북쪽으로 계속 여행을 했다. 이 시는 그해 10월경 워즈워스가 폐허가 된 굿리치 성(Goodrich Castle)을 지날 때 만난 어떤 시골 소녀와의 대화에 근거해서 나온 작품이다. 당시에 워즈워스와 이 소녀가 실제로 나눈 대화에 관한 기록은 없지만, 1841년에 워즈워스가 거의 50년 만에 이 성을 다시 방문했을 때 이름조차 모르는 이 소녀를 다시 떠올렸던 것을 보면 이 경험이 워즈워스의 삶에 어떤 의미를 주었던 것으로 보인다.

워즈워스의 경험은 1793년에 있었던 일이며, 이 작품이 나온 것은 그로부터 5년 후인 1798년의 일이다. 1798년에 워즈워스는 콜리지와 더불어 독일 여행 경비를 마련하기 위해 공동으로 시집을 발행할 계획을 세웠는데, 이 작품도 그 시집 『서정민요시집』(*Lyrical Ballads*)에 포함되었다. 워즈워스의 기록에 의하면 그는 이 시의 마지막 연을 맨 먼저 썼는데, 그것도 마지막 행으로 시작하는 것이었다. 작품이 거의 완성되었을 때 워즈워스는 원고를 콜리지와 동생 도로시에게 보여주면서 이 시의 도입부가 되는 연이 필요할 것이라고 말했다. 그때 콜리지가 즉시 'A little child, dear brother Jim—'이라는 구절을 제시했다고 한다. 워즈워스는 'Jim'과 'limb'(제3행)의 각운에 대해 반대했으나, 이 구절이 Jim이라고 불리는 James T모 친구를 연상시키는 것이었기 때문에 이들은 그 농담을 즐겼다고 한다. 이 시집이 브리스톨에서 출판이 진행되고 있었을 때 그곳에 머물고 있던 워즈워스를 찾아온 James는 이 작품이 시인 워즈워스를 영원히 우스꽝스럽게 만들 것이라고 말하면서 이 시집에 포함시키는 것을 극구 만류했다. 워즈워스는 전혀 이 작품을 뺄 생각이 없었고, 결국 친구 James는 실망하여 돌아갔다고 한다.

이 시는 대뜸 긴 대시부호(em dash)로 시작하여 '——————순진한 아이'라고 하면서 첫 행을 시작한다. 긴 대시부호는 말없음표처럼 그 속에 화자가 말하지 못하는 많은 얘기를 축약하고 있는 것처럼 보인다. 이 아이에 대해 화자가 생각하고 있는 많은 것들을 다 제쳐두고 한 마디로 말하자면 이 아이는 그야말로 '순진한 아이' 혹은 '단순한 아이'라고 말할 수 있다는 얘기인 것 같다. 아이가 '순진하다'라는 것은 이 아이가 어리기 때문에 인간의 죽음에 대해 모르거나 온 몸이 생기로 가득 차 있어서 도대체 죽음을 알 수 없다는 뜻으로 말하는 것으로 보인다. 사실 이 작품 전체의 주제는 이 첫 연에 이미 분명히 드러나 있다. 나머지 부분에서는 이를 보강하기 위해 두 사람 간의 구체적인 대화를 제시하고 있을 따름이다.

화자가 만난 여덟 살 난 시골소녀는 매우 자연에 가까운 모습을 보이는 눈매가 고운 아이이다(제2,3연). 먼저 화자는 그녀에게 형제자매가 몇 명이나 되는지 묻는다. 아이는 '일곱'이라고 대답하면서도 왜 그걸 묻는지 의아해 하는 눈초리를 보인다(제4연). 화자의 계속되는 물음에 아이는 자기 형제자매들이 어디에 있는지를 하나하나 얘기해준다. 문제는 그 일곱 중 둘은 죽어서 교회무덤에 묻혀 있다는 사실이다(제6연). 이 시의 주요 내용은 이 부분까지에서 모두 나온 것으로 보인다. 죽은 형제자매와의 단절을 느끼지 못하고 자신의 가족에 포함시키는 아이의 생각은 이미 모두 나타나 있기 때문이다. 이 작품의 나머지 부분은 이를 단지 반복하고 있을 뿐이기 때문에 사족처럼 느껴지기도 한다.

화자는 아이에게 어떻게 그럴 수 있는지 다시 묻는다. 화자는 '교회무덤에 누어 있는' 언니, 오빠와는 달리 아이는 '사방을 뛰어다니는' '팔다리가 살아있는' 사람이라는 것을 납득시키려고 하면서, '둘이 교회무덤에 누워있다면,/ 너희는 다섯뿐이잖니'라고 얘기한다(제9연). 그러나 언니, 오빠의 무덤은 자기 집에서 보일 정도로 가까이 있으며, 그 무덤에서 양말도 뜨고 감침질도 하며 언니, 오빠에게 노래도 불러주고(제10-11연), 날이 좋으면 그곳에서 저녁식사를 하기도 한다고 아이는 말한다(제12연). 아이는 계속해서 어떻게 세인 언니와 존 오빠가 차례로 죽었는지를 설명해준다(제13-15연). 죽음 얘기가 나오자 이 기회를 놓칠세라 화자는 그 '둘이 천국에 있다면' 너의 형제자매는 몇 명일까라고 묻는다. 그럼에도 불구하고 아이는 여전히 '일곱'이라고 대답한다(제16연). 이쯤 되니 마지막에 가서 화자는 매우 흥분하게 된다. 그래서 '천국에 갔다'는 둥 에둘러 얘기하는 대신 '그렇지만 그들은 죽었잖니, 둘은 죽었단 말이야!'라고 직설적으로 말을 내뱉는다. 그러나 그것은 '하나마나한 말'이었음이 드러난다. 아이는 계속해서 "아니에요, 우린 모두 일곱이에요!"라고 말하고 있기 때문이다(제17연). 이 작품은 전체적으로 한 연이 4행으로 되어 있으나 마지막 연만은 5행으로 되어 있다. 화자가 그런 것처럼 작가 워즈워스도 끝까지 일정한 감정의 틀 속에 작품을 집어넣지 못한 것처럼 느껴진다.

이 시는 죽음에 따르는 인간의 영원한 이별을 의식치 못하고 죽음의 슬픔도 모르는 어떤 소녀의 얘기를 담고 있다. 그러나 단순히 이 아이의 죽음에 대한 무지를 다루고 있는 것은 아니다. 이 작품에서 시인이 보여주려는 것은 죽음을 삶의 연장으로 태도일 것이다. 이 아이는 언니, 오빠의 무덤에서 놀고 뜨개질도 하고 식사도 하면서 같이 생활한다. 이는 인간의 죽음을 의식하지 못하기 때문에 가능한 일이지만, 이것은 사실상 인생을 통달한 사람이 가질 수 있는 태도이기도 하다. 아이의 이런 태도는 그것과 대비된 어른들의 시간과 죽음, 이별, 슬픔에 대한 의식과 집착을 역으로 말해 주기도 한다.

Expostulation and Reply

"Why, William, on that old grey stone,
Thus for the length of half a day,
Why, William, sit you thus alone,
And dream your time away?

"Where are your books?—that light bequeathed

To Beings else forlorn and blind!
Up! up! and drink the spirit breathed
From dead men to their kind.

"You look round on your Mother Earth,
As if she for no purpose bore you;
As if you were her first-born birth,
And none had lived before you!"

One morning thus, by Esthwaite lake,
When life was sweet, I knew not why,
To me my good friend Matthew spake,
And thus I made reply:

"The eye—it cannot choose but see;
We cannot bid the ear be still;
Our bodies feel, where'er they be,
Against or with our will.

"Nor less I deem that there are Powers
Which of themselves our minds impress;
That we can feed this mind of ours
In a wise passiveness.

"Think you, 'mid all this mighty sum
Of things for ever speaking,
That nothing of itself will come,
But we must still be seeking?

"—Then ask not wherefore, here, alone,
Conversing as I may,
I sit upon this old grey stone,
And dream my time away."

〈주석〉

0] expostulation: remonstrance; remonstration; admonition(타이름, 책망, 질책, 간언, 충고).
2] for the length of half a day: 긴긴 반나절 동안.
4] dream your time away: 꿈을 꾸면서 허송세월하다.
5] that light: 앞의 'books'를 지칭함.
bequeathed: handed down; passed on.
6] else: otherwise. 즉 책[빛]을 물려받지 않았다면 (외롭고 눈멀었을).
8] their kind: other men.
13] Esthwaite lake: 영국 중서부 호수지방(Lake District)에 있는 호수 중 하나.
15] spake: ((고어, 방언)) spoke.
17] cannot choose but: can only do; cannot do otherwise.
19] where'er they be: wherever they are. 제17행의 'see'와 각운을 맞추기 위해 'are'를 'be'로 바꾼 것.
29] wherefore; ((폐어)) why.
30] Conversing as I may: 내가 (영원히 말하는 것들과) 영적 교감을 나누고 있는지 모르니까. Conversing: Communing.

"윌리엄, 왜 그 오래된 잿빛 바위에 앉아
그렇게 기나긴 반나절을
윌리엄, 왜 그렇게 혼자 앉아
꿈꾸듯 허송세월하니?

너의 책들은 어디 있니?—그것이 없었다면
쓸쓸하고 눈이 멀었을 인간 존재들이 물려받은 빛!
일어나! 일어나! 그래서 죽은 선조들이
후손에게 불어넣어주는 정신을 마셔봐.

너는 어머니인 대지를 둘러보는구나,
마치 그녀가 너를 아무런 목적도 없이 낳은 것처럼,
마치 네가 그녀의 첫 자식이고
너 이전에는 아무도 살지 않았던 것처럼!"

어느 날 아침 에스트웨이트 호숫가에서,
왠지 모르게 인생이 아름다웠던 시절,
내 절친 매슈는 이렇게 말했네.
그래서 나는 대답했지.

"눈—눈은 볼 수밖에 없어.
귀한테 듣지 말라고 할 수 없지.
우리의 몸은 어느 곳에 있든 느끼게 되지
우리가 원하든 그렇지 않든.

또한 나는 어떤 힘 있는 존재들이 있어서
우리 정신에 저절로 인상을 준다고 생각해,
우리가 현명한 수동적 태도로
우리의 정신을 먹여 살릴 수 있도록.

영원히 말을 하고 있는
이 모든 엄청나게 많은 사물들 가운데서
저절로 우리에게 오는 것은 없고
우리가 늘 찾아야만 한다고 생각하니?

그러니 묻지 마, 왜 내가 여기서 혼자
이 오래된 잿빛 바위 위에 앉아
꿈꾸듯 허송세월하는지를.
내가 그것들과 영적 교류를 하고 있을지도 모르니."

〈해설〉

이 시는 두 친구 간의 대화형식으로 이루어져 있다. 전체 8연 중에서 제1-3연은 매슈의 질책성 충고로, 제5-8연은 그에 대한 윌리엄의 대답으로, 제4연은 두 화자와 대화 배경에 대한 일반적 설명으로 구성되어 있다. 워즈워스의 시에서 시적 화자 '나'는 시인 워즈워스 자신과 구별하기가 어렵다는 점을 고려한다면, 이 시에서 대답을 하는 윌리엄은 윌리엄 워즈워스라고 해도 무방할 것이다. 그러나 윌리엄에게 충고를 하는 매슈는 어떤 인물인지 알 수가 없다. 워즈워스에게는 실제로 매슈라는 이름의 친구가 없었으므로, 매슈는 워즈워스가 창조해 낸 가공의 인물이거나 아는 인물을 가명으로 쓴 것이라고 보는 게 좋을 것이다. 매슈는 워즈워스의 시 「매슈」("Matthew")와 「두 봄날 아침」("The Two Spring Mornings"), 「샘」("The Fountain"), 「시골학교 아이들에게 건네는 말」("Address to the Scholars of a Village School")에서 중심인물로 등장한다. 이들 작품에 나타난 매슈는 작품들의 내용으로 보아 워즈워스가 다녔던 혹스헤드 문법학교(Hawkshead Grammar School) 교장이었던 윌리엄 테일러(William Taylor, 1754–86)를 염두에 두고 쓴 것이 사실로 보인다. 그러나 이를테면 작품 「샘」에서는 매슈가 72세임에도 서로 친구사이라는 얘기가 나오기는 하지만, 이 작품 「충고와 대답」과 다음 작품 「뒤집힌 형국」에서는 윌리엄이 나중에 도리어 매슈에게 충고로 하는 상황이 전개되는 것으로 보아 매슈는 윌리엄과 비슷한 위치나 나이에 있는 사람을 모델로 한 것으로 보는 게 좋을 것 같다. 그런 점에서 이 작품들에서 매슈의 모델이 된 인물은 극작가이며 비평가였던 워즈워스의 친구 윌리엄 해즐릿(William Hazlitt, 1778-1830)이라는 주장이 있다. 워즈워스의 글에 의하면 이 시는 1798년 봄에 알폭스덴(Alfoxden)에서 창작되었는데, 실제로 해즐릿은 그해 5-6월에 알폭스덴으로 워즈워스를 방문한 것으로 되어 있다.

매슈가 첫 세 연에서 하는 충고는 한마디로 말하자면 자연에서 허송세월하지 말고 책을 보라는 것이다. 그런데 사실 네 번째 연에 이르기 전까지는 여기에서 윌리엄을 부르며 충고를 시작하는 사람이 누구인지 알 수가 없다. 어쩌면 워즈워스 자신이 자문하고 있는 것처럼 보이기도 한다. 네 번째 연의 내용으로 첫 연을 구성했다면 독자들은 덜 혼란스러웠을지 모른다. 그러나 그렇게 되면 현재 첫 연의 갑작스러운 질문이 주는 충격과 이에서 유발되는 호기심은 사라졌을 것이다. 매슈는 인류의 지혜가 축적된 책은 우리보다 앞서 살았던 사람들이 후손에게 물려주는 일종의 빛이며. 이 빛이 없었다면 인류는 쓸쓸하고 눈멀었을 것이라고 생각한다. 매슈가 볼 때 윌리엄의 태도는 마치 선조들 없이 지상에 처음 나온 사람의 태도라는 것이다. 네 번째 연에 나온 설명에 의하면 윌리엄이 혼자 바위 위에 앉아 있었던 이유는 우울함 때문이 아니다. 그는 왠지 모르지만 당시에 인생이 아름답게 느껴졌다고 말하고 있다.

매슈의 충고에 대해 윌리엄은 인간의 모든 감각기관은 열려있기 때문에 보고 듣고 느끼지 않을 수 없다고 말한다. 또한 자연에는 '어떤 힘 있는 존재들이 있어서/ 우리 정신에 저절로 인상을 준다'고 생각한다. 그는 이 범신론적 존재들에 대해 우리가 가져야 할 것은 '현명한 수동적 태도'(wise passiveness)라고 말한다. 자신의 선입견이나 주관에 의해 이 존재들이 전해 주는 메시지와 지혜를 왜곡하지 말고 마음을 열고 수용하는 현명한 태도를 가져야 한다는 것이다. 그러면 늘 찾아다니지 않고도 사물들이 하는 말을 듣고 우리의 정신을 먹여 살릴 수 있게 된다고 말한다. 이렇듯 윌리엄은 매슈에게 자신이 자연과 '영적 교류를 하고 있을지도 모르니' 왜 허송세월하는지 묻지 말라고 하는 말로 시를 끝맺는다. 워즈워스는 나중에 이 시에 붙인 작가 서주에서 이 시가 영적, 종교적 의미를 지니고 있어서 퀘이커교도들에게 인기가 많다는 것을 여러 경우를 통해 알고 있다고 썼다. 명상을 통해 자신의 내면에 있는 신성한 빛을 보려고 노력했던 퀘이커주의와 이 시에서 보이는 윌리엄의 태도는 일맥상통한 점이 있는 것처럼 보인다.

The Tables Turned

An Evening Scene on the Same Subject

Up! up! my Friend, and quit your books;
Or surely you'll grow double:
Up! up! my Friend, and clear your looks;
Why all this toil and trouble?

The sun above the mountain's head,
A freshening lustre mellow
Through all the long green fields has spread,
His first sweet evening yellow.

Books! 'tis a dull and endless strife:
Come, hear the woodland linnet,
How sweet his music! on my life,
There's more of wisdom in it.

And hark! how blithe the throstle sings!
He, too, is no mean preacher:
Come forth into the light of things,
Let Nature be your teacher.

She has a world of ready wealth,
Our minds and hearts to bless—
Spontaneous wisdom breathed by health,
Truth breathed by cheerfulness.

One impulse from a vernal wood
May teach you more of man,
Of moral evil and of good,
Than all the sages can.

Sweet is the lore which Nature brings;
Our meddling intellect
Mis-shapes the beauteous forms of things:—
We murder to dissect.

Enough of Science and of Art;
Close up those barren leaves;
Come forth, and bring with you a heart
That watches and receives.

〈주석〉

2] grow double: 몸이 둘로 접힐 만큼 구부러지다.
5-8] The sun above … evening yellow: The sun above the mountain's head has spread a freshening and mellow lustre (=his first sweet evening yellow) through all the long green fields.
10] linnet: a small finch, common in Europe(홍방울새).
11] on my life: 정말로.
13] hark: ((고어)) listen (to); hear.
blithe: very happy; cheerful.
throstle: song thrush(노래지빠귀).
14] mean: ignoble; common.
18] Our minds and hearts to bless: to bless our minds and hearts.
21] vernal: of, relating to the spring.
25] lore: knowledge; learning; teaching.
28] dissect: cut apart; examine; analyze.
30] leaves: leaves of books.

같은 주제의 저녁 장면

일어나! 일어나! 친구야, 그리고 책을 덮어.
그렇지 않으면 너의 허리가 구부러질 테니.
일어나! 일어나! 친구야, 그리고 밝은 표정을 지어봐.
왜 이렇게 수고하고 애를 쓰니?

서산머리를 넘어가는 태양은
넓은 온 초록 들판에
무르익은 신선한 광채,
아름다운 저녁의 첫 황혼을 펼쳐놓았어.

책! 그것은 지루하고 끝없는 싸움.
자, 숲속 방울새 소리를 들어봐
얼마나 그 노랫소리가 아름다운지! 정말로
그 속에는 더 많은 지혜가 있어.

또 들어봐! 지빠귀가 얼마나 즐겁게 노래하는지를!
지빠귀도 역시 대단한 설교자이지.
사물의 빛 속으로 나와서
자연을 스승으로 삼아봐.

자연에는 우리의 정신과 마음을 축복할 준비가 되어 있는
풍요로운 세계가 있지—
건강함이 깃든 저절로 얻어지는 지혜,
유쾌함이 깃든 진리의 세계가.

봄 숲에서 얻는 자극 하나가
너에게 인간에 대해
도덕적 선악에 대해
모든 현자들보다 더 많은 가르침을 줄지도 몰라.

자연이 가져다주는 가르침은 감미롭지만,
간섭하는 우리의 지성은
사물의 아름다운 형상을 일그러뜨리지—
우리는 해부하느라 죽이는 셈.

학문과 예술은 이제 그만.

불모의 책장들을 덮고
밖으로 나와라, 지켜보고 수용하는
마음만 가지고.

〈해설〉

이 시의 부제 〈같은 주제의 저녁 장면〉은 이 시의 주제가 앞서 나온 시 「충고와 대답」(“Expostulation and Reply”)과 동일하다는 점을 말해준다. 말하자면 앞에 나온 시와 마찬가지로 이 시는 ‘책을 반대하는 시’(anti-book poem)라고 할 수 있다. 이 시의 제목 「뒤집힌 형국」(“The Tables Turned”)이 의미하는 것은 어떤 상황이나 형세, 관념이 이전과는 반대로 되었다는 뜻이다. 두 시의 내용에 비추어보면 앞 시에서는 매슈가 윌리엄에게 충고를 한 데 반해 이 시에서는 상황이 역전되어 윌리엄이 도리어 매슈에게 충고를 하는 형국이다. 또한 앞 시에 나온 매슈의 주장대로 보통사람들은 책 속에 인간의 모든 지혜가 담겨 있으므로 인간은 책을 통해 가장 효율적으로 배울 수 있다고 생각하지만, 반대로 이 시에서 윌리엄은 인간은 책이 아닌 자연을 통해 더 많고 중요한 것을 배울 수 있다고 주장함으로써 기존의 관념을 뒤집고 있다.

이 시는 매슈에 대한 윌리엄의 충고로만 이루어져 있어서 앞 시 후반부에 나온 윌리엄의 주장 부분을 확장한 것처럼 보이기도 한다. 앞 시와 연관시킨다면 이 시의 화자는 윌리엄이 분명하다. 첫 연의 제1행과 3행에 나온 ‘일어나! 일어나!’라는 말은 앞 시 제7행에서 매슈가 윌리엄에게 자연 속에 들어가 바위 위에 멍하니 앉아 있지 말고 일어나라고 했던 말을 그대로 받아서 이제는 도리어 윌리엄이 매슈에게 책을 덮고 책상머리에서 일어나 자연 속으로 들어가라고 충고하는 말로 쓰이고 있다. 윌리엄은 인간이 책에 매달리다 보면 몸이 둘로 접힐 만큼 허리가 구부러지고 표정도 밝지 못하게 되며(제1연), 책을 읽는다는 것은 지루하기 짝이 없고 끝이 없는 싸움과 같은 것이라고 생각한다(제3연). 그래서 그는 매슈에게 황혼녘에 자연에 나가서 '넓은 온 초록 들판에' 펼쳐진 '무르익은 신선한 광채'를 즐기라고 권한다.

윌리엄은 방울새의 노래 속에는 책 속에 보다 '더 많은 지혜가 있으며'(제3연), '지빠귀도 역시 대단한 설교자'이므로 '자연을 스승으로 삼으라.'고 말한다(제4연). 왜냐하면 '자연에는 우리의 정신과 마음을 축복할 준비가 되어 있는/ 풍요로운 세계가 있고', '건강함이 깃든… 지혜, 유쾌함이 깃든 진리의 세계'가 있기 때문이다(제5연). 또한 인간과 도덕에 대해서도 자연은 현자들보다 더 훌륭한 교사여서, '봄 숲에서 얻는 자극 하나가' '인간에 대해/ 도덕적 선악에 대해/ 모든 현자들보다 더 많은 가르침을 줄지도 모른다.'고 말한다(제6연). 자연의 가르침은 감미로운 데 반해, 인간의 분석적 지성은 '사물의 아름다운 형상을 일그러뜨리고' '죽이기' 때문에(제7연), 그는 매슈에게 '학문과 예술'은 그만두고 '불모의 책장들을 덮고' '지켜보고 수용하는 마음만 가지고' 밖으로 나올 것을 권한다(제8연). 마지막에 나온 '지켜보고 수용한다'는 말은 앞 시에 나온 '현명한 수동적 태도'(wise passiveness)와 같은 의미를 가지고 있다. 자신이 기존에 가지고 있는 지식이나 선입견으로 자연을 바라보지 말고 열린 마음으로 자연이 말하는 것을 수용하라는 뜻이다.

책을 멀리하고 자연으로 나올 것을 권하는 이 시는 그것 자체로 모순성을 내포하고 있다. 워즈워스가 이런 권고를 하는 것은 결국 책의 형태 속에 담길 '시'라는 매체를 통해서 이루어지고 있기 때문이다. 책을 멀리한다면 책을 멀리하라는 메시지를 어떻게 들을 수 있겠는가? 책을 던져버릴 것을 권할 때 워즈워스 자신의 시도 던져버리기를 권하는 것인가? 워즈워스의 권고를 귀담아듣는다면 이제 이 시도, 이 책도 집어 던져야 하지 않겠는가?

LUCY POEMS

워즈워스의 시 중에는 앞서 살펴본 대로 '매슈'(Matthew)라는 인물이 주인공이 되는 작품들이 있듯이, '루시'(Lucy)라는 인물이 주인공이 되는 작품들이 있다. 후자의 작품들은 보통 〈루시 시편〉('Lucy Poems')이라고 불리는데, 이에 속하는 것들로는 워즈워스가 1799년에 독일에서 쓴 4편의 작품("Strange Fits of Passion Have I Known", "She Dwelt among the Untrodden Ways", "Three Years She Grew", "A Slumber Did My Spirit Seal")과 영국에 돌아와서 1801년에 쓴 1편의 작품("I Travelled among Unknown Men")이 있다. 1799년에 쓴 4편은 1800년에 나온 『서정민요시집』(*Lyrical Ballads*) 제2판에 실린다. 1798년에 나온 이 시집의 초판과는 달리 제2판이 성공을 거둔 이유는 이 4편의 〈루시 시편〉이 추가되었기 때문이라는 주장이 있다. 그만큼 이 시편들은 독자들의 관심을 끌기도 했거니와 워즈워스의 전체 시세계에서 중요한 위치를 차지하고 있다. 평자에 따라서는 「덴마크 아이」("The Danish Boy")를 1799년에 나온 4편의 〈루시 시편〉과 같은 시기와 장소에서 쓰였다는 이유로 〈루시 시편〉에 포함시키고, 쓰인 시기와 장소가 다른 「나는 이방인들 가운데서 여행했네」("I Travelled among Unknown Men")를 빼기도 한다. 또한 〈루시 시편〉에 나온 루시와는 달리 시의 중심인물인 루시가 어린 나이에 죽음에도 불구하고 「루시 그레이」("Lucy Gray")를 포함시키기도 하며, 「루이자」("Louisa")나 「소중한 자연의 아이」("Dear Child of Nature")를 〈루시 시편〉에 포함시키는 경우도 있다.

〈루시 시편〉에 속하는 시들은 공통적으로 화자가 루시의 죽음을 애도하면서 동시에 그녀에 대한 사랑을 표현하고 있다는 점에서 루시에 대한 애가(哀歌 elegy) 및 연가(戀歌 love song)의 성격을 가지고 있다고 볼 수 있다. 또한 이 시편들은 발라드연(ballad stanza) 형식을 사용하고 있는데, 발라드연 혹은 담시연(譚詩聯)이란 영국 발라드에 흔히 사용하는 연의 형식으로서 제1,3행은 약강4보격(iambic tetrameter), 제2,4행은 각운을 이루는 약강3보격(iambic trimeter)의 운율에 abcb의 각운구조를 가지는 4행연(quatrain)을 말한다. 이 시편들에서 중심인물 루시는 자연에 아주 가까운 존재로 그려지고 있고, 여러 가지 자연물과 연관되거나 자연물로 비유되어 표현된다. 이를테면 첫 시 "Strange Fits of Passion Have I Known"에서는 루시가 장미나 달에 비유되고 있고, "She Dwelt among the Untrodden Ways"에서는 제비꽃과 별에 비유되고 있으며, "A Slumber Did My Spirit Seal"에서는 바위나 나무 등과 같은 자연물과 하나가 되는 존재로 묘사된다. 무엇보다 이 시편들은 화자 자신의 감정절제가 두드러지는 특징을 보여준다. 화자 자신이 사랑하는 여인의 죽음이 가져온 슬픔을 지극히 절제된 표현을 사용하여 그려냄으로써 단순하면서도 품격 있는 시편들이 되게 만들고 있다.

〈루시 시편〉과 관련하여 가장 논란이 되는 것 중의 하나는 과연 '루시'가 누구인가 하는 것이다. 루시를 워즈워스의 아내인 메리(Mary Hutchinson)나 1796년 젊은 나이에 죽은 메리의 자매 마거릿(Margaret Hutchinson), 혹은 워즈워스의 여동생 도로시(Dorothy Wordsworth)로 보는 관점이 있는가 하면, 20대 초반에 워즈워스가 사랑에 빠지고 혼외자식까지 낳았던 아네트(Annette Vallon), 에스트웨이트 지역에 살았던 어떤 메리라고 하는 여자, 혹은 이름이 알려지지 않은 어떤 아가씨, 혹은 영국 자체를 의인화한 것이라고 보는 관점도 있다. 또 루시를 이 모든 것들의 복합체로 보거나, 워즈워스가 창조한 가공의 인물, 혹은 반은 자연이고 반은 인간인 어떤 존재로 보는 경우들도 있다. 워즈워스는 자신의 시가 실제 체험에 기초하고 있다는 점을 보여주기 위해 시의 창작 배경을 구체적으로 밝히는 경우가 많다. 그러나 〈루시 시편〉의 중심인물인 루시에 대해서는 아무런 언급이 없었기 때문에, 루시의 정체성에 관해 이렇듯 수많은 논란이 계속되어 왔다.

〈루시 시편〉은 워즈워스가 『서정민요시집』 서문에서 밝힌 자신의 문학론에 걸맞은 단순한 문체와 언어로 쓰인 서정시의 백미(白眉)이다. 특히 이 시편들은 영국의 전통적 발라드 양식을 구사하고 있으며, 인간의 삶과 죽음에 대해 깊이 있는 성찰을 보여줌으로써 워즈워스의 명상시(冥想詩 meditative poems)의 원형이 되었다고 할 수 있다.

Strange Fits of Passion Have I Known

Strange fits of passion have I known:
And I will dare to tell,
But in the Lover's ear alone,
What once to me befell.

When she I loved looked every day
Fresh as a rose in June,
I to her cottage bent my way,
Beneath an evening-moon.

Upon the moon I fixed my eye,
All over the wide lea;
With quickening pace my horse drew nigh
Those paths so dear to me.

And now we reached the orchard-plot;
And, as we climbed the hill,
The sinking moon to Lucy's cot
Came near, and nearer still.

In one of those sweet dreams I slept,
Kind Nature's gentlest boon!
And all the while my eye I kept
On the descending moon.

My horse moved on; hoof after hoof
He raised, and never stopped:
When down behind the cottage roof,
At once, the bright moon dropped.

What fond and wayward thoughts will slide
Into a Lover's head!
"O mercy!" to myself I cried,
"If Lucy should be dead!"

〈주석〉

1] fits of passion: (발작이 일듯이) 갑작스럽게 일어난 감정.

4] What once to me befell: What once befell to me. 제2행 마지막의 'tell'과 각운을 맞추기 위해 어순을 바꾼 것. befell (to): happened (to).

7] I to her cottage bent my way: I bent my way to her cottage. 제5행 마지막의 'day'과 각운을 맞추기 위해 어순을 바꾼 것.

10] lea: meadow; grassland(초원, 풀밭).

11] nigh: near.

15] cot: cottage.

18] Kind Nature's gentlest boon: 앞 행의 'one of those sweet dreams'를 말함. boon: blessing; benefit.

25] fond: foolish.

갑자기 이상한 기분이 들었네.
내 감히 말하리라,
사랑을 하는 자의 귀에만,
언젠가 내게 일어났던 일을.

내 사랑 그녀가 매일매일
유월 장미처럼 싱그럽게 보였을 때,
나는 서녁날 아래에서
조그만 그녀의 집으로 향했지.

넓은 초원을 건너며 내내
나는 달을 응시했었네.
빠른 걸음으로 내 말은
내게 친숙한 그 길에 가까이 갔지.

우리가 과수원에 다다라서
언덕에 올라갔을 때,
저무는 달이 조그만 루시의 집으로
점점 더 가까이 왔지.

친절한 자연의 가장 좋은 선물인
달콤한 꿈에 나는 빠져들었네!
그동안 내내 내 눈은
지는 달을 지켜보았지.

말은 계속 움직여 말굽을 연이어 올리며
발길을 멈추는 법이 없었네.
그때, 그녀의 집 지붕 너머로
단번에 밝은 달이 졌지.

웬 어리석고 종잡을 수 없는 생각이

사랑을 하는 자의 머릿속에 들어오는 것인지!
"아이쿠!" 나는 마음속으로 소리쳤네,
"혹시 루시가 죽은 거 아니야?"

〈해설〉

〈루시 시편〉 연작의 첫 작품이라 할 수 있는 이 시의 첫 연은 어떤 숨은 이야기를 독자들에게 꺼내는 것처럼 시작된다. 화자는 자신이 언젠가 느꼈던 이상한 기분을 일종의 '발작'(fits)처럼 묘사하는데, 이 말은 그 기분이 갑작스러운 것이었다는 의미와 함께 그 기분이 그다지 좋지 않은 종류의 것이었음을 암시한다. 그래서 '감히'(dare)라는 말로써 그 경험을 말하는 것이 조심스러움을 말한다. 그러나 그 경험을 모든 사람에게가 아니라 '사랑을 하는 자의 귀에만' 얘기하겠다고 한다. 사랑을 해본 사람만이 자신이 한때 느꼈던 그 이상한 기분을 이해할 수 있을 거라는 말이다.

둘째 연부터 화자가 '그녀'의 집을 찾아가는 과정이 묘사된다. 그런데 여기에서 말하는 '그녀'가 누구인지 마지막 행에 가서 '루시'라는 이름이 구체적으로 언급되기 전까지는 알 수가 없다. 인칭대명사는 그것이 지칭하는 고유명사 이름이 나오고 난 후 쓰는 게 일반적이지만, 이 시에는 그 과정이 반대로 되어 있다. '루시'라는 이름 대신 인칭대명사를 계속 써나가는 것은 '루시'라는 이름 자체가 독자들에게 중요하지 않기 때문일 수도 있지만, '그녀'를 일종의 베일에 싸인 존재로 만드는 효과를 주기도 한다. 화자는 자신이 사랑하는 그녀가 유월에 핀 장미처럼 싱그럽던 그 시절 어느 날, 저녁달이 떠 있는 가운데 그녀의 집을 찾아갔었노라고 말한다.

셋째 연에서는 화자가 말을 타고 초원을 지나가면서 달을 계속 응시하고 있었음을 묘사하고 있다. 넷째 연에서 화자는 과수원에 다다르게 되는데, 이는 인가(人家)가 가까워졌음을 암시한다. 화자는 시야에 들어온 루시의 집을 언급하면서 저무는 달이 그 집에 점점 가까이 떨어지고 있음을 보게 된다. 다섯째 연에서는 그런 와중에 화자가 달콤한 꿈에 빠져들게 되었다고 말한다. 그런데 여기에서 화자가 꿈을 꾸었다는 것이 실제로 잠을 잤다는 얘기는 아닌 것으로 보인다. 말을 타고 가면서 잠시 졸며 꿈을 꿀 수도 있지만, 화자는 꿈을 꾸고 있으면서도 '그동안 내내 내 눈은/ 지는 달을 지켜보았다'고 말하고 있기 때문이다. 이렇듯 화자는 길을 나서는 순간부터 계속 지는 달을 지켜보고 있었음을 보여주고 있다.

여섯째 연에서는 화자가 탄 말이 루시의 집을 향해 멈춤 없이 계속 갔음을 보여주면서 동시에 루시의 집 너머로 갑자기 달이 넘어간 상황을 묘사한다. 이 두 가지는 인간이 가진 시간에 관한 두 가지 관념을 보여준다. 말이 말굽을 연이어 올리며 발길을 멈추지 않았다는 것은 시간의 영속성을, 달이 갑자기 저버렸다는 것은 시간의 유한성을 암시하는 것이다. 사람들은 인생의 시간적 한계를 뛰어넘을 수 있는 영원성을 늘 희구하지만, 삶의 영원성이란 현실적이지 못한 꿈같은 일이라는 것을 순간순간 깨닫게 된다. 특히 사랑을 하고 있는 사람들은 자신들의 사랑이 지속되리라 믿고 영원하기를 바라지만, 그런 믿음이나 바람은 헛됨을 이내 알게 된다. 이 시의 화자는 달이 지붕 너머로 떨어지는 광경을 보면서 그제야 자신이 사랑하는 루시도 죽을 수 있다는 사실을 깨닫게 되고 '혹시 루시가 죽은 거 아닌지' 느닷없이 불안한 생각을 가지게 된다. 바로 이 생각이 이 시의 첫머리에서 화자가 말했던 갑작스럽게 화자가 느낀 '이상한 기분'일 것이다.

화자가 둘째 연에서 루시를 장미에 비유한 것은 루시가 유월에 핀 장미처럼 젊고 아름다웠다는 것을 보여주기 위한 것이다. 장미는 말할 나위 없이 아름답지만 그 아름다움은 영속되지 못한다. 그래서 장미는 전통적으로 카르페 디엠(carpe diem) 주제를 가진 시에서 젊음과 인생의 유한성을 비유하는 자연물로 흔히 쓰여 왔다. 이 시에서 화자는 루시를 장미에 비유하면서도 장미가 가진 이중성을 미처 깨닫지 못했던 것으로 보인다.

이런 관점에서 보자면 이 시에서 장미보다 더 중요한 것은 달이라고 할 수 있다. 화자가 루시의 집으로 오면서 계속 달을 응시하다가 마지막 순간에 달이 루시의 집 너머로 떨어지는 것을 보고 루시의 죽음을 떠올린 것은 화자가 스스로 의식하지는 못했지만 달과 루시를 동일시하고 있었음을 보여준다. 달은 날에 따라 차고 이울며 늘 다른 시간에 뜨고 지기 때문에 예로부터 변화의 대표적 상징으로 흔히 쓰여 왔다. 화자는 달이 지는 것처럼 루시도 죽을 수 있다는 것을 마지막에 가서야 비로소 깨닫게 된 것이다. 따라서 다섯째 연에서 언급된 '꿈'은 이런 의미와 연관시켜 보자면 아마도 인간의 유한성을 망각하는 꿈이었을 것이다. 마지막 연에서 화자는 자신의 불길한 느낌을 '어리석고 종잡을 수 없는 생각'이라고 말하고 있다. 그러나 사실 이 생각은 어리석거나 종잡을 수 없는 것이 아니라 인생의 한계성에 대한 정확한 인식에서 나온 것이다.

마지막 연에 나오는 '사랑을 하는 자'는 첫 연의 '사랑을 하는 자'의 연장으로서, 일차적으로 화자 자신을 말하지만, 사랑을 하고 있거나 사랑을 해본 모든 사람들을 지칭하는 말이다. 다른 사람들에게는 자신이 한때 느꼈던 불길한 예감이 어리석고 종잡을 수 없는 생각 같은 것이겠지만, 사랑을 하는 사람들만은 그것을 잘 이해할 수 있을 거라는 뜻이다. 처음에 화자가 언젠가 자신이 느꼈던 이상한 기분을 '감히' 말하겠다고 할 때 독자들은 무엇인가 놀랄만한 이야기를 기대했을 수 있다. 그러나 마지막에 가보면 그 이야기는 특별한 것이 아니라 사랑에 빠진 사람들이 흔히 할 수 있는 일종의 기우(杞憂) 같은 것임이 드러난다. 그래서 맥 빠진 결말이 될 수도 있을 것이다. 그러나 사랑하는 사람들이라면 그런 걱정을 이해할 수 있을 것이며, 그래서 화자는 처음부터 '사랑을 하는 자'의 귀에만 이야기를 하겠다고 했던 것이다.

이 작품은 여타의 〈루시 시편〉과는 달리 루시의 죽음이 실제로 나타나 있지 않고 화자의 상상 속에서만 나타난다. 여기에서 그려진 것은 아직 루시가 죽기 전의 상황이다. 그런 점에서 시간적으로 볼 때 이 시는 〈루시 시편〉 중 첫 시라 할 수 있을 것이다.

She Dwelt among the Untrodden Ways

She dwelt among the untrodden ways
    Beside the springs of Dove,
A Maid whom there were none to praise
    And very few to love.

A violet by a mossy stone
    Half hidden from the eye!
—Fair as a star, when only one
    Is shining in the sky.

She lived unknown, and few could know
    When Lucy ceased to be;
But she is in her grave, and, oh,
    The difference to me!

〈주석〉

1] dwelt: lived.
the untrodden ways: 인적이 드문 곳.
2] the springs of Dove: 도브강의 원류(발원지)들.
7-8] a star, when only one/ Is shining in the sky: 저녁에 해가 막 지고 난 후나 새벽에 동트기 직전 다른 별들보다 유독 밝게 빛나는 금성(Venus, 개밥바라기, 샛별)에 관한 언급.
10] ceased to be: died.

인적 드문 곳에서 그녀는 살았네,
　도브강이 시작되는 곳에서.
찬미할 이 하나 없고,
　사랑해 줄 이 거의 없던 아가씨.

사람들의 눈에서 반쯤 숨어서
　이끼 낀 돌 가에 피어 있는 제비꽃!
—하늘에서 반짝이는
　단 하나의 별처럼 아름다운.

루시는 아는 이 없이 살았고,
　언제 죽었는지 아는 이도 거의 없었네.
그러나 그녀는 무덤 속에 있고, 아,
　그것이 내게는 얼마나 큰 차이인지!

〈해설〉

이 시는 자연 속에서 고적한 삶을 살았던 루시의 일생을 간략하게 그리고 있는 작품이다. 첫 연은 루시가 도브 강의 원류 근처 인적이 드문 두메산골에 살던 아가씨였다고 말한다. 그래서 루시는 사람들과의 교류가 적었기 때문에 칭찬할 사람도 사랑할 사람도 거의 없었다는 것이다. 둘째 연은 루시의 아름다움을 두 가지 자연물에 비유하고 있다. 루시는 사람들의 눈에 거의 띄지 않는 제비꽃 같았고, 하늘에서 유독 하나만 밝게 빛나는 별과 같이 아름다웠다고 한다. 셋째 연은 루시의 일생을 다시 몇 줄로 요약하여, 그녀는 아는 사람이 거의 없이 살았고, 그래서 언제 죽었는지 아는 사람도 거의 없었다고 한다. 그러나 지금은 죽어서 무덤에 묻혀 있고, 그 사실은 화자에게는 큰 차이라고 말한다.

루시의 일생을 이렇듯 짧게 묘사하고 있는 이 시는 매우 단순해 보인다. 그러나 이 시는 여러 가지 상호모순적인 내용들로 가득 차 있어서 그렇게 단순한 시로만 볼 수는 없다. 첫 연에 나오는 '인적 드문 곳'의 원문 'untrodden ways'에서 'ways'란 사람들이 걸어 다닌 발자취를 말하므로 'untrodden'이라는 말과는 충돌되고 따라서 같이 짝짓기에는 어울리지 않기 때문이다. 또 '찬미할 이 하나 없고,/ 사랑해 줄 이 거의 없던'이라는 말도 모순적으로 보인다. 원문에 나오는 'none'과 'few'에 주목하자면, 찬미할 사람이 하나도 없었지만 그래도 사랑해 줄 사람은 아주 적은 가운데 몇 명은 있었다고 말하고 있다. 이 말이 모순으로 느껴지는 이유는 루시의 아름다움이나 인간성을 찬미하지도 않으면서 도대체 어떻게 그녀를 사랑할 수 있었겠는가 하는 의문이 들기 때문이다. 이것은 어떤 대상에 대한 찬미를 그 대상에 대한 사랑보다 더 넓은 범주로, 사랑을 포괄하는 범주로 생각하는 데서 비롯된 의문이다. 사랑에는 찬미가 기본이 된다는 생각이 담겨 있다는 말이다.

루시를 각각 땅과 하늘에 있는 자연물들에 비유하고 있는 둘째 연에서도 모순이 나타난다. 산골에 핀 제비꽃에 루시를 비유한 것은 그녀의 고적함, 청초함과 아름다움을 효과적으로 보여주며, 그녀를 사랑과 미의 여신을 연상시키는 비너스별에 비유한 것은 루시에 대한 화자의 사랑과 그녀의 아름다움을 잘 보여준다. 그러나 산골에 보는 이 거의 없이 피어 있는 제비꽃과는 달리 비너스별은 그녀의 고적한 삶을 표현하는 데는 적합하지 못하다. 비너스별은 초저녁과 새벽녘에 다른 별들보다 훨씬 밝게 빛나며 사람들의 눈에 띄기 때문에 이 시가 전체적으로 보여주고 있는 루시의 은둔자적 삶과는 어울리지 않는다. 굳이 말하자면 셋째 연에서도 모순은 나타난다. 여기에서도 'unknown'과 'few'에 주목하면, 그녀가 살았을 때는 아는 사람이 없었는데 죽을 때는 아는 사람이 조금은 있었다는 얘기가 되므로 이것 또한 모순적으로 느껴질 수 있을 것이다.

첫째 연과 셋째 연에 나오는 'none'과 'few', 'unknown'과 'few'의 숫자적 차이를 엄격하게 따지는 것은 애초에 워즈워스가 이 단어들이 가지는 차이를 엄밀하게 인식하며 시를 썼다는 것이 전제가 되어야 의미가 있을 것이다. 시의 전체적 의미로 볼 때 워즈워스가 그랬을 가능성은 별로 없어 보인다. 이 단어들은 서로 구별되는 의미로 쓰인 것이 아니라 모두 루시의 한적하고 고독한 삶을 표현하기 위해 별다른 구분 없이 쓰인 것으로 보는 게 좋을 것이다.

첫째 연의 찬미와 사랑의 범주 차이에서 오는 모순에 대해서는, 찬미는 루시의 공적 삶에 관한 것이며 사랑은 사적인 삶에 관한 것이라고 말한다면(Colville) 굳이 모순이라고 느끼지 않을 수도 있을 것이다. 말하자면 루시는 일반적인 사회생활을 하지 않아서 다른 사람들로부터 공적으로 칭찬받을 일이 없었지만, 개인적으로 아는 소수의 사람들에게는 사랑을 받았다는 뜻이다. 둘째 연에 나오는 제비꽃과 비너스의 비유 또한 이와 유사하게 해석하여, 보통사람들에게 루시는 산골의 제비꽃처럼 잘 알려지지 않는 존재였지만 루시를 사랑했던 화자의 눈에는 비너스처럼 아름다운 존재였다는 의미로 새길 수 있을 것이다(Brooks & Warren). 이처럼 공적인 가치판단보다 개인의 주관적 판단을 중시하는 것은 낭만주의 시대에 이르러 나타난 사고의 혁명이며(Durant), 따라서 이런 생각은 전형적인 낭만주의적 태도라 할 수 있다.

앞에 나온 시가 그렇듯이 이 시 또한 '루시'라는 이름이 마지막에 가서야 나타난다. 그러나 화자는 자신이 사랑했던 여인의 죽음에 대해 말하면서도 마치 제3자의 얘기처럼 지극히 감정을 절제하는 태도를 보인다. '루시가 죽었다'는 말의 원문인 'Lucy ceased to be'는 '루시가 존재하기를 그쳤다'라는 매우 기계적인 느낌을 주는 말이다. 루시의 죽음은 이 지구상에서 통계학적으로 인구가 하나 줄었다는 정도의 의미이다(Barber). 이것은 일반인들에게 갖는 루시의 죽음의 의미일 뿐, 화자에게는 전혀 다르다. 그러나 화자는 루시의 죽음에 대해 아무런 감정노출을 하지 않는다. 마지막 부분에서도 루시가 지금 '무덤 속에 있다'는 말로 그녀의 죽음을 말할 뿐이다. 다만 '아'(oh)라는 말로써 루시의 죽음이 자신에게는 아무런 의미가 없는 것이 아니라는 점을 살짝 보여준다. 마지막 행에서는 다른 사람에게는 루시가 살아있거나 죽었거나 마찬가지이겠지만, 루시가 지금 이 세상에 없다는 것이 자신에게는 '큰 차이'(the difference)라고 말함으로써 화자가 루시에 대해 가지고 있는 감정의 크기를 짐작케 할 뿐이다.

Three Years She Grew

Three years she grew in sun and shower,
Then Nature said, "A lovelier flower
On earth was never sown;
This child I to myself will take;

She shall be mine, and I will make
A Lady of my own.

"Myself will to my darling be
Both law and impulse: and with me
The Girl, in rock and plain,
In earth and heaven, in glade and bower,
Shall feel an overseeing power
To kindle or restrain.

"She shall be sportive as the fawn
That wild with glee across the lawn
Or up the mountain springs;
and hers shall be the breathing balm,
And hers the silence and the calm
Of mute insensate things.

"The floating clouds their state shall lend
To her; for her the willow bend;
Nor shall she fail to see
Even in the motions of the Storm
Grace that shall mould the Maiden's form
By silent sympathy.

"The stars of midnight shall be dear
To her; and she shall lean her ear
In many a secret place
Where rivulets dance their wayward round,
And beauty born of murmuring sound
Shall pass into her face.

"And vital feelings of delight
Shall rear her form to stately height,

Her virgin bosom swell;
Such thoughts to Lucy I will give
While she and I together live
Here in this happy dell."

Thus Nature spake — the work was done —
How soon my Lucy's race was run!
She died, and left to me
This heath, this calm, and quiet scene;
The memory of what has been,
And never more will be.

〈주석〉

2-3] A lovelier flower/ On earth was never sown: A lovelier flower (than her) was never sown on earth.
10] glade: an open place in a forest; clearing.
bower: a shaded, leafy recess; an arbor.
11] overseeing: watching over; supervising.
12] kindle: arouse; animate; set fire to.
13] sportive: playful; joyous.
fawn: a young deer.
16] balm: an aromatic fragrance.
18] insensate: lacking sensation; inanimate.
28] rivulets: small streams.
36] dell: a small wooded valley.
37] spake: ((고어)) spoke.

3년을 그녀는 해와 소나기 속에서 자랐네.
그때 자연이 말하기를, "이보다 사랑스러운 꽃이
이 세상에 뿌려진 적이 없다.
이 아이를 나한테 데려와야지.
그녀를 내 것으로 삼고

내 여자로 만들어야겠다.

"내 자신이 내 사랑하는 아이에게
법과 충동이 되게 하리라. 그리고 나와 함께
이 소녀가, 바위와 들에서,
땅과 하늘에서, 숲과 나무그늘에서,
부추기거나 억제하는
보살피는 힘을 느끼게 하리라.

"초원을 가로질러 혹은 산 위에서
기뻐 날뛰며 뛰어다니는
새끼 사슴처럼 놀게 하겠고,
풍기는 향기도 그녀의 것이,
그리고 무언의 감각 없는 사물들의
침묵과 고요도 그녀의 것이 되게 하리라.

"떠도는 구름들이 자신들의 상태를 그녀에게 빌려주게 하겠고
그녀를 위해 버드나무가 휘어지게 하리라.
또한 폭풍우의 동요 속에서도
그녀는 반드시 보리라,
말없는 공감으로
처녀의 자태를 형성할 우아함을.

"한밤중 별들이 그녀에게
다정하도록 하겠고, 작은 개울이 멋대로
굽이굽이 춤추는 많은 은밀한 곳에서
귀를 기울이게 하리라,
그래서 속삭이는 소리 속에서 태어난 아름다움이
그녀의 얼굴로 옮아가게 하리라.

"기쁨의 활기찬 감정이

그녀의 몸을 당당한 키로 키우도록 하고,
그녀의 처녀 가슴도 부풀어 오르게 하리라.
이러한 생각들을 나는 루시에게 주리라,
그녀와 내가 함께
여기 이 행복한 골짜기에서 사는 동안에."

그렇게 자연은 말했다—그 일은 이루어졌다—
얼마나 빨리 내 루시의 일생은 끝나버렸는지!
그녀는 죽고, 내게 남겨 놓았다
이 황야와 이 고요, 그리고 조용한 풍경을,
다시는 오지 않을
과거의 추억을.

〈해설〉

이 시는 〈루시 시편〉 중에서 가장 긴 작품으로 다른 작품들과는 달리 한 연이 4행이 아닌 6행으로 구성되어 있다. 첫 행과 마지막 연을 제외한 나머지 모든 부분의 화자가 자연(Nature)으로 되어 있다는 점도 다른 시편들과는 좀 다른 느낌을 준다. 자연이 말하는 부분의 내용은 한마디로 말하면 자연이 계획하고 있는 루시 양육방안이라고 할 수 있다. 다섯 편의 〈루시 시편〉의 중심에 위치한 이 시는 〈루시 시편〉이라는 아치의 '이맛돌'(keystone)에 해당되는데, 그 이유는 나머지 시들은 이 시에서 다루고 있는 경험에 앞서거나 뒤따르는 것이기 때문이다(Colville). 말하자면 루시의 성장 과정은 〈루시 시편〉 전체의 중간에 해당되는 중심내용이 된다는 뜻이다.

첫 연에서는 루시가 3년 동안 해와 소나기 속에서 자랐을 때 자연이 루시를 데리고 가서 자기 것으로 삼을 계획을 세웠다고 말한다. 〈루시 시편〉이 루시의 죽음을 다루고 있음을 상기하여 자연의 이러한 계획을 잘못 해석할 가능성이 있다. 말하자면 자연 속에서 살았던 루시가 세 살이 되자 죽음이 그녀를 데리고 가기로 계획한 것처럼 읽힐 수도 있다. 그러나 몇 행을 읽어나가다 보면 이런 생각은 잘못된 것임을 이내 알아차릴 수 있다. 첫 연 마지막 행에 나오는 'A Lady'라는 말이나 제6연에 나오는 'Her virgin bosom swell'이라는 말은 모두 장성한 루시의 모습을 염두에 두고 한 표현들이다. 〈루시 시편〉에 나오는 루시는 모두 어려서 죽은 게 아니라 아가씨로 성장하여 화자와 사랑을 나누었던 인물로 나온다.

세 살 때 자연이 루시를 데려갔다면, 그 이전에는 자연이 아닌 곳에서 살았단 뜻일까? 그러나 루시가 세 살 이전에도 '해와 소나기 속에서 자랐다'는 말이나 루시보다 '사랑스러운 꽃이/ 이 세상에 뿌려진 적이 없다'라는 말은 그녀가 이미 자연 속에서 꽃처럼 자라고 있었음을 보여준다. 그렇다면 루시가 세 살이 되었을 때 자연이 그녀를 데려갔다는 것은 무슨 의미인지 모호하다. 비평가 콜빌(Colville)은 이 3년을 루시에 대한 '자연의 상상적인 임신'(Nature's fanciful pregnancy) 기간으로 보기도 한다. 그러나 이런 견해는 자연의 양육이라는 추상적인 개념을 인간의 자식 양육이라는 실제적 체계에 억지로 맞추어보려는 다소 무리가 있는 주장으로 보인다. 이 부분은 루시는 태어나면서부터 자연 속에서 자랐지만 세 살 이후 자연에서 더욱 큰 영향을 받게 되었다는 정도의 뜻으로 읽는 게 좋을 것 같다. 그러나 왜 하필 3년을 언급했는지는 사실 명확히 밝히기 어려워 보인다.

둘째 연부터 다섯째 연까지는 모두 루시에 대한 자연의 양육계획으로 구성되어 있다. 둘째 연에서는 자연이 루시를 서로 상반된 두 종류의 원리에 의해 키우겠다고 말한다. 그래서 자연은 루시에게 '법과 충동'이 되게 하며, 루시가 '바위와 들에서,/ 땅과 하늘에서, 숲과 나무그늘에서,/ 부추기거나 억제하는/ 보살피는 힘을 느끼게 하리라'고 말한다. 여기에서 '부추기거나 억제하는'이라는 말은 '법과 충동'이라는 말의 다른 표현으로 보인다. 루시를 이런 상반적인 환경에서 상반되는 원리에 의해 키우겠다는 것은 루시를 어느 한 편에 치우치지 않는 균형 잡힌 인간으로 만들려고 했다는 뜻일 것이다. 셋째 연에서는 루시를 한편으로는 새끼사슴처럼 동물적 기쁨과 활력이 넘치도록 키우면서도 동시에 감각이 없는 사물들이 보여주는 침묵과 고요도 배우도록 만들겠다고 말한다. 넷째 연에서는 루시가 떠도는 구름에서도 배우고 폭풍우 속에서도 우아함을 읽어내도록 가르칠 것임을 말하며, 다섯째 연에서는 루시가 별들과 같은 영원한 것에서 뿐만 아니라 흘러가며 변하는 개울에서도 배우도록 만들 것이라고 말하고 있다. 여섯째 연은 그런 자연의 양육과정을 통해 성장한 미래의 루시의 모습이 그려져 있다.

마지막 연에서는 자연의 계획이 모두 이루어졌음을 말하고 있다. 루시가 자연의 이러한 치밀한 양육계획을 통해 아름답고 균형 잡힌 아가씨로 성장했다는 뜻이다. 그런데 '그 일은 이루어졌다'라는 말 바로 다음에 갑자기 '얼마나 빨리 내 루시의 일생은 끝나버렸는지!'라고 하면서 루시의 죽음을 언급한다. 우리가 여기에서 느끼는 당혹감은 이 두 문장이 반대의 의미를 가지고 있으면서도 자연스럽게 연결되는 과정처럼 쓰였기 때문이다. 논리적으로 말하자면 두 문장 사이에 '그러나'와 같은 역접의 접속사가 오는 게 맞을 것이다. 그런데 시인이 이 작품에서 궁극적으로 전달하려고 한 의미는 오히려 이런 식의 접속사가 빠짐으로써 제대로 살아나게 된다(Durant). 인간의 성장 과정은 죽음으로 가는 과정이며, 삶은 죽음으로 완성된다. 죽음과 삶이 다르지 않다는 것은 인간 삶의 본질이며 자연의 이치이기도 하다. 루시의 성장은 결국 죽음으로 완성되었음을 보여주고 있다는 말이다.

A Slumber Did My Spirit Seal

A slumber did my spirit seal;
  I had no human fears:
She seemed a thing that could not feel
  The touch of earthly years.

No motion has she now, no force;
  She neither hears nor sees;
Rolled round in earth's diurnal course,
  With rocks, and stones, and trees.

〈주석〉

1] A slumber did my spirit seal: A slumber sealed my spirit. 제3행 끝의 'feel'과 각운을 맞추기 위해 'did…seal'로 쓴 것.
slumber: sleep, especially, light sleep(선잠).
4] earthly: of, relating to, or characteristic of this earth.
7] diurnal: daily.

선잠이 내 정신을 감싸버려서
  나는 인간의 두려움이 없었고,
그녀는 이 지상의 세월이 빗겨간
  어떤 사물처럼 보였네.

지금 그녀는 움직임도 힘도 없고
  듣지도 보지도 못한 채,
바위와 돌과 나무들과 함께
  매일 매일 지구와 더불어 궤도를 돌고 있네.

〈해설〉

이 시에는 '루시'라는 이름이 없지만 〈루시 시편〉 가운데 하나라는 데에는 이견이 없다. 다른 〈루시 시편〉들과 같은 시기와 장소에서 쓰였을 뿐만 아니라 형식이나 내용에 있어서도 같은 특징을 보여주고 있기 때문이다. 이 작품 역시 발라드연 형식을 가지고 있으며, 작품 속에 나오는 여성 인물인 '그녀'가 죽어 자연으로 돌아갔음을 보여주고 있다. 〈루시 시편〉 중 가장 짧은 이 시는 과거형으로 된 첫 연과 현재형으로 된 둘째 연으로 구성되어 있다. 첫 연은 과거 루시가 살아있을 때 화자가 그녀에 대해 가졌던 생각이고, 둘째 연은 현재 루시가 죽어 자연의 일부가 되어 있는 모습을 그리고 있다.

첫째 연에 나오는 '선잠이 내 정신을 감싸버렸다'라는 말은 화자가 망상에 빠져서 자신의 정신이 이성적 판단능력을 상실했었다는 의미일 것이다. 이 '선잠'은 〈루시 시편〉의 첫 시 「갑자기 이상한 기분이 들었네」("Strange Fits of Passion Have I Known") 다섯째 연에서 언급된 '꿈'을 연상시키는 말로서, 이 역시 화자로 하여금 망상에 빠져 인간의 한계성을 망각하도록 만드는 역할을 한다. 화자는 이렇듯 선잠에 빠져 인간의 두려움이 사라져버렸고, 그래서 루시가 세월의 영향을 받지 않을 존재처럼 느껴졌다고 말한다.

여기에서 말하는 '인간의 두려움'이란 인간이면 으레 느끼는 두려움을 말하는 것으로 보인다. 인간이 느끼는 가장 큰 두려움은 아무래도 죽음에 대한 두려움일 것이다. 화자는 과거 한때 신짐에 들어 죽음에 대한 두려움을 느끼지 못했고 자신이 사랑하는 루시도 세월의 영향을 받지 않을 어떤 사물처럼 보였다고 말한다. 이 지상에 사는 인간은 시간의 영향을 받게 마련이며 결국은 늙거나 병들어 죽을 수밖에 없는 운명을 가지고 있다. 그러나 화자는 인간의 그런 한계성을 망각한 채 루시가 절대 죽지 않을 사물처럼 보였다는 것이다. '사물'(thing)이라는 말은 무생물이라는 느낌을 주는 말이며, 무생물이 되면 세월의 영향을 받아 죽을 일도 없게 된다. 루시가 사물처럼 보였다는 말은 사랑하는 루시가 절대 죽지 않기를 바라는 마음과 자신들의 사랑이 지속되기를 바라는 마음이 만들어낸 망상이었을 것이다.

그런데 둘째 연에 오면 루시는 정말 '사물'과 같은 존재가 되어 있다. 따라서 화자는 자신이 원하는 것을 얻었다고 할 수 있지만, 그것은 동시에 얻지 못하기도 한 셈이기도 하다(Guerin). 화자는 루시가 시간의 영향을 벗어난 존재가 되기를 바랐지만, 그 소원은 원하는 것과는 다른 방식으로 이루어졌기 때문이다. 루시는 화자의 바람대로 세월의 흐름을 빗겨간 존재가 되었지만 그것은 영생을 통해서가 아니라 죽음을 통해서 그렇게 된 것이다. 첫 연에서의 화자의 잠은 둘째 연에서는 루시의 영원한 잠으로 바뀌어 있고, 첫 연에서 화자의 정신을 감싸고 있던 잠은 둘째 연에서는 루시의 육신을 감싸고 있다. 첫 연에서 루시는 감각이 없는 '사물'처럼 보였다고 했지만 사실 그때 루시는 감각이 살아있는 인간이었던 것이다. 그러나 둘째 연에서는 루시가 정말 사물이 되어 움직이지도 못하고 듣거나 보지도 못하는 상태로 나타난다. 그래서 이제 루시는 무덤에 묻힌 채 바위나 돌이나 나무와 같은 자연물처럼 되어 지구가 궤도를 따라 운행할 때 함께 돌아가고 있는 존재가 되어 있다. 그러나 인간은 시간 차이만 있을 뿐 결국에는 죽음을 피할 수 없고 자연의 일부로 돌아간다. 화자는 이렇듯 시의 마지막 부분에서 인간의 숙명을 수용하는 태도를 보여줌으로써 일종의 정신적인 위안을 달성하고 있다고 할 수 있을 것이다(Durant).

I Travelled among Unknown Men

I travelled among unknown men,
  In lands beyond the sea;
Nor, England! did I know till then
  What love I bore to thee.

'Tis past, that melancholy dream!
  Nor will I quit thy shore
A second time; for still I seem
  To love thee more and more.

Among thy mountains did I feel
  The joy of my desire;
And she I cherished turned her wheel
  Beside an English fire.

Thy mornings showed, thy nights concealed
  The bowers where Lucy played;
And thine too is the last green field
  That Lucy's eyes surveyed.

〈주석〉

6] thy shore: 영국의 해안(영국 땅).
11] she I cherished turned her wheel: she (whom) I cherished turned her wheel.
wheel: spinning wheel(물레).
12] Beside an English fire: 영국의 난롯가에서.
15] thine: thy green field.

나는 이방인들 가운데서 여행했네,
  바다 너머의 땅에서.

영국이여! 나는 그때까지
　얼마나 너를 사랑했었는지 몰랐네.

그 우울한 꿈은 지나갔네!
　나는 다시는 떠나지 않으리,
너의 해안을. 나는 너를
　더욱 더 사랑하니까.

너의 산 가운데에서 나는
　내 욕망의 기쁨을 느꼈고,
내가 소중히 여기는 그녀는
　영국의 난로 가에서 물레를 돌렸었네.

너의 아침은 보여주었고, 너의 밤은 감추었지,
　루시가 놀았던 그 나무 그늘을.
그리고 또한 너의 들판은
　루시의 두 눈이 마지막으로 본 푸른 들판이었다네.

〈해설〉

이 시는 다른 4편의 〈루시 시편〉들과는 달리 워즈워스가 독일에서 돌아온 후인 1801년 영국에서 쓴 작품이다. 또한 다른 시편들이 루시에 대한 사랑을 표현한 데 반해, 이 시는 루시보다는 조국에 대한 사랑을 표현한 것으로 보인다. 첫 연에서 화자는 영국을 떠나 이국땅에서 여행을 하기 전까지는 자신이 영국에 대해 가지고 있던 사랑이 어떠했는지를 알지 못했노라고 말한다. 둘째 연에서 화자는 이제 그 사랑을 깨닫게 된 이상 다시는 영국 땅을 떠나지 않겠다는 결의를 보이기까지 한다. 과거의 대륙여행은 그에게는 '우울한 꿈' 같은 것이었을 뿐이다.

셋째 연에서 화자는 자신이 영국을 사랑하는 것은 영국의 산에서 욕망의 기쁨을 맛보았을 뿐 아니라, 루시가 영국 어느 가정에서 물레를 돌렸기 때문이라고 말한다. 여기에서 욕망의 기쁨을 맛보았다는 말은 루시와 사랑을 나누었다는 의미이며, 영국에서 물레를 돌렸다는 말은 루시가 실제로 살았던 곳이 영국 땅이었다는 뜻이다. 넷째 연에서는 영국은 루시가 놀던 나무 그늘이 있는 땅이고, 루시가 마지막 살았던 곳도 영국이라는 점을 강조한다.

이렇듯 셋째, 넷째 연도 영국에 대한 화자의 사랑을 이야기하고 있지만, 첫째, 둘째 연과는 다르게 이 조국애가 루시에 대한 사랑과 결합되어 있음에 주목할 필요가 있을 것이다. 그런데 사실 셋째, 넷째 연에서 화자가 말하고자 하는 것은 〈자신이 루시를 사랑하는 것 못지않게 영국을 사랑했었다〉라는 것이라기보다는 〈자신이 영국을 사랑하는 것은 루시가 생전에 살았던 곳이 영국 땅이기 때문이다〉라는 것으로 보인다. 영국이 화자에게 의미를 가질 수 있는 것은 장기간의 외국 여행 후에 돌아와 쉴 수 있는 곳이었다는 이유 때문이라기보다는 자신이 루시와 사랑을 나누고 루시가 생전에 생활하다가 죽은 곳이 바로 영국이었기 때문이라는 말이다.

이 시를 루시에 대한 화자의 사랑보다 그의 조국애에 초점을 맞추어 해석하는 경향도 있지만, 그렇게 보면 이 시를 〈루시 시편〉에 굳이 포함시킬 이유가 없을 것이다. 창작한 시기와 장소가 여타의 〈루시 시편〉과 다른 이 시를 주제 또한 다른 〈루시 시편〉들과 다른 것으로 본다면 이들 모두를 함께 묶을 공통분모가 없어지기 때문이다. 넷째 연에 나온 '마지막'이라는 말은 루시의 죽음을 이제 더 이상 되돌릴 수 없는 기정사실로 받아들이는 것처럼 보인다. 동시에 이 말은 이 시가 〈루시 시편〉의 마지막 시이며 그 결말이라는 것을 암시하기도 한다.

Lucy Gray

Or, Solitude

Oft I had heard of Lucy Gray:
And, when I crossed the wild,
I chanced to see at break of day
The solitary child.

No mate, no comrade Lucy knew;
She dwelt on a wild moor,
—The sweetest thing that ever grew
Beside a human door!

You yet may spy the fawn at play,
The hare upon the green;
But the sweet face of Lucy Gray
Will never more be seen.

"To-night will be a stormy night—
You to the town must go;
And take a lantern, Child, to light
Your mother through the snow."

"That, Father! will I gladly do:
'Tis scarcely afternoon—
The minster-clock has just struck two,
And yonder is the moon!"

At this the Father raised his hook,
And snapped a faggot-band;
He plied his work;—and Lucy took
The lantern in her hand.

Not blither is the mountain roe:
With many a wanton stroke
Her feet disperse the powdery snow,
That rises up like smoke.

The storm came on before its time:
She wandered up and down;
And many a hill did Lucy climb:
But never reached the town.

The wretched parents all that night
Went shouting far and wide;
But there was neither sound nor sight
To serve them for a guide.

At day-break on a hill they stood
That overlooked the moor;
And thence they saw the bridge of wood,
A furlong from their door.

They wept—and, turning homeward, cried,
"In heaven we all shall meet";
—When in the snow the mother spied
The print of Lucy's feet.

Then downwards from the steep hill's edge
They tracked the footmarks small;
And through the broken hawthorn hedge,
And by the long stone-wall;

And then an open field they crossed:
The marks were still the same;
They tracked them on, nor ever lost;

And to the bridge they came.

They followed from the snowy bank
Those footmarks, one by one,
Into the middle of the plank;
And further there were none!

—Yet some maintain that to this day
She is a living child;
That you may see sweet Lucy Gray
Upon the lonesome wild.

O'er rough and smooth she trips along,
And never looks behind;
And sings a solitary song
That whistles in the wind.

〈주석〉

1] Oft: often.
2] wild: wilderness(황야).
6] a wild moor: ((다른 판본)) a wide moor.
9] spy: catch sight of suddenly.
fawn: a young deer(새끼사슴).
18] 'Tis: It is((운율을 맞추기 위해 두 단어를 합쳐서 한 음절로 줄인 형태)).
20] yonder: over there.
22] faggot: fagot. a bundle of twigs or branches bound together, used as fuel(땔나무 단).
23] plied: worked diligently or steadily.
25] blither: gladder, more cheerful.
roe: roe deer(노루).
27] disperse: scatter.
40] furlong: 약 200m의 길이.

루시 그레이
혹은 고독

이따금 나는 루시 그레이에 대해 들었지.
그리고 동이 틀 무렵
황무지를 가로질러 가며 나는 우연히 보았네,
고독한 그 아이를.

루시는 짝꿍도 친구도 없이
거친 황야에서 살았지.
—인가(人家)에서 자라는 꽃들 중
가장 사랑스러운 꽃!

뛰노는 새끼사슴과
초원의 토끼는 여전히 볼 수 있어도
루시 그레이의 사랑스러운 얼굴은
다시는 보지 못하리.

"오늘 밤에는 눈보라가 몰아칠 것 같구나—
네가 마을로 가야 해.
얘야, 초롱불을 가지고 가서
엄마의 눈길을 밝혀드려라."

"예, 아빠! 가고말고요.
이제 겨우 정오가 지났어요—
교회종이 막 두 시를 쳤는데,
저 하늘에는 달이 걸려있어요!"

이 말을 들으며 아버지는 쇠갈고리를 집어 들고
땔나무 단 묶음을 찍어 올리며
일을 계속했고—루시는 손에

초롱불을 집어 들었지.

루시는 산노루보다 더 경쾌하네.
그녀가 발로 장난스럽게 눈을 걷어차자
눈가루가 흩날리며
연기처럼 피어오르네.

눈보라는 예상보다 일찍 닥쳤네.
루시는 길을 잃고 이리저리
수많은 언덕을 올랐지만
마을에는 다다르지 못했네.

가엾은 루시의 부모는 밤새 내내
소리치며 멀리까지 찾아다녔지만
그들에게 지표가 될 만한
어떤 소리도 모습도 없었네.

동틀 무렵에 그들은 황야가 내려다보이는
언덕에 서 있었지.
거기서 그들은 집에서 얼마 떨어지지 않는 곳에 있는
나무다리를 보았네.

그들은 울며—집으로 발길을 돌리고 울부짖었네,
"천국에서 우리 모두 만날 거야"
—그때 눈 속에서 어머니는 발견했지,
루시의 발자국을.

그들은 가파른 언덕 가에서 아래쪽으로
작은 발자국들을 따라갔지,
무너진 산사나무 울타리를 통과하고
긴 돌담을 지나서.

그리고 확 트인 들판을 가로질러 갔네.
발자국들은 여전히 남아있었지.
그들은 발자국들을 절대 놓치지 않고 따라가서
다리에 다다랐네.

그들은 눈 덮인 강둑으로부터
그 발자국들을 하나하나 따라가
나무다리 중간에 이르렀을 때
발자국은 더 이상 보이지 않았네!

—하지만 몇몇 사람은 주장하지, 아직도
그녀는 살아있다고,
사랑스러운 루시 그레이를 볼 수 있을 거라고,
외로운 황야에서.

그녀는 절대 뒤돌아보지 않은 채
어느 곳이든 돌아다니고 있다네.
그녀가 부르는 고독한 노래는
바람결에 실려 온다네.

〈해설〉

워즈워스의 설명에 따르자면, 이 작품은 1799년 독일 고슬라(Goslar)에 있을 때 동생 도로시가 해준 이야기를 듣고 쓴 것으로 되어 있다. 영국 요크셔의 핼리팩스(Halifax) 근처에 살던 한 여자 아이가 눈보라 속에서 길을 잃고 실종되는 사건이 있었다. 아이의 부모가 눈 위에 난 발자국을 따라가 보니 수로의 갑문(閘門) 중간까지 발자국이 나 있었지만 더 이상 아이의 자취를 찾을 수는 없었다. 나중에 아이의 시신이 수로에서 발견되었다고 한다.

1799년 워즈워스는 시골 학교 아이들의 죽음과 매슈 딸의 죽음, 루시 그레이의 죽음 등 〈죽음〉이라는 주제에 집착하고 있었던 것으로 보인다. 이 작품은 역시 죽음의 문제를 다루고 있는 다른 4편의 〈루시 시편〉와 함께 1800년에 나온 『서정민요시집』 제2판에 처음 발표되었으나, 보통은 〈루시 시편〉에 포함시키지 않는다. 〈루시 시편〉의 '루시'는 화자가 사랑했던 장성한 아가씨로 묘사되는 데 반해, 「루시 그레이」의 '루시'는 화자와 아무런 인간적 교류가 없었던 꼬마 여자아이로 나온다. 또한 〈루시 시편〉의 '루시'는 그 실존성이 확실치 않고 시인 워즈워스와의 관계가 모호한 가공의 인물일 가능성이 높은 데 반해, 「루시 그레이」의 '루시'는 실제로 생존했던 인물이다. 〈루시 시편〉에서는 루시에 대한 화자의 사랑과 루시의 죽음에 대한 화자의 슬픔이 시의 기본 내용인 데 반해, 「루시 그레이」는 루시의 고독감과 자연과의 친화가 기본 내용으로 되어 있다.

전체가 16개의 4행연, 총 64행으로 구성된 이 작품은 제1,3연이 약강4보격(iambic tetrameter), 제2,4연이 약강3보격(iambic trimeter)의 발라드연(ballad stanza) 형식을 가지고 있다. 그러나 각운은 일반 발라드연이 abcb의 구조를 가진 것과는 달리 abab의 구조를 가지고 있다. 이 작품은 내용상으로는 크게 세 부분으로 나누어진다. 프롤로그(prologue)에 해당되는 제1-3연은 루시 그레이에 대한 기본적인 설명으로 이루어져 있다. 본 이야기에 해당되는 제4-14연은 루시의 실종을 다루고 있는데, 이는 다시 루시가 눈보라 속에서 길을 잃어버리는 부분(제4-8연)과 부모가 루시의 행방을 찾아다니는 부분(제9-14연)으로 세분할 수 있다. 에필로그(epilogue)에 해당되는 제15-16연은 사라진 루시의 현재 모습을 상상하는 부분이다.

제1연에서 화자는 '이따금 나는 루시 그레이에 대해 들었지'라고 하면서 이야기를 시작한다. 이 말은 앞으로 하려는 루시 그레이에 관한 이야기가 자신의 직접적인 체험과는 상관이 없으며, 그녀에 관해 들었던 짧은 소문을 토대로 상상력을 통해 재현하겠다는 뜻이다. 물론 셋째 행에서 화자는 루시를 우연히 본 적이 있다는 말을 하고 있지만 그것은 자신과의 관계를 이야기하려는 의도에서가 아니라 루시의 고독을 강조하기 위함으로 보인다. 루시의 외로움은 제2연에서도 '루시는 짝꿍도 친구도 없이/ 거친 황야에서 살았다'고 하는 말로 계속 강조된다. 그러나 루시는 인간들 중에서 '사랑스러운 꽃'과 같은 아이였다고 말한다. 제3연에서는 새끼사슴과 초원의 토끼는 계속 볼 수 있어도 루시는 더 이상 볼 수 없다고 말한다. 이 말로써 화자는 왜 그렇게 되었지? 라는 식의 궁금증을 독자들의 마음에 일으키면서 본 이야기를 시작한다.

제4연과 5연은 루시와 아버지의 대화로 되어 있다. 눈보라가 몰아닥칠 것으로 예상되자 아버지는 마을에 간 어머니를 마중하도록 일찌감치 딸 루시를 마을로 보낸다. 아버지가 일에 열중하는 동안 루시는 초롱불을 집어 들고 길을 나선다. 엄마를 마중 나가는 루시는 걱정이나 우울함 같은 것이 없이 아주 경쾌하며 장난스럽다(제6-7연). 이것은 루시의 천성이 매우 명랑하고 긍정적인 아이임을 보여준다. 그러나 눈보라가 예상보다 일찍 닥쳐와 루시는 길을 잃고 헤매며 마을에 다다르지 못하게 된다(제8연).

여기에서 갑자기 얘기가 끊어지며 다음 부분에서 루시의 부모가 루시를 찾아다니는 장면이 묘사된다. 루시의 부모는 밤새 내내 소리치며 루시를 찾아다니지만 어떤 단서도 찾지 못한다(제9연). 부모는 동이 틀 때까지 루시를 찾아다니다가 집 가까이에 있는 나무다리에 주목하게 된다(제10연). 이 시점에서 부모는 루시 찾기를 단념하고 "천국에서 우리 모두 만날 거야"라고 울부짖다가 문득 눈 속에서 루시의 발자국을 발견한다(제11연). 루시의 부모는 발자국을 따라서 가파른 언덕 아래쪽으로 산사나무 울타리와 긴 돌담을 지나가고(제12연), 들판을 가로질러 가서 다리에 다다른다(제13연). 그러나 그 나무다리 중간에서 루시의 발자국은 끊겼다고 말하면서 루시가 다리 아래로 추락했음을 암시한다(제14연).

또 여기에서 갑자기 얘기가 끊어지며 루시가 죽은 후 사람들의 루시 목격담 같은 것이 에필로그처럼 붙는다. 제8연과 9연 사이, 그리고 제14연과 15연 사이에서처럼 이야기가 건너뛰는 것은 전통적 발라드의 한 특징이기도 하다. 그 간극은 독자들이 상상력을 통해 메워야 할 부분이다. 루시라는 아이는 실제로는 수로에서 죽었지만, 워즈워스는 이 작품 속에서 루시를 영원히 살아있는 어떤 정신 같은 것으로 바꾸어 놓는다. 그래서 아직도 외로운 황야를 돌아다니는 루시 그레이의 모습을 볼 수 있으며(제15연), 그녀가 부르는 고독한 노래는 바람결에 실려 온다고 말한다(제16연).

워즈워스가 동생에게 들은 얘기를 토대로 이 작품을 쓰면서 과연 독자들에게 보여주고자 했던 것은 무엇일까? 여기에서 루시는 자연에 매우 가까운 아이로 묘사되고 있다. 자연에서 태어나 자연에서 성장하다가 자연으로 돌아간 루시의 삶은 인간의 가장 근본적인 모습을 보여주는 것으로 보인다. 또한 시인이 루시를 묘사하면서 루시의 고독함을 계속 강조하고 있음을 눈여겨볼 필요가 있을 것이다. 첫 연에서 화자는 루시가 '고독하다'(solitary)고 했고 마지막 연에서도 루시가 부르는 노래가 '고독하다'(solitary)고 말하고 있다. 무엇보다 이 작품의 제목과 부제는 〈루시 그레이 혹은 고독〉(Lucy Grey or Solitude)이라는 점에 주목할 필요가 있다. 〈루시 그레이=고독〉이라는 등식은 루시 그레이가 인간의 근원적인 고독의 육화된 형태, 구체화라는 사실을 보여준다. 따라서 워즈워스는 루시 그레이의 이야기를 통해 이 소녀의 실종사건 자체의 비극성보다는 인간이 태어나면서 가질 수밖에 없는 본질적인 고독감을 표현하고자 했던 것으로 보인다.

Resolution and Independence

1

There was a roaring in the wind all night;
The rain came heavily and fell in floods;
But now the sun is rising calm and bright;
The birds are singing in the distant woods;
Over his own sweet voice the Stock-dove broods;
The Jay makes answer as the Magpie chatters;
And all the air is filled with pleasant noise of waters.

2

All things that love the sun are out of doors;
The sky rejoices in the morning's birth;
The grass is bright with rain-drops;—on the moors
The hare is running races in her mirth;
And with her feet she from the plashy earth
Raises a mist, that, glittering in the sun,
Runs with her all the way, wherever she doth run.

3

I was a Traveller then upon the moor;
I saw the hare that raced about with joy;
I heard the woods and distant waters roar;
Or heard them not, as happy as a boy:

The pleasant season did my heart employ:
My old remembrances went from me wholly;
And all the ways of men, so vain and melancholy.

4

But, as it sometimes chanceth, from the might
Of joy in minds that can no further go,
As high as we have mounted in delight
In our dejection do we sink as low;
To me that morning did it happen so;
And fears and fancies thick upon me came;
Dim sadness—and blind thoughts, I knew not, nor could name.

5

I heard the sky-lark warbling in the sky;
And I bethought me of the playful hare:
Even such a happy Child of earth am I;
Even as these blissful creatures do I fare;
Far from the world I walk, and from all care;
But there may come another day to me—
Solitude, pain of heart, distress, and poverty.

6

My whole life I have lived in pleasant thought,
As if life's business were a summer mood;
As if all needful things would come unsought
To genial faith, still rich in genial good;
But how can He expect that others should
Build for him, sow for him, and at his call
Love him, who for himself will take no heed at all?

7

I thought of Chatterton, the marvellous Boy,
The sleepless Soul that perished in his pride;
Of Him who walked in glory and in joy
Following his plough, along the mountain-side:
By our own spirits are we deified:
We Poets in our youth begin in gladness;
But thereof come in the end despondency and madness.

8

Now, whether it were by peculiar grace,
A leading from above, a something given,
Yet it befell, that, in this lonely place,
When I with these untoward thoughts had striven,
Beside a pool bare to the eye of heaven
I saw a Man before me unawares:
The oldest man he seemed that ever wore grey hairs.

9

As a huge stone is sometimes seen to lie
Couched on the bald top of an eminence;
Wonder to all who do the same espy,
By what means it could thither come, and whence;
So that it seems a thing endued with sense:
Like a sea-beast crawled forth, that on a shelf
Of rock or sand reposeth, there to sun itself;

10

Such seemed this Man, not all alive nor dead,
Nor all asleep—in his extreme old age:
His body was bent double, feet and head
Coming together in life's pilgrimage;
As if some dire constraint of pain, or rage
Of sickness felt by him in times long past,

A more than human weight upon his frame had cast.

11

Himself he propped, limbs, body, and pale face,
Upon a long grey staff of shaven wood:
And, still as I drew near with gentle pace,
Upon the margin of that moorish flood
Motionless as a cloud the old Man stood,
That heareth not the loud winds when they call;
And moveth all together, if it move at all.

12

At length, himself unsettling, he the pond
Stirred with his staff, and fixedly did look
Upon the muddy water, which he conned,
As if he had been reading in a book:
And now a stranger's privilege I took;
And, drawing to his side, to him did say,
"This morning gives us promise of a glorious day."

13

A gentle answer did the old Man make,
In courteous speech which forth he slowly drew:
And him with further words I thus bespake,
"What occupation do you there pursue?
This is a lonesome place for one like you."
Ere he replied, a flash of mild surprise
Broke from the sable orbs of his yet-vivid eyes.

14

His words came feebly, from a feeble chest,
But each in solemn order followed each,
With something of a lofty utterance drest—

Choice word and measured phrase, above the reach
Of ordinary men; a stately speech;
Such as grave Livers do in Scotland use,
Religious men, who give to God and man their dues.

15

He told, that to these waters he had come
To gather leeches, being old and poor:
Employment hazardous and wearisome!
And he had many hardships to endure:
From pond to pond he roamed, from moor to moor;
Housing, with God's good help, by choice or chance;
And in this way he gained an honest maintenance.

16

The old Man still stood talking by my side;
But now his voice to me was like a stream
Scarce heard; nor word from word could I divide;
And the whole body of the Man did seem
Like one whom I had met with in a dream;
Or like a man from some far region sent,
To give me human strength, by apt admonishment.

17

My former thoughts returned: the fear that kills;
And hope that is unwilling to be fed;
Cold, pain, and labour, and all fleshly ills;
And mighty Poets in their misery dead.
—Perplexed, and longing to be comforted,
My question eagerly did I renew,
"How is it that you live, and what is it you do?"

18

He with a smile did then his words repeat;
And said, that, gathering leeches, far and wide
He travelled; stirring thus about his feet
The waters of the pools where they abide.
"Once I could meet with them on every side;
But they have dwindled long by slow decay;
Yet still I persevere, and find them where I may."

19

While he was talking thus, the lonely place,
The old Man's shape, and speech—all troubled me:
In my mind's eye I seemed to see him pace
About the weary moors continually,
Wandering about alone and silently.
While I these thoughts within myself pursued,
He, having made a pause, the same discourse renewed.

20

And soon with this he other matter blended,
Cheerfully uttered, with demeanour kind,
But stately in the main; and when he ended,
I could have laughed myself to scorn to find
In that decrepit Man so firm a mind.
"God," said I, "be my help and stay secure;
I'll think of the Leech-gatherer on the lonely moor!"

〈주석〉

5] Stock-dove: 숲 비둘기, 들비둘기(a European dove, smaller than the wood pigeon and having a uniformly gray plumage; so called because it lives in tree trunks).

6] Magpie: 까치.

13] that: mist.

19] employ: keep occupied.

30] bethought me of: reminded myself of.
39] genial: warmly cheerful, cordial(온화한, 친절한, 상냥한).
43] Chatterton: Thomas Chatterton(1752-1770). 고독과 가난으로 17세의 나이에 자살했던 시인.
44] pride: the most flourishing state or period(한창때).
45] Him: Robert Burns(1759-1796). 37세에 죽은 스코틀랜드 시인.
49] despondency: dejection(낙담).
53] untoward: improper.
54] bare: exposed.
the eye of heaven: the sun.
58] eminence: a high place or part; a hill; a height(높은 곳, 언덕).
59] espy: perceive; catch sight of.
61] endued: endowed.
72] shaven: closely trimmed(말끔히 다듬은).
80] conned: perused or examined carefully(자세히 살폈다).
87] bespake: bespeak(文語로 'speak to; address'의 뜻)의 과거형.
90] Ere: Before.
91] sable: black; dark.
orbs: eyes; eyeballs.
95] measured: deliberate and restrained; careful(신중한, 조심스러운).
97] grave Livers: those who live gravely.
112] admonishment: rebuke; reproach.
126] persevere: persist in anything undertaken(맡은 일을 계속하다).
135] demeanour: behaviour; deportment.
138] decrepit: weakened by old age; feeble; infirm.
139] stay: support; prop(지지).

1

밤새도록 바람이 아우성치고
비가 억수같이 쏟아져 내렸다.
그러나 이제는 태양이 밝게 빛나며 조용히 솟아오르고 있다.
새들은 먼 숲에서 노래를 하고 있고
들비둘기는 달콤한 자기 목소리를 곰곰이 생각하는 듯하며
끼치가 짹짹거리자 이치가 화납한다.

온 대기는 유쾌한 물소리들로 요란하다.

2

태양을 사랑하는 모든 것들은 밖으로 나와 있고
하늘은 아침의 탄생을 즐거워한다.
풀잎사귀엔 빗방울이 맺혀 반짝이고, 황야에는
토끼가 흥에 넘쳐 달리고 있다.
토끼는 웅덩이진 땅을 발로 차면서
물보라를 일으킨다. 물보라는 햇빛을 받아 반짝이며
토끼가 달리는 곳 어디서나 내내 토끼와 함께 달린다.

3

그 당시에 나는 황야를 떠돌고 있었다.
나는 기뻐서 이리저리 뛰어다니는 산토끼를 보았고
숲과 멀리 있는 강물이 포효하는 소리를 들었다.
아니 그 소리를 듣지 못했을지도 모른다, 아이처럼 행복해 하며.
즐거운 계절이 내 마음을 사로잡아
나의 오래된 기억들과 아주 공허하고 우울한
온갖 인간사도 모두 사라져버렸다.

4

그러나 가끔 그렇듯
마음속 절정의 기쁨에서 오는 힘을 느끼다가
환희가 솟구쳤던 높이만큼
우리는 낮게 낙담 속으로 가라앉는다.
마침 그날 아침 그런 일이 벌어져
여러 가지 두려움과 환상들이 온통 나를 덮쳤다,
어렴풋한 슬픔—그리고 내가 알지도 못하고 이름 붙일 수도 없는 막연한 생각들이.

5

하늘에서 지저귀는 종달새 소리를 듣고
까불대던 산토끼가 생각났다.
나 또한 대지의 행복한 자식으로서
더없이 행복한 이 동물들처럼 지내며
세상과 모든 근심을 모른 채 살아간다.
그러나 나에게 다른 날이 찾아올지 모른다—
고독과 마음의 고통, 고민, 그리고 가난이.

6

나는 평생 즐거운 생각을 하며 살아왔다
인생에서 할 일이 여름 기분인 것처럼,
언제나 따뜻한 선량함이 넘치는 온화한 신앙인에게
필요한 모든 것들이 구하지 않아도 찾아오는 것처럼.
그러나 스스로에게 관심을 기울이지 않는 사람에게
어찌 다른 이들이 집을 지어주고 씨를 뿌려주며
그의 요구에 따라 사랑해 주기를 기대할 수 있겠는가?

7

나는 생각했다 신동(神童) 채터튼,
한창때 요절한 잠 못 이루는 그 영혼을,
산비탈을 따라 쟁기를 몰며
영광과 환희 속에 살았던 그를.
우리는 자신의 정신에 의해 신성하게 된다.
우리 시인들은 젊은 시절 기쁨으로 시작하지만
그로부터 마지막에는 낙담과 광기가 온다.

8

그런데, 특별한 은총인지
하늘의 인도인지 무슨 선물인지 모르나
이 외로운 곳에서
이런 적절치 못한 생각들과 씨름하고 있을 때

하늘의 눈에 드러난 연못가에서
뜻밖에 나는 내 앞에 있는 사람을 보았다
나이가 더 많은 사람이 없을 것처럼 보이는 백발노인을.

9

때때로 민둥산 꼭대기에 쭈그리고 있는 모습이 보여
그것을 보는 모든 사람들에게 그것이
어떻게 그리로 왔는지, 어디서 왔는지 궁금증을 자아내고
그래서 마치 감각을 가진 사물처럼 느껴지는
거대한 바위덩어리처럼,
햇볕을 쬐기 위해 평평한 바위나 모래밭으로 기어 나와
쉬고 있는 바다짐승처럼.

10

이 사람이 그러했다. 하도 늙어 빠져서 완전히 살아있는 것도
죽은 것도 완전히 잠들어 있는 것도 아니었다.
그의 몸은 순례 같은 삶의 여정을 거치며
발과 머리가 맞붙을 정도로 꼬부라져 있었다.
마치 그가 오래 전에 느꼈던 극심한 고통의 압박이나
병의 격심함이 그의 육체에
인간으로서는 견딜 수 없는 무거운 짐을 지게 한 것처럼.

11

그는 자신을, 팔다리와 몸, 창백한 얼굴을,
다듬은 잿빛 지팡이에 의지했다.
그리고 내가 가만히 걸어서 다가갈 때에도
황야의 웅덩이 가장자리에서
그 노인은 구름처럼 꼼짝도 하지 않고 있었다,
요란한 바람이 소리를 질러도 듣지 못하다가
움직일 때는 한 덩어리로 움직이는 그런 구름처럼.

12

마침내 그는 몸을 움직여 지팡이로
웅덩이를 휘젓고는 흙탕물을
응시하며 자세히 살펴보았다.
마치 책을 읽고 있는 것처럼.
그때 나는 낯선 이의 특전을 이용하여
노인 곁으로 가까이 가서 말했다
"아침을 보니 오늘 날씨가 좋을 것 같군요."

13

노인은 말을 천천히 공손하게 꺼내며
점잖게 대답했다.
나는 이어서 그에게 말했다
"어르신께서는 거기서 뭘 하시나요?
이곳은 어르신 같은 분이 계시기에는 쓸쓸한 곳이지요."
그가 막 대답하기 전, 약간 놀라운 번쩍이는 눈빛이
아직도 생기에 찬 그의 검은 눈동자에서 터져 나왔다.

14

그의 말은 맥없이 나왔다, 맥없는 가슴에서.
그러나 말 한 마디 한 마디가 엄정한 순서를 따라 나왔다,
무슨 고상한 말의 옷을 입은 것처럼—
보통 사람의 한계를 뛰어넘는 정선된 말과
신중한 어구, 당당한 말투였다.
스코틀랜드의 엄숙한 사람들,
하느님과 인간에게 의무를 다하는 종교적인 사람들이 쓰는.

15

그는 말하기를, 늙고 가난해서 이 물가로
거머리를 잡으러 왔다고 했다.
위험하고 지루한 일!

그는 많은 곤경을 견디고
이 웅덩이 저 웅덩이 이 황야 저 황야를 헤매었다
하느님의 도움으로, 스스로 택하거나 운에 맡겨 잠자리를 구하며.
이런 방식으로 그는 정직하게 삶을 유지했다.

16

노인은 여전히 내 곁에 서서 얘기했다.
그러나 이제 그의 목소리는 내게 들릴 듯 말 듯한
시냇물 소리 같았고, 말들을 서로 분간할 수 없었다.
그의 몸 전체가 내게는
꿈에서 만난 사람처럼 느껴졌다,
혹은, 적절한 훈계로 내게 인간적 힘을 주기 위해
먼 곳에서 보내진 사람처럼.

17

먼젓번 생각들이 되돌아왔다. 사람을 파괴하는 공포,
만족할 줄 모르는 희망,
추위, 고통, 노동, 모든 육신의 병들,
그리고 불행하게 죽은 위대한 시인들.
—어찌해야 할 바를 모른 채, 그러나 위로를 받고 싶어서
나는 열심히 질문을 거듭했다.
"어르신은 어떻게 사시고, 무슨 일을 하시는지요?"

18

그는 미소를 띤 채 말을 반복했다,
거머리를 잡으러 사방으로 멀리
돌아다니며, 거머리들이 사는
물웅덩이에 발을 담그고 그 주위를 휘젓는다고.
"한때는 거머리들이 지천에 깔렸었는데
천천히 수가 줄어든 지 오래되었소.
하지만 나는 그 일을 계속하며 거머리를 찾아다니고 있다오."

19

그가 그렇게 얘기하고 있는 동안, 그 외딴 장소,
노인의 모습과 말—그 모든 것이 나를 혼란시켜서
내 마음의 눈에는 그가 그 지루하기 짝이 없는 황야를
끊임없이 걸어 다니는 것처럼,
외로이 말없이 헤매는 것처럼 보였다.
내가 이런 생각을 계속하는 동안,
노인은 말을 잠시 멈추었다가 같은 얘기를 계속했다.

20

이내 노인은 이 얘기와 다른 얘기를 섞어서
친절하면서도 대체로 당당한 태도로
유쾌하게 말했다. 그가 얘기를 끝냈을 때
나는 자신을 거의 경멸할 뻔했다,
그 노쇠한 노인에게서 그렇게 단단한 정신을 발견하고서.
"하느님" 나는 말했다, "제게 확실한 도움과 지지가 되어주소서.
저는 외로운 황야의 거머리잡이를 생각하겠나이다!"

〈해설〉

이 시는 1802년 5월 3일에서 9일 사이에 쓰인 작품으로서, 당시에 워스워스는 눈앞에 닥친 메리 허친슨(Mary Hutchinson)과의 결혼과 시인으로서의 자신의 미래의 불확실성 등으로 인한 정신적 압박감과 좌절감에 시달리고 있었다. 이를 극복하려는 과정에서 그는 약 2년 전의 일을 떠올리게 되었다. 워즈워스는 1800년 10월 3일에 호수지방 그래스미어에 있는 자기 집 도브 코티지(Dove Cottage) 가까운 곳에서 한 거머리잡이를 만났던 경험이 있었던 것이다. 말하자면 이 시는 이른바 〈평정 속에서 떠올린 감정〉('emotions recollected in tranquility')이라는 워즈워스의 말을 상기시켜 주는 작품으로서, 어떻게 시인이 과거에 경험한 정서를 자신의 마음속에 회상함으로써 시가 창조되는지를 보여준다.

처음에 이 시는 「거머리잡이」("The Leech-Gatherer")라는 제목으로 발표되었다가, 나중에 현재와 같은 제목으로 바뀌었다. 원제목이 시의 중심소재를 알려준다면, 현재의 제목은 시의 주제를 알려준다. 이 작품에서 거머리잡이는 시인이 좌절감을 극복하는 계기를 만든 작중인물일 뿐이며, 시인이 결국 새롭게 결의를 다지고 홀로 설 수 있게 되었다는 점에 작품의 초점이 있기 때문이다.

이 작품은 형식상 한 연이 7행에 ababbcc의 각운을 가진 제왕시연(帝王詩聯 rime royal) 20개로 구성되어 있다. '제왕시연'은 스코틀랜드 왕 제임스 1세가 이 형식으로 시를 쓴 일이 있기 때문에 붙여진 이름인데, '영문학의 아버지'로 불리는 초서(Geoffrey Chaucer)가 처음 사용했으므로 'Chaucerian stanza'라는 명칭을 쓰기도 한다. 내용상으로 이 작품은 크게 세 부분으로 나눌 수 있다. 시의 첫 부분(제1-3연)은 폭풍우가 그치고 다음날 날이 개이자 시인이 바깥 산책을 하면서 기분이 유쾌해졌음을 말한다. 둘째 부분(제4-7연)은 그러다가 시인이 여러 가지 생각들로 결국 낙담에 빠지게 되는 상황을 그리고 있다. 셋째 부분(제8-20연)은 황야를 헤매던 시인이 거머리잡이를 만나 교훈을 얻고 새로운 결의를 다지는 과정을 묘사한다.

제1연에서는 밤새도록 폭풍우가 몰아치고 난 후 날이 말끔히 개고 태양이 솟아오르자 시인은 산책을 하면서 새들이 즐겁게 노래를 부르는 광경을 보게 된다. 제2연에서는 물웅덩이를 첨벙거리며 달리면서 물보라를 일으키는 토끼의 즐거운 모습이 중점적으로 그려져 있다. 제3연에서는 시인 자신도 자연에 나와 계절을 즐기며 '공허하고 우울한/ 온갖 인간사'를 잊어버리게 되었음을 말한다.

제3연 마지막에 나오는 '공허하고 우울한'이라는 말은 제4연 이후의 분위기를 지배하는 말로 등장하게 된다. 제4-7연에는 모두 '그러나'(But)라는 접속사를 기점으로 환희에서 우울함에 빠지는 상황들이 반복적으로 그려지고 있다. 제4연에서 시인은 환희가 절정에 이르면 인간은 그만큼 크게 낙담하는 일이 생긴다는 것을 상기하며 바로 그날 아침 자신이 그러했음을 말한다. 그래서 자신이 기뻤던 만큼 '여러 가지 두려움과 환상들' '어렴풋한 슬픔' '알지도 못하고 이름 붙일 수도 없는 막연한 생각들'이 자신을 지배했다고 고백한다. 제5연에서도 마찬가지로 시인은 즐거워하는 종달새와 산토끼처럼 세상사와 근심을 잊고 살지만, 언젠가는 '고독과 마음의 고통, 고민, 그리고 가난이' 찾아올지 모른다고 걱정하고 있다. 제6연에서는 시인 자신은 즐거운 생각을 하며 살아왔지만 스스로를 돌보지 않는 사람을 누가 도와주며 사랑해줄 수 있겠느냐고 자문한다. 제7연에서 시인은 자신처럼 시인이라는 직업을 가지고 있었던 채터튼과 번스를 떠올리지만, 그들의 요절과 낙담, 광기에 생각이 이르자 좌절감에 빠지게 된다.

제8연에서부터는 황야를 헤매던 시인이 거머리잡이 노인을 만나서 그의 이야기를 듣고 반응하는 상황이 그려져 있는데, 이 거머리잡이 노인과의 만남은 이 작품의 일종의 전환점(turning point)이라 할 수 있을 것이다. 제8연에서는 아주 늙어빠진 이 노인을 만난 것을 '특별한 은총', '하늘의 인도', '선물'이라고 말한다. 제9연에서는 거머리잡이 노인을 바위덩어리나 바다짐승에 비유하고 있는데, 이 비유는 그 노인이 보통사람이 아니라 자연이나 우주의 일부인 것처럼 보이게 만든다. 시인 자신은 조화로운 자연의 세계로부터 괴리되어 있지만, 이 노인은 비참해 보이는 겉모습과는 달리 자연과 일체감을 갖고 있음을 보여준다. 제10연에서는 삶의 중하(重荷)를 짊어지고 있는 이 노인의 모습을 그리고 있다. 노인은 어떤 점에서는 자연의 일부이지만 보통사람들과 마찬가지로 고통의 무게를 느낀다고 말하고 있다. 노인은 인간이 견딜 수 있는 이상의 삶의 무게를 지고 있다는 것을 보여줌으로써 시인은 이 노인의 정신력에 대한 경이감을 불러일으키고 있다. 제11연에서는 웅덩이 가장자리에서 꼼짝하지 않고 있는 노인의 모습을 구름 덩어리에 빗대어 묘사하고 있다.

제12연에서는 시인이 드디어 노인에게 말을 붙이기 시작하는 상황이 묘사되어 있다. 노인이 웅덩이를 휘젓고는 그 흙탕물을 응시하며 살피는 것을 책을 읽는 것에 비유함으로써 이 노인이 어떤 선견자일 것 같은 느낌을 준다. 말하자면 시인은 이 노인을 자신에게 삶에 관한 어떤 진실을 얘기해줄 인물로 보고 있는 것이다. 제13연에서는 시인이 노인에게 직접적으로 직업을 물어보는데, 이는 시인 자신의 직업과 노인의 직업을 연관시키거나 비교하려는 의도이다. 그런데 시인은 노인의 대답을 바로 인용하는 대신, 노인의 눈에 보이는 '번쩍이는 눈빛'에 대해 언급한다. 제14연에서도 노인의 대답을 바로 인용하지 않고 그의 말투가 가진 성격을 길게 언급한다. 이런 방식은 오히려 독자의 궁금증을 증폭시키는 효과를 가지게 된다. 시인은 노인의 말이 고상하고, 신중하며, 당당하고, 엄숙했다고 말함으로써, 이 노인이 비범한 인물임을 짐작케 한다. 제15연에서는 드디어 노인의 직업이 밝혀진다. 노인의 고상하고 엄숙한 말투와 거머리잡이라는 직업이 서로 어울리지 않는 것일 수도 있다. 그러나 시인이 관심을 갖는 것은 어렵고 소득이 별로 없는 그 일을 노인이 꾸준히 하면서 정직하게 생계를 꾸려간다는 사실이다. 노인의 작업은 마치 애를 쓰면서도 변변한 시 한두편 쓰기 어려운 시인의 작업과 유사하다고 할 수 있을 것이다. 제16연에서는 노인의 대답이 시인에게 어떻게 느껴졌는지를 묘사하고 있다.

시인은 노인이 자신에게 적절한 훈계로써 힘을 주기 위해 먼 곳으로부터 보내진 사람처럼 느껴지게 된다.

제17연에서는 시인에게 다시 엄습하는 고통과 시인이 이를 벗어나기 위해 노인에게 하는 똑같은 내용의 질문이 나타난다. 앞 연에서 시인은 노인에게서 정직한 삶의 방식을 보았지만, 아직은 그것에 확실한 영향을 받지 못한 것으로 보인다. 시인에게 다시 삶의 공포와 충족되지 않는 인간의 욕망, 추위와 고통, 육신의 병, 불행하게 죽은 시인들이 떠오르자 시인은 어찌할 바를 모르고 위로를 받고자 다시금 노인의 거처와 직업을 묻게 된다. 제18연에서는 노인의 거머리잡이 일이 조금 더 자세하게 언급된다. 노인은 거머리 잡는 일이 요즘에는 점점 더 어려워졌지만, 여전히 포기하지 않고 있음을 말한다. 노인의 대답은 시인에게는 일종의 가르침이며 꾸짖음이라고 할 수 있을 것이다. 제19연에서는 노인의 대답에 대한 시인의 반응을 그리고 있다. 노인은 시인에게 초자연적인 영원한 방랑자의 모습으로 느껴지게 된다. 제20연에서 시인은 노인의 말투를 다시 언급하면서 그의 삶의 태도에서 교훈을 얻고 결의를 다지는 모습을 보여준다. 노인의 대답은 친절하고 당당하고 유쾌했지만, 그것이 시인에게 준 영향력은 결코 작지 않은 것으로 나타난다. 시인은 그 노쇠한 노인 속에 깃든 굳건한 정신을 발견하고서 앞으로는 그를 생각하며 다시 꿋꿋하게 일어설 것이라고 다짐한다.

이 작품은 일종의 이야기시라고 할 수 있는데, 서두와 중간, 결말이 있기는 하지만 이야기로서는 매우 빈약하다. 자연묘사나 시인의 절망감 묘사, 거머리잡이 노인에 대한 묘사가 작품을 압도하고 있어서 이야기 자체는 상대적으로 죽어버린 느낌이 든다. 워즈워스가 이 시에서 의도한 것은 이야기의 제시가 아니라 어떤 관념, 메시지의 제시였기 때문일 것이다. 그래서 독자들도 이 시를 읽고 난 다음에 어떤 이야기를 들었다는 느낌보다는 어떤 관념을 주입받은 느낌이 들게 된다.

이 작품은 가장 시적이지 못한 소재로써 인간의 삶에 대해, 시인의 작업에 대해 심원한 해석을 가하고 있다고 할 수 있을 것이다. 거머리잡이라는 가장 미천한 직업을 가진 사람들 중의 하나를 시의 중심인물로 선택한 것은 프랑스혁명 정신에 영향을 받은 워즈워스 자신의 시론을 실천하는 것이면서, 전 시대인 18세기의 영웅, 귀족 중심의 주인공 선택과는 큰 대조를 보여준다.

이 시의 뛰어난 점은 거머리를 잡아서 생계를 유지하는 불쌍한 노인을 시인 자신의 필요성에 맞게 환상적인 인물로 변용시키는 과정에서 나타난다고 볼 수 있다. 말하자면 이 작품은 시인에게 자신의 어려움을 극복하게 해 주는 메시지가 주어졌던 상황을 그저 그린 것이 아니라, 거머리잡이 노인과의 만남에서 시인이 그런 메시지를 만들어가는 과정을 그리고 있다는 것이다. 그런 점에서 이 시의 중심인물은 워즈워스와 동생 도로시가 산책 중 만난 거머리잡이 노인이지만, 진짜 주인공은 시인 자신이라고 할 수 있을 것이다.

Ode: Intimations of Immortality from Recollections of Early Childhood

The Child is father of the Man;
I could wish my days to be
Bound each to each by natural piety.

1

There was a time when meadow, grove, and stream,
The earth, and every common sight,
To me did seem
Apparell'd in celestial light,
The glory and the freshness of a dream.
It is not now as it hath been of yore—
Turn wheresoe'er I may,
By night or day,
The things which I have seen I now can see no more.

2

The rainbow comes and goes,
And lovely is the rose;
The moon doth with delight
Look round her when the heavens are bare;
Waters on a starry night
Are beautiful and fair;
The sunshine is a glorious birth;
But yet I know, where'er I go,
That there hath pass'd away a glory from the earth.

3

Now, while the birds thus sing a joyous song,
And while the young lambs bound
As to the tabor's sound,
To me alone there came a thought of grief:
A timely utterance gave that thought relief,
And I again am strong:
The cataracts blow their trumpets from the steep;
No more shall grief of mine the season wrong;
I hear the echoes through the mountains throng,
The winds come to me from the fields of sleep,
And all the earth is gay;

Land and sea
Give themselves up to jollity,
And with the heart of May
Doth every beast keep holiday—
Thou Child of Joy,
Shout round me, let me hear thy shouts, thou happy Shepherd-boy!

4

Ye blessed creatures, I have heard the call
Ye to each other make; I see
The heavens laugh with you in your jubilee;
My heart is at your festival,
My head hath its coronal,
The fullness of your bliss, I feel—I feel it all.
O evil day! if I were sullen
While Earth herself is adorning,
This sweet May-morning,
And the children are culling
On every side,
In a thousand valleys far and wide,
Fresh flowers; while the sun shines warm,
And the babe leaps up on his mother's arm—
I hear, I hear, with joy I hear!
—But there's a tree, of many, one,
A single field which I have look'd upon,
Both of them speak of something that is gone:
The pansy at my feet
Doth the same tale repeat:
Whither is fled the visionary gleam?
Where is it now, the glory and the dream?

5

Our birth is but a sleep and a forgetting:
The Soul that rises with us, our life's Star,
Hath had elsewhere its setting,
And cometh from afar:
Not in entire forgetfulness,
And not in utter nakedness,
But trailing clouds of glory do we come
From God, who is our home:
Heaven lies about us in our Infancy!
Shades of the prison-house begin to close
Upon the growing Boy,
But he beholds the light, and whence it flows,
He sees it in his joy;
The Youth, who daily farther from the east
Must travel, still is Nature's priest,
And by the vision splendid
Is on his way attended;
At length the Man perceives it die away,
And fade into the light of common day.

6

Earth fills her lap with pleasures of her own;
Yearnings she hath in her own natural kind,
And, even with something of a mother's mind,
And no unworthy aim,
The homely nurse doth all she can
To make her foster-child, her Inmate Man,
Forget the glories he hath known,
And that imperial palace whence he came.

7

Behold the Child among his new-born blisses,
A six years' darling of a pigmy size!

See, where 'mid work of his own hand he lies,
Fretted by sallies of his mother's kisses,
With light upon him from his father's eyes!
See, at his feet, some little plan or chart,
Some fragment from his dream of human life,
Shaped by himself with newly-learned art;
A wedding or a festival,
A mourning or a funeral;
And this hath now his heart,
And unto this he frames his song;
Then will he fit his tongue
To dialogues of business, love, or strife;
But it will not be long
Ere this be thrown aside,
And with new joy and pride
The little actor cons another part;
Filling from time to time his 'humorous stage'
With all the Persons, down to palsied Age,
That Life brings with her in her equipage;
As if his whole vocation
Were endless imitation.

8

Thou, whose exterior semblance doth belie
Thy soul's immensity;
Thou best philosopher, who yet dost keep
Thy heritage, thou eye among the blind,
That, deaf and silent, read'st the eternal deep,
Haunted for ever by the eternal mind,—
Mighty prophet! Seer blest!
On whom those truths do rest,
Which we are toiling all our lives to find,
In darkness lost, the darkness of the grave;

Thou, over whom thy Immortality
Broods like the Day, a master o'er a slave,
A presence which is not to be put by;
Thou little Child, yet glorious in the might
Of heaven-born freedom on thy being's height,
Why with such earnest pains dost thou provoke
The years to bring the inevitable yoke,
Thus blindly with thy blessedness at strife?
Full soon thy soul shall have her earthly freight,
And custom lie upon thee with a weight,
Heavy as frost, and deep almost as life!

9

O joy! that in our embers
Is something that doth live,
That nature yet remembers
What was so fugitive!
The thought of our past years in me doth breed
Perpetual benediction: not indeed
For that which is most worthy to be blest;
Delight and liberty, the simple creed
Of childhood, whether busy or at rest,
With new-fledged hope still fluttering in his breast—
Not for these I raise
The song of thanks and praise;
But for those obstinate questionings
Of sense and outward things,
Fallings from us, vanishings;
Blank misgivings of a Creature
Moving about in worlds not realized,
High instincts before which our mortal Nature
Did tremble like a guilty thing surprised:
But for those first affections,

Those shadowy recollections,
Which, be they what they may,
Are yet the fountain-light of all our day,
Are yet a master-light of all our seeing;
Uphold us, cherish, and have power to make
Our noisy years seem moments in the being
Of the eternal Silence: truths that wake,
To perish never:
Which neither listlessness, nor mad endeavour,
Nor Man nor Boy,
Nor all that is at enmity with joy,
Can utterly abolish or destroy!
Hence in a season of calm weather
Though inland far we be,
Our souls have sight of that immortal sea
Which brought us hither,
Can in a moment travel thither,
And see the children sport upon the shore,
And hear the mighty waters rolling evermore.

10

Then sing, ye birds, sing, sing a joyous song!
And let the young lambs bound
As to the tabor's sound!
We in thought will join your throng,
Ye that pipe and ye that play,
Ye that through your hearts to-day
Feel the gladness of the May!
What though the radiance which was once so bright
Be now for ever taken from my sight,
Though nothing can bring back the hour
Of splendour in the grass, of glory in the flower;
We will grieve not, rather find

Strength in what remains behind;
In the primal sympathy
Which having been must ever be;
In the soothing thoughts that spring
Out of human suffering;
In the faith that looks through death,
In years that bring the philosophic mind.

11

And O ye Fountains, Meadows, Hills, and Groves,
Forebode not any severing of our loves!
Yet in my heart of hearts I feel your might;
I only have relinquish'd one delight
To live beneath your more habitual sway.
I love the brooks which down their channels fret,
Even more than when I tripp'd lightly as they;
The innocent brightness of a new-born Day
Is lovely yet;
The clouds that gather round the setting sun
Do take a sober colouring from an eye
That hath kept watch o'er man's mortality;
Another race hath been, and other palms are won.
Thanks to the human heart by which we live,
Thanks to its tenderness, its joys, and fears,
To me the meanest flower that blows can give
Thoughts that do often lie too deep for tears.

〈주석〉

0] The Child is … by natural piety: 워즈워스의 시 "My Heart Leaps Up"의 마지막 3행.

1] grove: a small wood.

4] Apparell'd: dressed, clothed; adorned.
celestial: of, or relating to, the sky; heavenly.

6] yore: time past; long ago.

7] Turn wheresoe'er I may: Wheresoever I may turn. wheresoe'er: wherever. wheresoe'er는 wheresoever를 운율에 맞추어 한 음절 줄인 형태.

13] bare: cloudless.

21] tabor: a small drum.

23] A timely utterance: 때맞춘 표출. 이 무렵에 쓴 "My Heart Leaps Up"이나 "Resolution and Independence"를 지칭.

25] cataracts: waterfalls.
steep: cliff.

26] wrong: treat unjustly.

27] throng: assemble, crowd.

31] jollity: gaiety.

36] Ye: you의 고어 복수형.

38] jubilee: festivity; jubilation(기념제, 축제; 환희).

40] coronal: coronet; garland(화관; 화환).

42] evil day! if I were…: (it would be an) evil day if I were….

45] culling: picking; gathering; collecting.

56] Whither is fled: 사라져버린 옛 것을 아쉬워하며 외치는 'ubi sunt'(where are … ?) 모티프. Whither: ((고어)) To what place?

69] beholds: looks at; gazes at.

81] The homely nurse: 제77행에 나오는 'Earth'를 가리킴.
homely: simple; friendly; unpretentious.

82] foster-child: 양자(養子)
Inmate: a person who lives with others in a house.

86] A six years' darling of a pigmy size!: 여섯 살 난 꼬마요정 같은 귀염둥이.

87] 'mid: amid.

88] Fretted: irritated; bothered.

100] Ere: before.

102] cons: studies or examines carefully.

103] humorous: ((고어)) given to moods or whims; capricious.

105] equipage: carriage.

108] Thou: 제85행에 나오는 Child.
semblance: outward appearance.
belie: misrepresent; deceive; contradict.

129] embers: smoldering coal or ash of a dying fire.
131] nature: our human nature를 말함.
150] be they what they may: whatever they may be.
159] at enmity with: hostile to.
162] Though inland far we be: Though we are inland far (from the immortal sea).
175] What though: what (does it matter) if.
190] relinquish'd: gave up or abandoned.
one delight: the delight of seeing them(Fountains, Meadows, Hills…cf. 제1연) 'Apparelled in celestial light'.
191] sway: influence; control.
192] fret: agitate; irritate(여기에서는 물결을 일으킨다는 뜻).
194] Day: the sun.
202] blows: blooms.

어린이는 어른의 아버지.
나는 바란다, 내 하루하루가
자연에 대한 경외심으로 이어지기를.

1

초원과 숲과 시냇물,
대지와 모든 흔한 광경이
내게는
천상의 빛, 꿈의 영광과
신선함을 입고 있는 것처럼 보이던 시절이 있었다.
지금은 옛날 같지 않아—
밤이나 낮이나,
어디를 둘러보아도
내가 보아왔던 것들을 이제는 더 이상 볼 수 없다.

2

무지개는 떴다가 사라지고
장미는 사랑스럽다.

하늘에 구름 한 점 없을 때
달은 기쁘게 주위를 둘러본다.
별이 총총한 밤하늘이 비치는 물은
아름답고 맑다.
햇빛은 찬란한 탄생.
그러나 나는 알고 있다, 내가 어디를 가든
지상에서 영광이 사라져버렸음을.

3

새들이 이렇게 즐거운 노래를 부르고
어린 양들이 북소리에 맞추듯
뛰놀고 있는 이 때,
나에게만 슬픈 생각이 찾아왔다.
시기적절한 표현이 그 생각을 덜어주었고,
그래서 나는 다시 강해졌다.
폭포가 벼랑에서 나팔을 불고
다시는 나의 슬픔이 계절을 망치지 않게 하리라.
나는 메아리들이 산속에 모여드는 소리를 듣는다.
바람은 잠들어 있던 들판에서 내게 불어오고
온 대지는 즐겁다.
땅과 바다는
즐거움에 자신들을 맡기고,
5월의 마음으로
온갖 짐승이 휴일을 즐긴다—
너 기쁨의 아이여,
내 주위에서 외쳐라, 네 외침을 들려다오, 너 행복한 목동아!

4

너희 축복받은 생물들이여, 나는 너희가 서로 부르는 소리를
들었고, 하늘이 너희의 축전에
너희와 더불어 웃는 모습을 본다.

나의 마음은 너희의 축제와 함께 한다.
나는 머리에 화관을 쓰고
너희의 충만한 행복을 느낀다—그 모두를 느낀다.
아 불행한 날이리라! 만일 내가 침울하다면,
이 아름다운 오월 아침
대지가 스스로를 치장하고
아이들이 사방
널리 먼 곳까지 가서
수많은 골짜기에서 신선한 꽃들을
따고 있을 때, 태양이 따뜻하게 비치고
아이가 엄마 품에 뛰어오르는 이때—
나는 듣는다, 나는 듣는다, 기뻐하며 나는 듣는다!
—그러나 나무 한 그루가 있지, 많은 나무들 중 하나,
내가 보아왔던 한 들판,
이 둘은 모두 사라져버린 무언가를 얘기한다.
내 발치에 피어 있는 팬지꽃도
같은 얘기를 반복한다:
그 환상의 빛은 어디로 사라졌는지?
그 영광과 꿈은 이제 어디에 있는지?

5

우리의 탄생은 단지 잠이요 망각이다:
우리 생명의 별인, 우리와 함께 떠오르는 영혼은
다른 곳에서 졌다가
멀리에서 온다.
완전한 망각 상태나
온통 벌거벗은 상태로서가 아니라
영광의 구름을 끌고 우리의 고향인
하느님에게서 온다.
우리가 유아일 때는 천국이 우리 주위에 있다!
감옥의 그늘이 자라나는 소년에게

덮이기 시작하지만,
그는 빛과 그 빛의 원천을 바라본다,
기쁨으로 그 빛을 본다.
매일 동쪽으로부터 멀리 여행을 하는 청년은
여전히 자연의 사제로서
그의 길에는
찬란한 환상이 따른다.
마침내 어른이 되어 그 빛이 소멸하고
일상의 빛으로 서서히 사라지는 것을 깨닫는다.

6

대지는 자기 무릎을 자신만의 즐거움들로 채우며,
자신의 타고난 열망을 가지고 있다.
그래서 어머니 같은 마음과
가치 있는 목적을 가지고
이 소박한 유모는 온갖 힘을 다해서
자신의 양자인 동숙자 인간이
그가 알고 있었던 영광과
그가 떠나온 황궁을 잊게 만들려고 한다.

7

갓 태어난 행복에 둘러싸인 어린아이를 보라,
여섯 살 먹은 피그미 크기의 귀염둥이를!
보라, 손수 만든 작품들 가운데 있으면서
어머니의 키스 세례에 짜증을 내면서
아버지의 눈길의 빛을 받고 있는 것을!
보라, 그의 발치에 있는 어떤 작은 계획서나 설계도를,
새로 배운 기술로 스스로 힘으로 만든
인간 삶에 관한 그의 꿈의 단편을.
결혼 혹은 축제,
애도 혹은 장례,

지금 이것이 그의 마음을 사로잡고 있어서
그는 이것에 맞춰 자신의 노래를 만든다.
다음에 그는 자신의 혀를
사업이나 사랑 혹은 투쟁의 대화에 맞춘다.
그러나 머지않아
이것을 내팽개치고
새로운 기쁨과 긍지로
이 작은 배우는 또 다른 역을 배우며,
때에 따라 그의 '변덕스런 무대'를
인생이 마차에 싣고 오는
중풍이 든 노인에 이르기까지의 온갖 인물들로 채운다,
마치 끝없는 모방이
그의 천직이기라도 하듯.

8

외모가 너의 영혼의 광대함과
일치하지 않는 너,
아직도 너의 유산을 지니고 있는
너 최고의 철학자여, 영원한 정신이 언제나 깃들어
귀멀고 벙어리이면서도 영원한 깊이를 읽는
너 눈먼 자들 가운데 있는 눈이여,—
위대한 예언자여! 축복받은 선견자여!
우리가 어둠 속에서, 무덤 같은 어둠 속에서
길을 잃어버린 채 온 평생 찾으려고 애쓰는 진리가
너에게 깃들어 있다.
태양처럼, 노예를 굽어보는 주인처럼,
결코 제쳐둘 수 없는 존재처럼,
영생불멸이 품고 있는 너.
존재의 절정에서 하늘에서 타고난 자유의 힘으로
아직도 영광스러운 너 작은 아이여,
왜 그렇게 진지하게 수고를 하며

불가피한 멍에를 가져올 세월을 재촉하여
맹목적으로 너의 축복과 다투느냐?
이내 너의 영혼은 지상의 짐을 질 것이며
습관이 너를 무겁게 짓누를 것이다,
서리처럼 무겁고, 거의 삶처럼 깊게!

9

오 기쁜 일이로다! 우리의 꺼져가는 불씨 속에도
무엇인가 살아있다는 것은,
인간 본성이 아주 덧없는 어떤 것을
아직도 기억하고 있다는 것은.
지난 세월에 대한 생각이 내 마음속에
영원한 축복을 낳는다. 진정으로
가장 축복받을 가치가 있는 것,
환희와 자유, 바쁘든 여유가 있든 늘 지니는
어린 시절의 소박한 신조,
아직도 가슴속에서 날개를 펄럭이는 새로운 깃털이 난 희망 때문이
  아니라—
내가 감사와 찬미의 노래를 올리는 것은
이런 것들 때문이 아니라,
감각과 외부사물에 관한
끈덕진 의문,
우리에게서 떨어져 나가는 것들, 사라지는 것들 때문,
현실에 존재하지 않는 세계에서 돌아다니는
어떤 존재에 대한 막연한 의혹 때문,
그 앞에서 우리의 인간성이 기습당한 죄인처럼
떨렸던 고귀한 본능 때문,
그 최초의 애정,
그 희미한 회상 때문이다.
이것들은 그 무엇이든
아직도 우리 전 생애의 원천이 되는 빛이요

아직도 우리의 시각의 주인이 되는 빛으로서,
우리를 지탱해 주고, 소중히 품어주고, 영원한 침묵의 존재 속에서
우리의 소란스러운 세월을 일순간처럼 보이게 만드는
힘을 지니고 있는, 깨우치면 영원히 멸하지 않을
진리이다.
이것을 무관심도 미친 듯한 노력도
어른도 소년도
기쁨과 적대적인 그 모든 것도
온통 폐지하거나 파괴할 수 없다!
그래서 고요한 날씨가 이어지는 계절에
우리가 비록 먼 내륙에 있을지라도
우리의 영혼은 우리를 이리로 데려온
그 영생불멸의 바다를 보고,
순식간에 그리로 여행을 하여
아이들이 해변에서 노는 것을 보고
힘찬 바닷물이 영원히 요동치는 소리를 들을 수 있다.

10

그러니 노래하라, 너희 새들아, 즐거운 노래를 부르고 또 불러라!
그리고 어린 양들이 북소리에 맞추듯
뛰놀게 하라!
우리는 마음으로 너희들의 무리에 끼리라
피리를 불고 뛰노는 너희들아
오늘 오월제의 기쁨을
마음속으로 느끼는 너희들아!
한때 찬란히 빛났던 광채가 지금 영원히
내 시야에서 사라진들 어떠리,
풀에서 광채를, 꽃에서 영광을 보던 시절을
그 무엇도 돌려줄 수 없다 한들 어떠리.
우리는 슬퍼하지 않고 차라리
뒤에 남아있는 것들 속에서 힘을 찾으리.

과거로부터 있어 왔고 틀림없이 언제나 있을
원초적 공감에서,
인간의 고통에서부터 샘솟는
사람을 위로하는 생각에서,
죽음을 꿰뚫어 보는 믿음에서,
철학적 마음을 가져다주는 세월 속에서.

11

그러니 오 너희 샘들과 초원과 언덕과 숲들아,
우리 사랑의 이별을 예언치 말라!
아직도 나는 마음 깊은 곳에서 너희들의 힘을 느낀다.
나는 단지 하나의 즐거움을 포기하고
너희들의 일상적인 지배하에 살고 있을 뿐이다.
나는 잔물결을 일으키며 수로를 따라 내려가는 시냇물을
내가 그들처럼 가볍게 걸었던 그때보다 오히려 사랑한다.
갓 태어난 해의 순수한 광명은
아직도 사랑스럽다.
저물어가는 태양 주위에 모여드는 구름은
인간의 필멸을 지켜 보아온 눈에는
가라앉은 색채를 띤다.
또 다른 경주가 있었고 다른 종려관을 얻었다.
우리 삶의 지탱이 되는 인정 덕분에
그 다정함과 기쁨과 두려움 때문에
피어나는 가장 미미한 꽃도 내게는
눈물 흘리기에는 종종 너무 깊이 깃든 생각을 줄 수 있느니.

〈해설〉

이 시는 워즈워스가 1802년 3월부터 1804년 1월 사이에 쓴 오드(ode)의 일종이다. 전체 11개 연 중에서 제1-4연은 1802년에, 제5-11연은 1804년에 완성되었다. '오드'는 우리말로는 부(賦) 혹은 송(頌), 송가(頌歌) 등으로 부르는 서정시의 한 양식으로서, 일반 서정시보다는 길이가 다소 길고 장중한 문체를 사용하며 철학적, 사변적, 주관적 요소가 두드러지는 특징을 가진다. 이 작품은 워즈워스가 어린 시절에 가졌던 세 가지 관념에 기초하고 있다. 첫째로, 어린 시절 그에게는 모든 자연물이 신의 광채에 휩싸여있는 것으로 보였다고 한다. 둘째로, 어린 시절 그는 죽음의 법칙이 자신에게도 적용된다는 사실을 받아들일 수 없었다고 한다. 셋째로, 그는 자신과 외부 사물이 별개라는 사실을 수긍할 수 없었고, 그래서 학교에 오가는 길에 벽이나 나무를 붙잡고는 그것들이 자신과 다른 존재라는 사실을 문득문득 깨닫고 놀랐다는 것이다. 이 시는 워즈워스의 어린 시절을 지배했던 이 세 가지 관념이 어른이 된 지금 어떻게 변했는지를 보여주고 있다. 인간은 어른이 되어 감수성이 둔화되고 자연물과의 교감이 약해지게 되면 어린 시절에 자연물에서 보았던 신의 광채와 영광을 더 이상 볼 수가 없다고 말한다. 그럼에도 불구하고 인간은 천상의 빛에 대한 기억이 남아 자연과의 일체감을 이루던 어린 시절을 회상함으로써 완전히 절망에 빠지지는 않게 된다는 것이다. 또한 인간은 죽을 수밖에 없는 존재임이 분명하지만, 어린 시절에 남아있던 전생에 대한 기억을 되살림으로써 스스로 불멸의 존재임을 깨닫게 된다는 것이다. 이 시의 제목인 「어린 시절을 회상함으로써 영생불멸을 깨닫는 송가」는 바로 그런 의미이다.

이 작품은 내용상 크게 세 부분으로 나누어진다. 제1-4연에서 시인은 자연세계를 바라보면서 어린 시절에 가졌던 비전을 상실했음을 인식한다. 제5-8연에서 시인은 비전 상실의 이유를 설명하고 있다. 인간은 전생에 신과 함께 살면서 자연과 조화를 이루고 있었지만, 이 세상에 육신을 입고 태어나 살면서 나이가 들어감에 따라 전생의 기억을 점점 잃어가면서 자연에 대한 반응의 생생함을 상실하게 된다는 것이다. 제9-11연에서 시인은 자신이 어린 시절에 가지고 있었던 감수성을 상실했지만 이것 때문에 좌절하지 않는다. 그는 어린 시절의 기억을 완전히 잃어버리지 않았기 때문에 그 기억을 되살림으로써 인간이 불멸의 존재임을 깨닫게 되기 때문이다. 또한 이미 지나가버린 것을 아쉬워하고 슬퍼하는 대신, 자신의 삶에 아직 남아있는 것들에서 힘을 얻을 수 있다고 말한다.

'어린이는 어른의 아버지'로 시작되는 3행으로 된 이 오드의 제사(epigraph)는 워즈워스 자신의 시 「내 가슴은 뛰노나」("My Heart Leaps Up")의 마지막 3행을 인용한 것으로서, 이 오드의 주제가 「내 가슴은 뛰노나」의 주제와 밀접한 관계가 있음을 알려준다. 그런데 「내 가슴은 뛰노나」의 주제는 보는 관점에 따라 서로 상반된 두 가지 견해가 있으므로 이 오드에 대해서도 상반된 해석이 나올 수 있다는 점을 생각할 필요가 있을 것이다. 시 「내 가슴은 뛰노나」는 무지개를 보면 가슴이 뛰었던 어린 시절에 가지고 있었던 것과 같은 감수성을 나이 들어서도 계속 유지하고 싶은 바람을 표현하고 있다. 다른 한편으로는 '어린이는 어른의 아버지'라는 말에서 나타나듯, 그런 감수성은 나이가 들어가면 쇠퇴할 수밖에 없다는 사실을 말해준다. 그런 점에서 본다면 이 시는 무지개를 보면 가슴이 뛰는 그런 자연에 대한 경외심과 감수성이 나이가 들면 사라져버리지 않을까 하는 두려움과 안타까움을 표현한 작품으로 볼 수 있을 것이다. 따라서 이 오드 또한 어린 시절에 가졌던 감수성, 자연과의 교감이 성년이 된 지금과 앞으로도 계속 이어지기를 바라면서도, 다른 한편으로는 그런 감수성과 교감이 지속될 수 없다는 안타까움과 아쉬움을 토로하는 작품이라고 할 수 있다.

그러나 이 오드는 단지 그런 토로에 그치는 것이 아니라, 이제 감수성과 상상력을 상실한 성인이 새로 힘을 얻을 수 있는 돌파구를 제시하고 있다.

제1연에서 시인은 어린 시절에는 흔한 자연 풍광들이 '천상의 빛, 꿈의 영광과/ 신선함을 입고 있는 것처럼' 보였지만, 어른이 된 지금은 아무리 여기저기 둘러보아도 그런 것들을 볼 수가 없게 되었다고 말한다. 제2연에서 시인은 무지개와 장미, 달, 별이 총총한 밤하늘이 비치는 물, 찬란한 태양의 아름다움을 본다. 그러나 그는 근본적으로 어린 시절에 보았던 것 같은 '영광'(glory)을 이런 자연물에서 더 이상 볼 수 없음을 아쉬워한다. 제3연은 5월의 축제를 묘사하고 있는데, 시인은 새들이 노래를 부르고 어린 양들이 뛰놀고 있는 가운데 자신에게만 슬픈 생각이 찾아왔다고 말한다. 그러나 「내 가슴은 뛰노나」나 「결의와 독립」 같은 시를 때마침 창작함으로써 그런 슬픈 생각을 떨쳐버릴 수 있었다는 것이다. 그래서 다시 온 자연물과 짐승, 목동들과 함께 5월의 마음이 되어 기쁨에 넘쳤다고 한다. 5월 축제의 기쁨을 제4연 초반에서도 시인은 다른 모든 자연물, 생물들과 함께 나눈다. 그러나 제4연 후반부에 이르게 되면 시인은 어린 시절 자연물에서 볼 수 있었던 '꿈같은 빛' '영광과 꿈'이 이제는 상실되었음을 깨닫고 아쉬워한다.

이 오드의 두 번째 부분에서는 그 상실의 이유를 설명하고 있다. 이 세상에 태어나는 것은 전생의 광채를 잃어버리는 일이 되므로 제5연 첫머리에서 우리의 탄생은 '잠이요 망각'이라고 말한다. 이것은 플라톤이 말했던 전생개념을 보여주는 것으로서, 플라톤은 인간은 태어나면서 전생의 기억을 완전히 잃어버린다고 생각했다. 그러나 이 오드는 인간이 전생을 완전히 망각하는 것이 아니라 그 기억을 가지고 태어난다고 말함으로써 플라톤적이라기보다는 신플라톤적인 전생개념을 보여주고 있다. 그래서 시인은 우리가 태어날 때 '완전한 망각 상태나/ 온통 벌거벗은 상태로서가 아니라/ 영광의 구름을 끌고 우리의 고향인/ 하느님에게서 온다'고 표현한다. 그러나 인간은 성장해 가며 이 세상사에 점점 깊이 빠져들면서 어린 시절에 남아있던 전생의 기억을 점점 잃어가고 마침내 완전히 망각하게 된다고 말한다.

제5연은 이렇듯 인간의 탄생-유아기-소년기-청년기-성년기 순으로 인간이 어떻게 성장해가면서 전생의 기억을 점점 잃어버리게 되는지를 설명하고 있다. 인간은 태어날 때 영광의 구름을 끌고 왔기 때문에 유아기에는 우리 주위에 천국이 있었지만, 소년기에 이르게 되면 '감옥'과 같은 이 세상의 그림자가 인간을 덮치기 시작한다고 말한다. 그러나 이때에도 인간은 전생의 빛과 그 원천을 볼 수 있고, 전생의 바다로부터 점점 멀어져가는 청년기에도 '찬란한 환상'이 인간을 따른다는 것이다. 그래서 자연물 속에서 신의 광채를 볼 수 있는 자연의 사제와 같은 상태에 있다고 말한다. 그러나 마침내 어른이 되면 그 전생의 빛은 일상의 빛 속으로 완전히 사라지게 된다고 설명한다.

제6연에서도 인간의 성장과 전생 기억의 상실에 대한 설명이 계속된다. 여기에서 '대지'(Earth)는 인간을 키우는 어머니로서 의인화되어 있는데, 대지가 인간을 키우는 과정은 이 지상에서 인간이 성장해가는 과정을 말하는 것이다. 대지는 인간을 키우면서 전생에 인간이 알고 있었던 '영광'과 인간이 떠나온 '황궁'을 잊도록 만들기 위해 애쓴다고 하는데, 여기에서 말하는 '영광'이나 '황궁'은 전생에 인간이 함께 있었던 신의 영광과 신이 사는 궁전을 이르는 말이다. 결국 이 세상에서의 인간의 성장 과정은 전생의 기억을 망각해가는 과정이라는 뜻이다.

제7-8연은 시인이 어떤 어린아이에게 말하는 형식을 취하고 있다. 이 아이는 콜리지의 아들 하틀리(Hartley)를 염두에 둔 것이라는 말이 있지만, 이 아이는 특정한 아이라기보다는 모든 인간의 어린 시절을 지칭하는 것으로 보아야 할 것이다. 제7연은 어린아이가 장난감을 가지고 노는 장면들을 묘사한 것처럼 보이는데, 또 한편으로는 아이가 성장하여 노년에 이르기까지 앞으로 겪게 될 삶의 과정이 이미 어린아이의 삶의 출발점에 예정되어 있다는 사실을 보여주는 것으로 보이기도 한다. 어린아이는 어린 시절에 부모의 키스와 사랑의 눈빛 속에 자라다가 장성해서는 결혼이나 축제, 애도나 장례, 사랑과 사업, 투쟁을 거치며 나이에 따라 자신의 '변덕스런 무대'를 그 시기에 맞는 인물로 채우며 노년에 이르게 된다는 것이다. '변덕스런 무대'(humorous stage)라는 말에서 '변덕스럽다'는 것은 인간을 구성하는 네 가지 체액(four humours)의 상대적 비율에 따라 인간의 성격이 결정된다는 설과 관계된 말로서, 연극무대의 배우처럼 삶을 살아가는 인간은 시기에 따라 여러 가지 다양한 모습을 보인다는 뜻이다.

제8연 첫머리에서 시인은 전생의 기억을 간직하고 있는 어린아이가 어른보다 더 우월함을 강조하고 있다. 그는 어린아이가 외모와는 달리 광대한 영혼을 소유한 '최고의 철학자'이고 '눈먼 자들 가운데 있는 눈'이며 '위대한 예언자' '축복받은 선견자'라고 추켜세운다. 그러나 어린아이는 성장하면서 그 영혼은 곧 인간세상의 짐을 지게 되며 습관이 '서리처럼 무겁고, 거의 삶처럼 깊게' 그를 무겁게 짓누를 것을 알고 안타까워한다. 이렇듯 이 오드 제5-8연은 인간 삶의 과정이 그렇기 때문에 인간은 결국 절망에 빠질 수밖에 없게 될 것임을 말하고 있다.

그러나 제9연에 오면 시인은 절망 대신 희망을 말한다. 그는 인간은 어른이 되면 전생의 기억을 잊어버리게 되지만 그 기억이 남아있던 어린 시절을 회상함으로써 기억의 불씨를 되살릴 수 있다고 생각한다. 우리의 꺼져가는 불씨 속에도 무엇인가 살아있고 인간의 본성에는 사라져버리기 쉬운 전생의 기억이 아직도 남아있다는 것이다. 시인은 자신이 감사와 찬미의 노래를 부르는 것은 전생에 대한 '그 최초의 애정,/ 그 희미한 회상 때문'이라고 말한다. 그 전생의 빛은 우리 인간의 '전 생애의 원천이 되는 빛'이며 '우리를 지탱해 주고, 소중히 품어주는' 진리이며, 나이가 들어도 파괴할 수가 없다는 것이다. 그는 마치 우리가 바다로부터 멀리 떨어져 내륙으로 들어와도 날씨가 좋으면 그 바다를 볼 수 있듯이 우리는 영생불멸의 바닷가에서 놀았던 어린 시절을 회상해낼 수 있다고 말한다.

그렇기 때문에 이어지는 제10연에서 시인은 새로운 기쁨과 희망을 가질 수 있게 된다. 제10연의 첫 부분은 제3연의 첫 부분을 거의 그대로 반복하고 있다. 그러나 제3연에서는 새들이 즐거운 노래를 부르고 양들이 뛰어노는데 시인 자신에게만 '슬픈 생각'(a thought of grief)이 찾아왔다고 말한 반면, 여기에서는 시인을 포함한 어른들인 '우리'가 '마음으로'(in thought) 그 즐거운 무리에 끼겠다고 말하고 있다. 이렇듯 어린 시절을 회상함으로써 인간이 불멸의 존재임을 깨우쳤기 때문에 시인은 이제 어른이 되어 어린 시절 그 한때 찬란히 빛났던 광채가 영원히 시야에서 사라졌다고 해도, 풀에서 광채를 보고 꽃에서 신의 영광을 보던 어린 시절이 다시 돌아올 수 없다고 해도, 슬퍼하지 않으리라 다짐한다. 그는 오히려 인생에서 남아있는 것들 속에서 힘을 찾을 것이라고 말한다. 그것들은 인간의 원초적 공감 능력과 어린 시절에는 알지 못했던 인간의 고통에 대한 이해, 죽음을 초월할 수 있게 만드는 신앙심, 철학적 사고를 가져다주는 세월 같은 것들이라는 것이다.

마지막 제11연에서 시인은 샘과 초원, 언덕, 숲을 의인화하여 부르며, 자신이 어른이 되었다고 해서 자연으로부터 괴리된 것은 아님을 '우리 사랑의 이별을 예언치 말라!'라는 말로 표현한다. 자연물에서 전생의 빛과 신의 영광을 보던 어린 시절을 기억해냄으로써 인간이 본질적으로 자연과 하나임을 알 수 있기 때문이다. 다만 어른이 되어서는 어린 시절처럼 자연물에서 신의 빛과 영광을 보는 그 '하나의 즐거움'을 느끼지는 못하지만, 그 대신 마음 깊은 곳에서 자연물들의 힘을 느끼며 자연물들의 '일상적인 지배하'에 사는 것이다. 오히려 자연물들이 어린 시절에 느꼈던 것보다 더 소중하고 사랑스럽게 느껴지게 된다. 그래서 시인은 나이든 지금 시냇물이나 태양의 광명이 어린 시절보다 더 사랑스럽고, 저무는 태양 주위에 모여드는 구름도 인간의 유한성을 지켜보아 온 자신의 마음속에 삶에 대한 깊은 생각을 남겨주는 것이다. 삶을 일종의 '경주'(race)로 본 시인은 어린 시절의 경주와는 다른, 나이가 들면서 시작된 경주가 있고, 그에 따른 승리의 종려관이 획득되었다고 말한다. 시인이 나이가 들면서 그에 걸맞은 지혜를 얻었다는 뜻이다. 그것은 바로 인간에 대한 이해, 인간의 고통과 인간의 유한성에 대한 이해이며 이런 이해를 통해 시인은 오히려 자연물에 대한 이해가 깊어졌음을 말하고 있다. 그래서 그는 '우리 삶의 지탱이 되는 인정 덕분에/ 그 다정함과 기쁨과 두려움 때문에/ 피어나는 가장 미미한 꽃도 내게는/ 눈물 흘리기에는 종종 너무 깊이 깃든 생각을 줄 수 있다'는 말로 시를 끝맺는다.

이 작품은 전체적으로 자연과 일체가 되어 있던 어린 시절의 비전을 상실한 시인이 다른 인간에 대한 공감과 사랑을 통해 죽음의 공포를 극복하는 과정을 보여준다고 할 수 있다. 20세기 초반까지만 해도 이 작품을 시인인 워즈워스 자신의 시적 능력, 즉 상상력의 상실을 다룬 것으로 보는 견해가 주를 이루었다. 그러나 1942년 트릴링(Lionel Trilling)의 해석 이후 이 작품은 인간이 성장 과정을 통해 겪는 고통과 새로운 지혜의 획득을 다룬 것으로 보는 견해가 지배적으로 되었다.

이 작품은 인간은 지상의 삶을 살면서 전생의 기억이 점점 희미해져 간다는 신플라톤주의를 그 기본틀로 삼고 있지만, 인간은 늙어가면서 지혜를 획득한다고 보는 점에서는 플라톤주의의 주장에 가깝다고 할 수 있을 것이다. 그렇다면 워즈워스가 플라톤주의(혹은 신플라톤주의)를 시로 형상화하는 것은 무슨 의미가 있을까? 그것은 아마 낙원 상실의 신화를 이용하여 시기에 따른 인간의 자연에 대한 감응력의 변화를 설명하면서 결국 인간 조건에 대해 탐구하고 긍정하고 있는 것이라고 할 수 있을 것이다.

워즈워스 남매의 프랑스 여행 경로(1802.7.31-9.3)

SONNETS

It Is a Beauteous Evening

It is a beauteous evening, calm and free,
The holy time is quiet as a Nun
Breathless with adoration; the broad sun
Is sinking down in its tranquility;
The gentleness of heaven broods o'er the Sea:
Listen! the mighty Being is awake,
And doth with his eternal motion make
A sound like thunder—everlastingly.
Dear Child! dear Girl! that walkest with me here,
If thou appear untouched by solemn thought,
Thy nature is not therefore less divine:
Thou liest in Abraham's bosom all the year;
And worship'st at the Temple's inner shrine,
God being with thee when we know it not.

〈주석〉

1] free: fresh, pleasant.

5] broods o'er: hangs close over.

12] Abraham's bosom: 「루가의 복음서」(Luke) 16:19-31에 나오는 거지 라사로(Lazarus)와 생전에 그를 무시했던 부자에 관한 이야기와 관계가 있는 말. 두 사람이 죽은 후 부자는 지옥에서 고통을 당하며 아브라함의 품에 안긴 라사로를 보게 된다는 이야기이다.

13] Temple's inner shrine: 지성소(至聖所, 유대교에서 오로지 대제사장만이 한 해에 한 번 속죄단식일 Yom Kippur에만 들어갈 수 있는 성당에서 가장 성스럽다는 성소).

14] God being with thee: because God is with thee.

고요하고 상쾌한 아름다운 저녁,
신성한 시간은 숨죽이며 예배를 드리는
수녀처럼 조용하다. 크게 보이는 태양은

조용히 저물고 있고
부드러운 하늘이 바다를 품고 있다.
들어봐라! 힘찬 존재가 깨어나서
영원한 움직임으로 천둥 같은
소리를 낸다—영원히.
사랑하는 아이야! 사랑하는 딸아! 여기서 나와 함께 걷고 있는
네가 장엄한 생각에 물들지 않는 것처럼 보일지라도
그렇다고 해서 너의 천성이 덜 신성한 것은 아니다.
너는 일 년 내내 아브라함의 품에 안겨 있고
성전의 지성소에서 기도를 드린다,
우리가 알지 못할 때도 하느님이 너와 함께 하시니까.

〈해설〉

워즈워스는 20대 초반인 1791년 11월에 프랑스로 건너갔다가 프랑스혁명의 정신에 크게 감명을 받았다. 이 당시에 그는 외과의사의 딸 아네트 발롱(Annette Vallon)에게 프랑스어를 배우며 사랑에 빠지게 되었다. 그러나 당시 영국과 프랑스 사이의 긴장이 높아지고 자신의 경제적인 문제까지 겹치자 그는 임신한 아네트를 프랑스에 남겨두고 혼자 영국으로 되돌아왔다. 아네트는 1792년 12월에 카롤린느(Caroline)라는 딸을 낳았다. 워즈워스의 귀국을 둘러싼 상황과 이어진 그의 행동들은 워즈워스가 공언한 것과는 달리 그가 정말 아네트와의 결혼을 원했는가에 대해 의심이 가도록 만든다. 그러나 그는 후년에 아네트와 카롤린느에 대한 지속적인 물질적 지원을 아끼지 않았다. 프랑스혁명의 정신이 변질되면서 공포정치로 이어지자 워즈워스는 프랑스혁명에 환멸을 느꼈고, 영국과 프랑스 사이의 전쟁이 발발하자 그는 그 이후로 약 10년 동안 프랑스로 돌아가지 못했다.

1801년 10월에 체결된 아미앵 휴전협정(Peace of Amiens)으로 영국과

프랑스의 긴장 관계가 완화되자 1802년에 워즈워스는 동생 도로시와 함께 당시 프랑스 칼레에 살고 있던 아네트와 카롤린느를 만나러 갔다. 그들이 프랑스에 간 이유는 워즈워스가 어린 시절 소꿉친구였던 메리 허친슨과의 결혼을 앞두고 미리 아네트에게 양해를 구하려는 것이었다. 워즈워스와 도로시 남매는 1802년 7월 31일에 런던을 출발해 프랑스에서 한 달 정도 머물다가 그해 9월 3일에 귀국했다. 이 작품은 워즈워스가 이 방문으로 처음 보게 된 자기 딸 카롤린느와 함께 8월 어느 날 프랑스 칼레의 해변을 걸으면서 느낀 정서를 표현한 것이다.

대부분의 워즈워스의 소네트가 그렇듯이 이 작품도 이탈리아식 소네트 형식을 택하고 있지만, abba acca def dfe의 각운구조를 가지고 있어서 정확한 이탈리아식 소네트라고는 할 수 없다. 내용상으로는 보통의 이탈리아식 소네트처럼 크게 전반부 8행(octave)과 후반부 6행(sestet)로 나눌 수 있다. 전반부 8행에서는 아름답게 저물어가는 저녁 시간을 성스러운 것으로 표현하며, 파도치는 소리를 어떤 힘찬 존재가 잠에서 깨어나 영원히 움직이며 내는 천둥소리에 비유한다. 이 소네트의 전반부가 풍광 묘사였다면, 후반부는 그것에서 느껴지는 시인의 정서를 표현한 것이다. 후반부에서 시인은 자기 딸을 부르며, 딸이 겉모습과는 다르게 신성하며 언제나 아브라함의 품에 안겨 있고 하느님이 함께 한다고 말한다. 아브라함의 품에 안겨 있다는 말은 그녀가 천국에 있는 것처럼 성스럽다는 뜻이며, 딸이 지성소에서 기도한다는 것 역시 그녀가 지극히 성스러운 존재라는 것을 보여준다.

이 소네트는 전반부 8행에서→후반부 6행으로의 전개가 한시(漢詩)가 흔히 보여주는 경(景)에서→정(情)으로의 전개 구조를 갖고 있다고 할 수 있다. 그러나 이 소네트는 전반부와 후반부가 확실히 구별되거나 전반부에서 후반부로의 전환이 그다지 발전적 시상전개에 기초하고 있다는 느낌을 주지 않는다. 왜냐하면 전반부는 저녁풍경의 신성함, 후반부는 카롤린느의 신성함을 묘사하고 있지만, 풍경이건 사람이건 둘 모두 신성함으로 충만한 것을 표현하고 있을 뿐이기 때문이다. 그래서 전체적으로 볼 때 모두 신성함을 일색으로 강조하고 있을 뿐 어떤 새로운 시적 전개를 찾아볼 수 없다.

그렇다면 시인은 왜 이렇게 모든 것의 신성함을 강조하는 것일까? 제5행의 '부드러운 하늘이 바다를 품고 있다'나 제12행의 '너는 일 년 내내 아브라함의 품에 안겨 있다', 그리고 마지막 행의 '하느님이 너와 함께 하신다'라는 표현은 자신이 품어주지 못할 딸을 신에게 내던지는 행위일지 모른다. 딸은 언제나 신성함 속에 사니까 앞으로 자신이 프랑스를 떠나도 하늘이 바다를 품듯 하느님이 품어주시고 함께 할 것이며, 그래서 늘 건재할 것이라는 말이다. 성경에 의하며 거지 나사로가 아브라함의 품에 안긴 것은 죽은 후의 일이다. 말하자면 이 일련의 표현들은 거두지 못하는 딸을 마음속에서 죽이는 일이며, 딸과의 일종의 결별행위라고 할 수 있을 것이다. 따라서 이 소네트는 얼핏 보아 자연풍경과 딸에게 깃들어 있는 성스러움을 묘사하면서 만물의 화평함과 신성함을 보여주는 평화로운 작품처럼 느껴지지만, 그 이면에는 딸과의 영원한 결별을 위한 심리적 포석일 수 있다는 사실이 숨겨져 있는 복합적인 작품이라고 볼 수 있을 것이다.

London, 1802

Milton! thou shouldst be living at this hour:
England hath need of thee: she is a fen
Of stagnant waters: altar, sword, and pen,

Fireside, the heroic wealth of hall and bower,
Have forfeited their ancient English dower
Of inward happiness. We are selfish men;
Oh! raise us up, return to us again;
And give us manners, virtue, freedom, power.
Thy soul was like a Star, and dwelt apart:
Thou hadst a voice whose sound was like the sea:
Pure as the naked heavens, majestic, free,
So didst thou travel on life's common way,
In cheerful godliness; and yet thy heart
The lowliest duties on herself did lay.

〈주석〉

4] bower: a woman's private chamber; a lady's bedroom; a boudoir(규방 閨房, 내실, 안방).

5] forfeited: gave up.

11] naked: cloudless.

13-14] thy heart/ The lowliest duties on herself did lay: thy heart laid[imposed] the lowliest duties on herself.

밀턴이시여! 당신은 이 시간에 살아계셨어야 합니다.
영국은 당신을 필요로 하고 있습니다. 영국은 고인 물의
늪이 되어, 제단과 칼과 펜,
난롯가, 궁전과 규방의 영웅적 부는
내적인 행복이라는 오래된 영국의 유산을
잃어버렸습니다. 우리는 이기적인 사람들입니다.
오! 우리를 일으켜 주시고, 우리에게 다시 돌아오소서.
그래서 우리에게 예의와 덕과 자유와 힘을 주소서.
당신의 영혼은 별과 같이 멀리 떨어져 살았습니다.
당신은 바다와 같은 목소리를 갖고 계셨습니다.
구름 한 점 없는 장엄하고 자유로운 하늘처럼 순수하게
그렇게 당신은 유쾌하고 경건하게 삶의 평범한 길을

여행했습니다. 그러면서도 당신의 마음은
가장 미천한 의무도 자신에게 부과했었습니다.

〈해설〉

이 시는 1802년 워즈워스가 프랑스에서 돌아온 직후에 쓴 9편의 소네트 가운데 하나이다. 보통 워즈워스의 소네트는 따로 제목이 없기 때문에 첫 행을 그대로 제목으로 쓰는 경우가 대부분이다. 이 소네트의 경우, 중심인물이 밀턴(John Milton)이기 때문에 「밀턴」(“Milton”) 혹은 「밀턴에게」(“To Milton”)라는 제목이 붙기도 하지만 그보다는 「1802년 런던」(“London, 1802”)이라는 제목이 더 많이 쓰인다.

워즈워스는 밀턴을 존경했고 그의 사상과 문학에 커다란 영향을 받았다. 워즈워스는 특히 17세기 중후반 청교도 혁명기에 보여준 밀턴의 자유주의 정신과 청교도적 개혁 정신을 높이 평가했다. 1644년에 나온 밀턴의 『아레오파지티카』(*Areopagitica*)는 허가 없이 출판할 수 있는 언론의 자유를 주장한 영어로 된 최초의 글이었다. 특히 밀턴은 찰스 1세의 전제정치를 종식시킨 청교도 혁명의 정당성을 알리는 데 중요한 역할을 한 시인이었다. 워즈워스가 친구 콜리지와 공동으로 출판한 『서정민요시집』(*Lyrical Ballads*) 역시 인간의 자유와 평등의 이념을 실현하려고 했던 프랑스혁명 정신의 문학적 표현이었다. 당시에 워즈워스는 ‘그 여명기에 살아있었다는 것은 축복이었다!’(‘Bliss was it in that dawn to be alive!’)고 말할 만큼 프랑스혁명에 열광했던 것이다. 그만큼 워즈워스는 밀턴과 마찬가지로 정치적, 사회적 문제에 깊은 관심을 가졌던 시인이었다.

워즈워스는 500여 편이나 되는 소네트를 썼는데, 특히 밀턴의 소네트에 영향을 많이 받은 것으로 알려져 있다. 소네트는 종교적이거나 풍자적인 작품들도 있지만 남녀 간의 사랑이나 자연의 아름다움을 다루는 경우가 더 흔하다. 소네트가 사랑과 자연 이상의 주제를 다룰 수 있음을 보여준 것도 밀턴이었다. 워즈워스에 대한 밀턴의 영향력은 그가 사용한 소네트 형식에도 나타난다. 영어는 이탈리아어에 비해 각운이 풍부하지 않기 때문에 이탈리아 소네트 형식을 사용해서 영어로 시를 쓰는 것은 여간 어려운 일이 아니다. 그럼에도 불구하고 워즈워스는 밀턴처럼 7개의 각운을 사용하는 영국형 소네트 형식(각운: abab cdcd efef gg)이 아닌 4-5개의 각운을 사용하는 이탈리아 소네트 형식(abba abba cdcdcd/ abba abba cde cde 등등)을 고집했다. 소네트의 내용과 형식상의 밀턴의 영향력은 바로 이 작품에서도 잘 나타난다.

워즈워스는 이 작품에서 당시의 영국과 영국인들에 대해 비판적인 자세를 취하며 과거 영국의 영광과 대비시킴으로써 현실과 역사에 대해 매우 깊은 관심이 있는 시인임을 보여준다. 시의 첫 부분에서 그는 죽은 지 이미 130년 가까이 되어가는 밀턴(1608-1674)을 부르며 당시 영국이 밀턴 같은 인물을 꼭 필요로 하기 때문에 밀턴이 여전히 살아있었어야 한다고 외친다. 그는 영국이 고여 있는 늪처럼 모든 점에서 타락했다고 진단한다. 그래서 영국의 '제단과 칼과 펜,/ 난롯가, 궁전과 규방의 영웅적 부는/ 내적인 행복이라는 오래된 영국의 유산을/ 잃어버렸다'는 것이다. 여기에서 제단은 교회, 칼은 군대, 펜은 학문(문학)을, 또 난롯가는 보통사람들의 가정생활을, 궁정과 규방은 왕과 귀족들의 부귀영화를 비유적으로 표현하는 일종의 환유법(metonymy)이다. 워즈워스는 당대 영국의 종교인들이나 군인들, 학자들은 물론이고, 보통사람들과 귀족들도 모두 타락함으로써 내적인 마음의 행복을 중시하는 오랜 영국의 전통을 잃어버렸고, 그 결과 모든 사람들은 이기적으로 되었다고 개탄하고 있다. 그래서 이제는 밀턴 같은 사람이 돌아와 영국인들을 다시 일으켜 세우고 영국인들에게 '예의와 덕과 자유와 힘'을 주기를 간구한다.

이 소네트의 전반부 8행(octave)이 밀턴을 필요로 하는 영국의 상황을 묘사하고 있다면, 후반부 6행(sestet)은 영국이 필요로 하는 밀턴의 성품을 묘사하고 있다고 할 수 있다. 워즈워스는 밀턴의 영혼은 별처럼 멀리 떨어져 살았다고 말하는데, 이는 밀턴이 수많은 사람들 중에서 별처럼 독보적인 존재로 다른 사람들의 비속성에 물들지 않고 고고하게 자신의 이념을 지킨 시인으로서 현재 영국인들에게도 새로운 길을 밝혀줄 수 있을 거라는 뜻이다. 또 밀턴의 목소리는 바다와 같았다고 말하는데, 이는 그의 모든 정치적, 시적 발언이 다양한 많은 경험들을 포용하면서도 강력한 원초적 힘을 가지고 있었음을 암시한다. 워즈워스는 밀턴의 삶에 대해서도 구름 한 점 없는 자유로운 하늘 같아서 '유쾌하고 경건하게 삶의 평범한 길'을 걸어갔다고 평가한다. 이는 밀턴이 고귀한 이상을 품고 있었으되 그의 삶은 보통사람들의 겸손함을 잃지 않았다는 뜻이다. 그래서 밀턴은 사람들이 가장 미천하게 생각하는 일도 기꺼이 떠맡았다고 말한다.

워즈워스는 흔히 자연시인으로 알려져 있지만 이 소네트가 보여주는 것은 그것과는 달리 매우 정치적이다. 그러나 여기에서 워즈워스가 하고 있는 밀턴에 대한 찬양은 자연의 이미지들로 이루어져 있음에 주목할 필요가 있을 것이다. 워즈워스는 밀턴의 도덕성과 성실성을 묘사하면서 별, 바다, 하늘과 같은 자연물을 사용하고 있다. 워즈워스에게는 인간의 가장 순수하고 고결한 상태가 자연과 같음을 암시하는 것이다. 그런 점에서 워즈워스는 정치적, 사회적 문제를 다룰 때조차 철저히 자연시인임을 보여준다.

The World Is Too Much with Us

The world is too much with us; late and soon,
Getting and spending, we lay waste our powers:
Little we see in Nature that is ours;
We have given our hearts away, a sordid boon!
This Sea that bares her bosom to the moon;
The winds that will be howling at all hours,
And are up-gathered now like sleeping flowers;
For this, for everything, we are out of tune;
It moves us not.—Great God! I'd rather be
A Pagan suckled in a creed outworn;
So might I, standing on this pleasant lea,
Have glimpses that would make me less forlorn;
Have sight of Proteus rising from the sea;
Or hear old Triton blow his wreathèd horn.

〈주석〉

1] The world: worldliness(세속성, 속된 마음).
late and soon: 성경「시편」127:2 ('이른 새벽에 일찍 일어나는 것도, 밤 늦게야 잠자리에 드는 것도, 먹으려고 애쓰는 것도 다 헛되고 헛되니' It is vain for you to rise up early, to sit up late, to eat the bread of sorrows.) 참조.
2] our powers: our spiritual powers.
4] sordid: dirty, filthy, base(더러운, 부정직한, 추악한).
boon: gift; blessing; benefit(선물, 축복, 혜택).
5] bares: exposes.
7] up-gathered: gathered up; drawn together(오므려져 있다).
8] out of tune: dissonant(조화되지 않는, 가락이 맞지 않는).
9] It: Nature.
12] forlorn: abandoned; deserted.
13] Proteus: 그리스 신화에서 모습을 자유자재로 바꾸고 예언의 힘을 지녔다고 하는 바다의 신.
14] Triton: 그리스 신화에 나오는 포세이돈의 아들로, 소라껍데기 나팔을

불어 파도를 일게 하거나 잠재웠던 반신반어(半人半魚) 형상을 한 바다의 신.
wreathèd horn: 나팔에 해초가 감겨 있는 모습.

우리는 너무나 세속에 빠져 있다. 늦게 자고 일찍 일어나며
돈을 벌고 쓰면서 우리의 힘을 낭비한다.
우리는 우리의 것인 자연에서 보는 게 거의 없다.
우리는 마음을 내버렸다, 더러운 혜택!
달에게 자기 젖가슴을 드러낸 이 바다,
언제나 울부짖으려는, 그러나 지금은
잠자고 있는 꽃처럼 오므리고 있는 바람,
우리는 이것, 이 모든 것과 조화를 이루지 못하고 있다.
그것은 우리를 감동시키지 못한다.—아 아!
차라리 나는 낡은 신앙의 젖을 빠는 이교도가 되고 싶다.
그러면 이 즐거운 초원에 서서
나를 덜 쓸쓸하게 할 광경을 흘끗 볼 수 있을 것이고
바다에서 솟아오르는 프로테우스를 보거나
늙은 트리톤이 해초가 감긴 소라 나팔을 부는 소리를 들을 수 있을 것이니.

〈해설〉

시인은 시 첫머리에서 '우리는 너무나 세속에 빠져 있다'라고 직설적으로 선언한다. 이어지는 부분들은 시 전반부 끝까지 이 선언을 설명하는 내용으로 되어 있다. 제1-4행에서 시인은 사람들이 세상사에 너무 분주하고 골몰함으로써 상상력을 잃어버리고 영적으로 빈곤하게 되었음을 지적하고 있다. 그는 우리가 늦게까지 일을 하고 아침 일찍 일어나서 돈을 벌고 쓰는 일에 몰두하느라 우리의 힘을 낭비한다고 말한다. 여기에서 '우리의 힘'이란 육체적인 힘이 아니라 인간이 본래 가지고 있는 정신적, 영적인 힘을 말한다. 세상 사람들은 그렇게 물질주의에 빠짐으로써 본래 인간의 것인 자연에 대해 아무런 감동을

느끼지 못하게 된다. 그래서 사람들은 자연을 바라보면서도 자연에서 발견할 수 있는 것이 거의 없다는 것이다. 시인은 사람들이 자신들의 마음을 포기하고 대신 얻는 물질적인 이득을 '더러운 혜택'이라고 말한다. 일종의 모순어법(oxymoron)이라 할 수 있는 이 '더러운 혜택'이라는 표현은 인간이 누리는 물질적 혜택이 얼마나 인간의 순수한 본질로부터 먼 것인가를 보여준다.

제5-9행에서는 달과 바다, 꽃, 바람 등의 자연물이 묘사되고 있다. 그런데 여기에서 자연물들은 의인화되며 관능적인 용어로 표현되어 있음에 주목할 필요가 있을 것이다. 그것은 자연을 객체로서 파악하는 대신 인간과 밀접하게 교감할 수 있는 살아있는 존재로서 본다는 말이다. 바다가 달에게 자기 젖가슴을 드러냈다고 말하는 것이나, 형용하는 부분과 명사 부분을 서로 바꾸어 〈오므리고 있는 꽃봉오리처럼 잠들어 있는 바람〉을 '잠자고 있는 꽃처럼 오므리고 있는 바람'으로 묘사하는 것은 모든 것들이 서로 침윤되고 뒤섞이며 교감을 이루는 자연의 다감한 모습을 매우 육감적으로 표현하는 것이다. 자연물들은 이렇게 서로 교감하는 데 반해 우리 인간들은 이런 것들과 조화를 이루지 못하여 자연을 보아도 아무런 감동을 느낄 수 없다고 시인은 말한다.

이 시는 abba abba cdcdcd의 각운을 가진 이탈리아 소네트 형식을 사용하고 있다. 이탈리아 소네트는 보통 내용상 크게 두 부분으로 나누어져서, 전반부 8행(octave)에서 문제를 제기하고 후반부 6행(sestet)에서 그 문제를 해결하는 방식을 취한다. 그러나 이 소네트의 경우 문제를 제기하는 부분이 제9행까지 중간까지 이어진다. 그래서 각운구조와 내용전개가 딱 맞아떨어지지 않는다. 그러다가 제9행 중간에서 '아아!'라는 감탄사를 시작으로 하여 시인은 갑작스럽게 자신이 차라리 기독교인이 아닌 이교도(異敎徒)가 되겠다는 발언을 한다. 이교도가 되겠다는 말은 자연에는 여러 신들이 깃들어 있고 자연에서 일어나는 모든 현상은 그 신들의 작용이라고 믿는 사람들처럼 되겠다는 뜻이다. 그는 그것이 그리스 로마 신화를 믿는 것처럼 비록 '낡은 신앙'이기는 하지만, 그 신앙의 젖을 빨고 싶다고 말한다. '젖을 빤다'는 표현은 그 신앙을 자신의 정신적 자양분으로 삼겠다는 말이지만, 이 표현 자체는 제5행에서 나온 '젖가슴을 드러낸다'라는 표현과 마찬가지로 매우 감각적, 관능적으로 보인다.

그렇게 이교도적 시선으로 자연을 바라보게 되면 모든 자연은 단순한 물질적 대상이 아니라 신과 꿈이 깃든 실체가 된다. 그러면 지금 보는 광경도 더 이상 쓸쓸하게 느껴지지 않을 것이며, 바다에서 해신인 프로테우스나 트리톤의 모습을 실감나게 느낄 수 있을 거라고 시인은 말한다. 프로테우스를 본다든지 트리톤의 나팔 소리를 듣는다든지 하는 것은 시각과 청각을 모두 동원하여 자연에 깃든 꿈의 세계, 신화의 세계를 보겠다는 뜻이다. 워즈워스는 이렇듯 물질주의에 빠져 정신적 능력을 상실한 채 자연과의 교감을 잃어버리는 것보다는 차라리 이교도가 되어 자연과의 교감을 회복하고 싶다고 말하고 있다.

이 소네트는 전체적으로 세상(World)과 자연(Nature)을 대립적인 것으로 보는 관점에 의거하고 있다. 제1-4행에서는 인간이 너무 세상에 빠져 자연을 보아도 아무 것도 거의 느끼지 못함을 말하고 있다. 제5-9행 전반부에서는 세상에 속해 있느라 감각적, 육감적인 자연과 사랑을 나누지 못하고 조화를 이루지 못하는 인간의 실상을 지적하고 있다. 제9행 후반부-14행에서는 차라리 세상을 버리고 자연을 택함으로써 꿈과 상상력의 세계를 즐기고 싶다고 말하고 있다. 기독교 이전의 세계관으로 회귀하는 게 났다는 시인의 이런 태도는 인간사고의 피상성은 물론 세속에 물든 당시의 신앙에 대한 비판이라 할 수 있을 것이다.

Samuel Taylor Coleridge(1772-1834)

새뮤얼 테일러 콜리지는 1772년 10월 21일 데번셔(Devonshire)의 오터리 세인트 메리(Ottery St. Mary)에서 10남매의 막내로 태어났다. 오터리의 교구목사이자 문법학교 교장이었던 그의 아버지는 1781년, 콜리지가 아직 어렸을 때 세상을 떠났다. 그 후 콜리지는 성직자 자녀들이 다니는 런던의 기독자선학교(Christ's Hospital School)에 들어갔다. 10년 후인 1791년 그는 케임브리지대학 지저스칼리지(Jesus College, Cambridge)에 입학했다. 대학입학 시절부터 콜리지는 엄청난 독서량과 지식, 기억력, 말솜씨로 유명세를 떨쳤다. 당시의 대부분의 젊은 지식인들이 그랬듯이 콜리지는 프랑스혁명에 열광했고 프랑스와의 전쟁에 반대하는 학생운동에 참여하기도 했다. 그러나 빚에 쪼들리며 대학을 더 다닐 수 없게 되자 3학년 때인 1793년 말에 가명으로 기병대에 입대했다. 콜리지가 군대생활에 부적합하다는 것을 익히 알고 있었던 친구들은 재정적 도움을 주어 이듬해인 1794년 4월 그를 다시 대학으로 돌아오게 만들었다. 그러나 다시 그해 12월, 콜리지는 대학을 떠나서 결국 학위를 받지 못했다.

콜리지가 대학을 떠난 것은 그의 충동적인 성격을 잘 보여주는데, 그런 성격은 로버트 사우디(Robert Southey, 1774-1843)와의 만남 과정에서도 잘 나타난다. 옥스퍼드대학 밸리올 칼리지(Balliol College, Oxford)를 다녔던 사우디는 콜리지와 마찬가지로 시에 대해 열렬한 관심을 가지고 있었고 신고전주의적 전통을 싫어하는 학생이었다. 프랑스혁명 초기의 정치적 분위기에 자극을 받았던 이 두 젊은이는 함께 유토피아적 공동체를 건설할 것을 계획했다. 그들은 그 공동체의 이름을 '모든 사람들이 평등하게 다스린다'는 뜻으로 "팬티소크라시"(pantisocracy)라고 부르고, 그것을 신대륙 펜실베이니아의 서스퀘하나강(Susquehanna River)가에 세우고자 했다. 이들은 브리스톨에서 만나 필요한 자금을 마련하기 위해 대중강연을 하기로 계획했다. 1795년 10월에 콜리지는 사우디의 권유에 못 이겨 사우디의 애인 에디스 프리커(Edith Fricker, 1774-1837)의 언니 사라 프리커(Sara Fricker, 1770-1845)와 결혼을 했고, 다음 해인 1796년에 아들 하틀리(Hartley)가 태어났다. 사우디는 같은 해 11월에 에디스와 결혼을 했는데, 함께 팬티소크라시를 계획했던 사우디의 브리스톨 친구인 시인 로버트 러벨(Robert Lovell, 1771–1796)은 사라의 동생인 메리 프리커(Mary Fricker, 1771-1862)와 1794년에 이미 결혼한 사이였다. 사우디는 팬티소크라시를 실현할 장소를 미국에서 웨일스로 바꾸자고 주장함으로써 콜리지와 의견 차이를 보이게 되면서 두 사람 사이가 깨어진 데다, 둘 모두 가정에 매달리느라 얼마 지나지 않아 공동체 건설 계획을 결국 포기하게 되었다.

그 해에 콜리지는 워즈워스를 처음 만났고, 두 사람은 시와 정치 및 철학에 관해 토론하며 많은 시간을 함께 보냈다. 이들은 공동시집을 발간하기로 했는데, 이 시집은 영국시의 역사에 혁명적 변화를 가져오는 것이었다. 『서정민요시집』(*Lyrical Ballads*)라고 불리는 이 시집은

1798년에 초판이 출판된 후, 1800년에는 워즈워스가 쓴 유명한 〈서문〉('Preface')이 실린 재판이 두 권으로 출판되었다. 심리적 강박관념과 회한, 죄와 벌, 구원의 문제를 다룬 콜리지의 「늙은 뱃사람의 노래」("The Rime of the Ancient Mariner")가 이 시집의 서두를 장식했다.

콜리지는 웨지우드 집안의 조시아와 토머스(Josiah & Thomas Wedgwood)로부터 매년 150파운드의 연금을 지원받아 재정적인 부담에서 벗어날 수 있게 되었고, 워즈워스 남매와 함께 1798년 9월부터 장기간에 걸쳐 독일을 여행할 수 있었다. 독일에 가서 얼마 지나지 않아 콜리지는 독일어를 유창하게 구사할 수 있었으며, 당시까지 아직 영국에 잘 알려지지 않았던 독일철학을 배우게 되었다.

1799년 7월 영국으로 돌아왔을 때 콜리지는 몇 년 후 워즈워스의 아내가 된 메리 허친슨(Mary Hutchinson, 1770-1859)의 동생 사라 허친슨(Sara Hutchinson, 1775-1835)과 사랑에 빠졌다. 이룰 수 없는 사랑에서 비롯된 괴로움과 좌절감은 1802년에 나온 그의 시 「절망 송가」("Dejection : An Ode")에 잘 나타나 있다. 그는 건강악화로 더욱 의존하게 된 아편 약물과 이 비극적인 상황에서 벗어나기 위해 1804년부터 1806년까지 몰타에 총독 비서로 가게 되었다. 그러나 그는 건강도, 마음의 평안도 얻을 수 없었다. 몰타에서 돌아오자마자 그는 아내와 헤어져 워즈워스 남매와 함께 살며, 가족들은 사우디 부부가 돌보도록 내버려 두었다. 그 후 콜리지는 런던과 그래스미어(Grasmere)에 있는 워즈워스의 집을 오가며 생활했다. 이때 콜리지는 대중들에게 문학강좌를 열었고, 1809년 6월부터 1810년 3월까지 정기간행물『친구』(*The Friend*)를 발행하기도 했다.

그가 가정에 대해 소홀한 것을 워즈워스가 못마땅하게 여겼기 때문에 워즈워스와 사이가 벌어진 콜리지는 1810년에 아예 런던에 자리를 잡았다. 런던에 정착한 초기 몇 년 동안 콜리지는 만성 질환 때문에 복용한 아편중독으로 고통을 받았다. 그러나 그는 유명 문인으로 활발한 활동을 벌였다. 그의 셰익스피어 강연은 사람들에게 인기가 높았고, 1813년에는 그가 1790년대 후반기에 썼던 『오소리오』(*Osorio*)의 개작 드라마 『회한』(*Remorse*)을 무대에 올려 성공을 거두었다. 그로부터 얼마 지나지 않아 콜리지는 국교회로 개종했다. 그는 17세기 성공회 신학자인 로버트 레이튼(Robert Leighton)의 책을 탐독한 후 그가 믿어 왔던 일위신론(一位神論, Unitarianism: 삼위일체론에 반대하여 그리스도의 신성을 부정하고 하느님은 오직 한 위뿐이라고 주장하는 이론)을 버리고 영국국교회를 받아들였다.

1815년부터 콜리지는 자기 시대의 중요한 시인으로서 자신의 명성을 회복하려고 노력했다. 그는 1816년에는 『크리스타벨, 쿠블라 칸, 잠의 고통』(*Christabel; Kubla Khan, a Vision; The Pains of Sleep*), 1817년에는 『무녀의 장들』(*Sibylline Leaves: A Collection of Poems*)이라는 두 시집을 연속으로 출판했다. 1817년에는 또 문학비평과 자서전 및 철학적 논고가 결합된 형태인 두 권으로 된 『문학평전』(*Biographia Literaria*)을 발행했다. 이 평전에서 콜리지는 자신의 생애와 데이비드 하틀리(David Hartley)의 철학에 대한 몰입과 환멸 과정, 워즈워스와의 공동

작업 등에 대해 언급하고 있다. 이중에서는 상상력의 개념을 정리하고, 워즈워스의 시론을 비판한 부분 등이 특히 유명하다.

이즈음부터 콜리지의 창조력은 급격히 쇠퇴하기 시작했다. 그러나 1824년에 그는 왕립문학회(Royal Society of Literature) 회원이 되어 매년 105파운드의 연금을 받게 되었다. 1825년에는 여러 책의 경구와 격언을 모아 설명한 『반성의 길잡이』(*Aids to Reflection*)가, 1830년에는 가톨릭교 해방 문제를 다룬 『교회와 국가의 구성체에 관하여』(*On the Constitution of the Church and State*)가 출판되었으며, 1834년 7월 25일 그가 세상을 떠나기 직전에 『시집』(*Poetical Works*) 제3판이 나왔다. 콜리지의 보수주의적 사고는 시대의 흐름을 역행하는 것처럼 보였지만, 그의 종교관은 영국에서 기독교 철학의 부흥을 가져오는 계기가 되었고, 그의 상상력이론과 예술의 유기체 이론은 낭만주의 문학의 새로운 지평을 열었다고 할 수 있을 것이다.

To The River Otter

Dear native brook! wild streamlet of the West!
How many various-fated years have passed,
What happy and what mournful hours, since last
I skimmed the smooth thin stone along thy breast,
Numbering its light leaps! Yet so deep impressed
Sink the sweet scenes of childhood, that mine eyes
I never shut amid the sunny ray,
But straight with all their tints thy waters rise,
Thy crossing plank, thy marge with willows grey,
And bedded sand that, veined with various dyes,
Gleamed through thy bright transparence! On my way,

Visions of childhood! oft have ye beguiled
Lone manhood's cares, yet waking fondest sighs:
Ah! that once more I were a careless child!

〈주석〉

0] River Otter: 영국 서머셋(Somerset)에 있는 강 이름. 콜리지의 고향 오터리 세인트 메리(Ottery St Mary)도 이 강 이름에서 따온 것.

1] streamlet: a small stream.
the West: Devon, Cornwall, Somerset, Dorset 등의 카운티들을 통칭하여 부르는 말.

5-6] Yet so deep…that mine eyes: so…that…구문.

6] mine eyes: my eyes.

7-8] I never shut…/ But straight…: never…without…ing와 같은 구문.

9] plank: a wooden board; a wooden bridge.
marge: margin, bank.

10] bedded sand: 층층이 쌓인 모래
veined with various dyes: 여러 가지 색깔의 줄무늬가 있는.

12] oft: often.
ye: Visions of childhood.
beguiled: deceived; betrayed.

13] Lone: solitary; single.
yet: still.

14] that once more I were a careless child!: 가정법 과거로 쓰인 것.

정다운 고향의 개천이여! 서쪽 지방의 거친 개울이여!
얼마나 많은 갖가지 운명의 세월이, 어떤 행복하고
슬픈 시간들이 흘러갔는가, 내가 마지막으로
매끈하고 납작한 돌멩이로 너의 가슴 위로 물수제비를 뜨며
돌멩이가 가볍게 튀는 수효를 세었던 이래로. 그러나 내게
어린 시절의 달콤한 추억들이 너무도 깊은 인상을 남기니
눈부신 햇살 가운데서 내 두 눈을 감기만 하면
곧장 마음속에 떠오른다, 너의 온갖 물빛들과
너를 가로지르는 나무다리, 회색 버드나무들이 있는 시냇가,

여러 가지 색깔의 줄무늬로 밝고 투명하게 빛나는
층층이 쌓인 모래밭이! 내가 가는 인생길에,
어린 시절의 추억들이여! 너희들은 자주 내 외로운 성년의
근심들을 잊게 하면서도 내가 좋아하는 한숨을 일깨우는구나.
아! 내가 한 번 더 근심 모르는 아이가 되었으면!

〈해설〉

이 소네트는 순수했던 어린 시절에 대한 그리움을 표현하고 있는 작품이다. 제목에 있는 오터강은 콜리지의 고향 오터리에 있는 작은 강으로서, 그는 이 강을 의인화하여 다정하게 부르며 시를 전개해나간다. 시인은 어린 시절 오터강에서 물수제비 놀이를 했던 추억을 떠올린다. 수면 위로 돌멩이를 던지는 것을 '너의 가슴 위로 물수제비를 떴다'라고 표현하는 것은 그 행위 자체를 관능적으로 느껴지도록 만든다. 시인은 고향의 강을 마치 자신을 안아줄 포근한 가슴이 있는 여성으로 느끼고 있는 것이다. 시인은 자신이 오터강에서 마지막으로 물수제비를 뜨면서 놀았던 이래로 지금까지 갖가지 운명의 세월을 보내며 때로는 행복하게 때로는 슬프게 살아왔다고 말하고 있다.

어린 시절의 달콤한 추억들에 너무도 깊이 빠진 시인은 두 눈을 감기만 해도 바로 마음속에 옛 추억의 장면들이 떠오른다고 말한다. 그래서 온갖 빛깔을 띠는 물과 오터강을 가로지르는 나무다리, 강 가장자리에 있는 버드나무들, 그리고 여러 가지 색깔의 지층을 보여주는 모래밭을 언급한다. 말하자면 시인의 추억은 주로 오터강과 그 주변의 자연들과 연관되어 있는 것으로 나타난다.

시의 마지막 부분에서는 어린 시절의 추억들이 자신의 인생길에서 외로운 성년의 근심들을 잊도록 만들어준다고 말한다. 그러나 동시에

그것은 자신을 한숨짓게 하기도 한다. 이 한숨은 시인이 '좋아하는 한숨'으로서, 근심을 모르는 어린 시절로 돌아가고 싶어 아쉬워하며 쉬는 한숨이다. 무엇인가를 그리워한다는 것은 그것을 가지고 있지 못하다는 의미이기도 하다.

The Eolian Harp

Composed at Clevedon, Somersetshire

My pensive Sara! thy soft cheek reclined
Thus on mine arm, most soothing sweet it is
To sit beside our Cot, our Cot o'ergrown
With white-flowered Jasmin, and the broad-leaved
Myrtle,
(Meet emblems they of Innocence and Love!)
And watch the clouds, that late were rich with light,
Slow saddening round, and mark the star of eve
Serenely brilliant (such would Wisdom be)
Shine opposite! How exquisite the scents
Snatched from yon bean-field! and the world so hushed!
The stilly murmur of the distant Sea
Tells us of silence.
And that simplest Lute,
Placed length-ways in the clasping casement, hark!
How by the desultory breeze caressed,
Like some coy maid half yielding to her lover,
It pours such sweet upbraiding, as must needs
Tempt to repeat the wrong! And now, its strings
Boldlier swept, the long sequacious notes
Over delicious surges sink and rise,
Such a soft floating witchery of sound

As twilight Elfins make, when they at eve
Voyage on gentle gales from Fairy-Land,
Where Melodies round honey-dropping flowers,
Footless and wild, like birds of Paradise,
Nor pause, nor perch, hovering on untamed wing!
O! the one Life within us and abroad,
Which meets all motion and becomes its soul,
A light in sound, a sound-like power in light,
Rhythm in all thought, and joyance everywhere—
Methinks, it should have been impossible
Not to love all things in a world so filled;
Where the breeze warbles, and the mute still air
Is Music slumbering on her instrument.

And thus, my Love! as on the midway slope
Of yonder hill I stretch my limbs at noon,
Whilst through my half-closed eyelids I behold
The sunbeams dance, like diamonds, on the main,
And tranquil muse upon tranquility:
Full many a thought uncalled and undetained,
And many idle flitting phantasies,
Traverse my indolent and passive brain,
As wild and various as the random gales
That swell and flutter on this subject Lute!

And what if all of animated nature
Be but organic Harps diversely framed,
That tremble into thought, as o'er them sweeps
Plastic and vast, one intellectual breeze,
At once the Soul of each, and God of all?
But thy more serious eye a mild reproof
Darts, O beloved Woman! nor such thoughts
Dim and unhallowed dost thou not reject,

And biddest me walk humbly with my God.
Meek Daughter in the family of Christ!
Well hast thou said and holily dispraised
These shapings of the unregenerate mind;
Bubbles that glitter as they rise and break
On vain Philosophy's aye-babbling spring.
For never guiltless may I speak of him,
The Incomprehensible! save when with awe
I praise him, and with Faith that inly feels;
Who with his saving mercies healèd me,
A sinful and most miserable man,
Wildered and dark, and gave me to possess
Peace, and this Cot, and thee, heart-honored Maid!

〈주석〉

0] Eolian Harp: Aeolian harp, Aeolian lyre(풍명금 風鳴琴). 바람이 불면 저절로 울리는 하프.

1] pensive: deeply or seriously thoughtful.
Sara: 콜리지의 신부 사라 프리커(Sara Fricker).

2] on mine arm: on my arm.

3] Cot: cottage(작은 집, 시골집, 전원주택).

4] Jasmin, Myrtle: 재스민(jasmine), 도금양((둘 다 향기로운 흰 꽃이 피는 덩굴식물들)).

5] Meet emblems they of Innocence and Love!: they (are) meet emblems of Innocence and Love!
meet: suitable; fitting, proper.

7] eve: evening.

8] such would Wisdom be: such would be Wisdom.

10] yon: yonder, over there.

13] length-ways: lengthways; lengthwise; along the direction of length.
casement: window.
hark!: listen!

14] desultory: random; irregular; aimless; purposeless.

16] upbraiding: a severe scolding.
must needs: … 임에 틀림없다;…해야만 한다(a set phrase used to emphasize that one absolutely has to do something).
18] sequacious: successive.
19] surges: powerful waves.
22] gales: very strong winds.
29] joyance: joyous feeling; gladness.
30] Methinks: It seems to me.
36] Whilst: while.
37] the main: ((시어)) the sea.
41] Traverse: pass across; cross.
47] Plastic: forming; moulding.
49] reproof: rebuke; reprimand; reproval.
51] unhallowed: unholy; wicked; sinful.
54] dispraised: expressed disapproval or condemnation; censured.
55] unregenerate: unreformed.
57] aye-babbling: talking incessantly.
60] inly: in an inward manner; inwardly.
63] Wildered: bewildered.

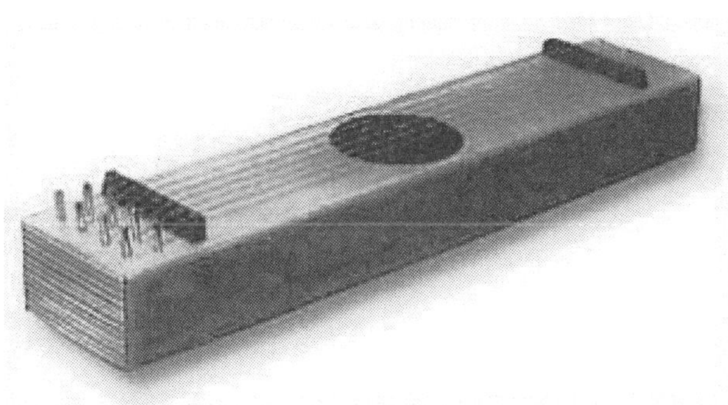

풍명금

생각에 잠긴 나의 사라여! 당신의 부드러운 뺨을
이렇게 내 팔에 기대고, 우리의 시골집 옆에,
하얀 꽃 피는 재스민, 잎사귀가 넓은 도금양
(순수함과 사랑의 적절한 상징!)이 무성한
우리의 시골집 옆에 앉아서,
조금 전까지 햇빛으로 화려했던 구름들이 주위를 천천히
슬프게 하는 것을 지켜보며, 고요하고 찬란한(지혜란 그런 것)
저녁별이 맞은편에서 빛나는 것을 바라보는 것은 마음을
아주 달콤하게 달래주오! 저 콩밭에서 잡아채온 듯한 향기는
얼마나 절묘한지요! 그리고 이토록 조용한 세계라니!
먼 바다의 고요한 속삭임은 우리에게
정적을 말해 주고 있소.
그리고 창틀에 끼워진 듯 옆으로 눕혀진
아주 소박한 저 풍명금 소리를 들어보시오!
어떻게 제멋대로 부는 산들바람의 애무를 받아
애인에게 몸을 반쯤 허락한 어느 수줍은 아가씨처럼
그 못된 짓을 꼭 되풀이하도록 유혹하는 그런 달콤한 책망을
연거푸 쏟아내는지를! 그리고 지금 그 현들이
더욱 세게 쓸리니, 이어지는 긴 음조가
감미로운 파도를 타고 가라앉았다가 솟아나오,
노랫가락이 천국의 새들처럼 발이 없어 멈추지도 못하고
홰에 앉지도 못한 채 길들지 않은 날개로 거칠게
꿀이 떨어지는 꽃들 주위를 떠도는 요정나라에서,
요정들이 부드러운 바람을 타고 항해하는 저녁,
땅거미가 질 때 요정들이 내는 그런
부드럽게 흐르는 매혹의 소리가!
아! 모든 움직임을 만나서 그 영혼이 되는
우리 안팎에 있는 유일한 생명,
소리 속의 빛, 빛 속의 소리 같은 힘,
모든 생각 속에 있는 리듬, 모든 곳에 있는 환희—
내 생각으로는 이렇게 충만한 세계에서

만물을 사랑하지 않고는 배기지 못할 것이오.
이 세계에서는 산들바람은 재잘대고, 말 없는 고요한 대기는
그 생명의 악기 위에서 잠을 자는 음악이지요.

그러니 내 사랑이여! 저편 언덕의
중간 비탈에 내가 대낮에 온몸을 쭉 펴고 있으면서
반쯤 감은 눈꺼풀 사이로
햇빛이 다이아몬드처럼 바다 위에서 춤추는 것을 바라보고
고요에 대해 고요히 명상하는 동안,
고삐 풀린 청하지도 않은 많은 생각들과
많은 부질없이 스쳐가는 환상들이,
나의 게으르고 수동적인 뇌리를 스쳐가오,
바로 이 풍명금 위에서 부풀고 펄럭이는
멋대로 부는 바람처럼 거칠고 다양한 환상들이!

그리고 모든 생기에 찬 자연이,
떨리며 사상으로 변하는 여러 가지 모양의
유기체적 풍명금들이라면 어떠리? 각 사물의 영혼이며
동시에 모든 것들의 신(神)인 하나의 지적인 미풍이
가락을 만들며 넓게 그 풍명금들을 스쳐가듯이

그러나 그대의 더욱 진지한 눈길은 부드러운 질책을
던지고 있소, 아 사랑하는 여인이여! 또한 이런
어둡고 성스럽지 못한 생각들을 당신은 거부하고, 나에게
하느님과 함께 겸손하게 인생을 살아가라고 청하고 있소!
그리스도 가족의 온순한 딸이여!
당신은 제대로 말했소, 그리고 회개하지 않는 마음이
만들어내는 이런 공상들을 성스러운 마음으로 나무랐소.
공허한 철학의 늘 조잘대는 샘에서
생겼다가 부서지며 반짝이는 그 물거품들을.
죄를 짓지 않고는 나는 말할 수 없기에

그 불가해의 존재를! 경외심을 가지고, 그리고
마음으로 느끼는 신앙심으로 그 분을 찬미할 때를 빼고는.
그 분은 구원의 자비심으로 나를,
죄 많고 아주 비참한 인간인,
길을 잃고 몽매한 나를 낫게 하셨고, 나에게 주셨소,
평안과 이 시골집, 그리고 당신, 마음으로 존경하는 처녀를!

〈해설〉

이 시는 콜리지의 소위 〈대화시〉("Conversation Poems") 가운데 하나이다. 〈대화시〉는 콜리지가 1795년-1807년 사이에 쓴 8편의 작품인 「풍명금」("The Eolian Harp"), 「은둔처를 떠난 데 대한 명상」("Reflections on having left a Place of Retirement"), 「내 감옥인 이 운향나무 정자」("This Lime-Tree Bower my Prison"), 「한밤의 서리」("Frost at Midnight"), 「고독 속의 근심」("Fears in Solitude"), 「나이팅게일-대화시」("The Nightingale: A Conversation Poem"), 「절망 송가」("Dejection: An Ode"), 「워즈워스에게」("To William Wordsworth")를 이르는 말이다. 학자에 따라서는 1795년-1798년에 쓰인 앞의 6개 작품만을 〈대화시〉의 범주에 넣기도 한다. 나머지 두 작품을 제외시키는 이유는 1802년에 쓰인 「절망 송가」는 무운시로 쓰인 다른 작품들과는 달리 핀다로스풍의 송가(Pindaric Ode)이고, 1807년에 쓰인 「워즈워스에게」는 다른 작품들과 작시 연도가 많이 차이 나기 때문이다.

'대화시'라는 명칭은 콜리지의 작품 중에서 「나이팅게일-대화시」에 부제 형식으로 붙어 있는데, 비평가 조지 하퍼(George M. Harper)가 1928년에 발표한 「콜리지의 대화시」("Coleridge's Conversation Poems")라는 비평문에서 처음으로 나머지 다섯 편의 작품들까지 아우르는 개념으로 제시한 것이다. 그런데 이 시편들은 '대화시'라고는 하지만 두 사람 간의 대화가 아니라 시 속에 설정되어 있는 어떤 인물에게 화자가 일방적으로 말하는 형식을 취한다. 그런 점에서 대화시는 빅토리아 시대에 로버트 브라우닝(Robert Browning)과 알프레드 테니슨(Alfred Tennyson)이 사용했던 극적 독백(dramatic monologue)을 연상시킨다. 그러나 이 시를 극적 독백이라고 할 수 없는 것은 전형적 극적 독백과는 달리 이 시의 화자는 바로 시인 자신이며, 또한 시의 초점이 시의 화자가 독백을 하는 과정에서 드러나는 화자 자신의 기질이나 성격적 결함, 혹은 비밀에 있지 않기 때문이다. 대화시는 콜리지가 1790년대 중후반 워즈워스와 친하게 지내면서 그의 영향을 받아 자연스러운 시들을 쓰는 과정에서 나온 것이다. 이런 점들 때문에 콜리지의 시들 뿐만 아니라 워즈워스의「틴턴사원 몇 마일 위에서 지은 시」("Lines written a few miles above Tintern Abbey") 같은 작품들을 대화시의 범주에 포함시키기도 한다.

대화시는 공통적으로 무운시(無韻詩 blank verse)의 형식을 채택하여 시인이 가까운 주변 사람들과 대화를 나누는 듯 친밀한 어조로 격식을 차리지 않고 말하는 방식을 취하면서도 그 내용은 진지하고 명상적인 성격을 가지고 있다. 또한 자연, 그리고 이 우주에서의 인간의 위치에 대한 시인의 생각을 주로 개진하는 대화시는 구체적인 장소와 배경에서 출발하여 환상의 세계에 들어갔다가 다시 처음에 시작한 지점으로 되돌아오는 〈현실→환상→현실〉로 이행되는 구조를 가지는 것이 보통이다.

〈대화시〉 중 첫 번째 작품인 이 시는 1795년 콜리지가 사라 프리커와 결혼하기 몇 주 전, 그들이 앞으로 살 영국 서남부 바닷가에 있는 서머셋(Somerset) 클리브던(Clevedon)의 시골집에 머물면서 쓴 일종의 결혼축가(prothalamion)라 할 수 있다. 제목에 나오는 풍명금 에올리언 하프는 그리스 신화에 나오는 바람의 신 아이올로스(Aeolus)에서 이름을 따온 것으로서, 바람에 따라 현이 울리면서 소리를 내는 긴 상자 형태의 악기이다. 나무로 된 약 1미터 정도 길이의 몸체에 10개 내지 12개의 굵기가 다른 동물내장으로 된 현(gut strings)을 매달아 만드는 이 악기는 1650년에 처음 만들어진 후 18세기말과 19세기에 영국과 독일에서 유행되었다.

첫 부분(제1-12행 전반부)에서는 시인 콜리지와 사라가 서로 기댄 채 그들의 신혼집 정원에 평안하게 앉아 있는 모습이 묘사되어 있다. 그 정원에는 재스민과 도금양이 피어 있는데, 이 꽃들이 순수함과 사랑을 상징한다고 말하는 것은 마치 이 꽃들이 그들의 신혼생활의 앞날을 축복하는 것처럼 보인다는 말이다. 그들은 노을빛으로 화려했던 구름들이 서서히 어두워지면서 맞은편에서 고요하고 찬란한 저녁별이 빛나는 것을 지켜본다. 또한 그들은 콩밭으로부터 흘러든 향기를 즐기면서, 먼 바다로부터 들려오는 고요한 파도 소리를 들으며 정적을 떠올린다.

두 번째 부분(제12행 후반부-33행)에서는 그 고요를 깨는 듯 울리는 창틀에 놓인 풍명금의 소리를 듣고 시인이 빠져드는 공상의 세계가 펼쳐진다. 시인은 풍명금에 부는 산들바람과 풍명금을 의인화하여 그 둘이 마치 애인 사이인 것처럼 묘사한다. 시인은 '제멋대로 부는 산들바람의 애무를 받은' 아가씨 같은 풍명금은 애인의 짓궂은 애무를 꾸짖는 듯한 소리를 내지만 그 '연거푸 쏟아내는' 꾸짖는 소리는 오히려 '그 못된 짓을 꼭 되풀이하도록 유혹하는' 듯이 들린다고 말한다. 또한 풍명금의 소리는 요정나라에서 땅거미가 질 때 요정들이 내는 '부드럽게 흐르는 매혹의 소리'와 같고, '발이 없어 멈추지도 못하고/ 홰에 앉지도 못한 채 길들지 않은 날개로 거칠게' 떠도는 천국의 새들과 같은 것으로 묘사되고 있다.

두 번째 부분의 후반부(제26-33행)는, 풍명금의 소리를 세 가지 비유를 통해 구체적, 관능적으로 묘사한 전반부와는 달리, 약간은 철학적인 논의가 전개되면서 전반부와 유리되는 느낌이 든다. 실제로 이 부분은 1817년에 덧붙여진 것으로, 워즈워스적인 범신론이 추상적인 개념을 통해 나타나 있다. 시인은 우리 인간 내부와 외부 사물에 동시에 깃들이 있는 범신론적인 존재인 그 〈유일한 생명〉은 소리와 빛을 동시에 관통하는 어떤 힘이며, '모든 생각 속에 있는 리듬, 모든 곳에 있는 환희'와 같은 존재라고 말한다. 그는 모든 영혼과 창조물들이 서로 조화를 이루고 교류하는 이 〈생명〉으로 충만한 세계에서 우리가 모든 것을 사랑하지 않을 수 없을 거라고 고백한다. 그래서 산들바람의 재잘거리는 소리나 그 바람이 잠들어 내는 침묵의 소리는 모두 그 〈유일한 생명〉이 내는 음악이라고 상상한다.

셋째 부분(제34-43행)과 넷째 부분(제44-48행)에서는 모두 둘째 부분에 나타난 공상과 범신론적 사상을 되풀이하여 언급하고 있다. 셋째 부분에서 시인은 자신이 대낮에 언덕 비탈에 온몸을 편안히 뉘고 반쯤 감은 눈꺼풀 사이로 햇살이 바다 위에서 춤추는 것을 보고 있을 때, 마치 풍명금에 바람이 멋대로 불어 여러 가지 소리가 나듯, '고삐 풀린 청하지도 않은 많은 생각들과/ 많은 부질없이 스쳐가는 환상들'이 자신의 '게으르고 수동적인 뇌리를 스쳐간다'고 말한다. 여기에서 '고삐 풀린'이라는 말이나 '부질없는'이라는 말은 그런 생각들과 환상들이 부정적인 것이라는 의미이며, '게으르고 수동적'이라는 말은 그런 생각들과 환상들은 자신의 의도가 아니라 풍명금에 부는 바람처럼 저절로 자신에게 주어진 것이라는 뜻이다.

넷째 부분에서는 그런 바람직하지 못한 생각 중의 하나인 범신론적 사고가 다시 풍명금과 바람의 비유를 통해 전개되고 있다. 시인은 모든 살아있는 자연물은 유기체적인 하프와 같아서 모든 인간과 사물을 관통하며 이어주는 그 범신론적 존재, '각 사물의 영혼이며/ 동시에 모든 것들의 신인' 그 지적인 바람이 음악을 만들어내는 하프와 같다고 상상해 본다.

마지막 부분(제49-64행)에서 시인은 앞에서 한 그런 공상들, 그런 범신론적인 생각들은 기독교 정신에 배치된다고 반성하면서, 다시 정통 신앙에 충실하리라고 다짐을 하고 있다. 시인은 신부 사라의 눈길은 자신의 '어둡고 성스럽지 못한 생각들'을 거부하고 질책하며 자신에게 하느님과 함께 겸손하게 인생을 살아갈 것을 청하고 있다고 말한다. 그는 그런 생각들을 '회개하지 않는 마음이 만들어내는 공상'이며, '공허한 철학의 샘에서 생겼다가 부서지는 물거품' 같은 것이라고 표현한다. 마지막에 가서 시인은 죄 많고 길을 잃은 자신을 하느님이 자비심으로 구원하고 낫게 해 주셨다고 찬미하면서, 자신이 지금 누리는 이 평안과 자신의 신혼집, 그리고 신부인 사라는 모두 하느님의 선물이라는 말로 시를 끝맺는다.

이 시는 처음에 신혼집 정원에 있는 시인과 신부에 대한 구체적 묘사로부터 출발하여 중간에 시인의 공상의 세계로 넘어갔다가 마지막에 다시 처음 시작했던 지점으로 돌아오는 구조를 가지고 있다. 그런 점에서 다른 〈대화시〉들과 마찬가지로 〈현실→환상→현실〉 혹은 〈자연→시인의 내면→자연〉으로 이행되는 과정을 거친다고 말할 수 있을 것이다. 이 작품에서 시인을 환상의 세계로 인도하는 역할을 하는 것은 풍명금인데, 흔히 바람을 받아 소리를 내는 풍명금은 영감을 받아 시를 창조하는 시인의 비유로 쓰인다. 바람과 영혼, 영감이 같은 어원을 가지고 있다는 점을 상기하면 이 비유는 쉽게 이해될 수 있을 것이다. 영감(inspiration)이란 바람 혹은 영혼(spirit)이 시인에게 들어오는 것(in)이다. 제41행에 나타난 시인의 '수동적인'(passive) 태도는 마치 바람이 불어야 소리가 나는 풍명금과 같은 것으로, 워즈워스의 '현명한 수동성'(wise passiveness)을 연상시킨다. 그러나 후기의 콜리지는 이러한 수동적 인식을 거부하고 인간 정신의 적극적 창조능력을 강조하기에 이른다. 시인이 마지막 부분에서 현실로 다시 돌아오는 과정이 사라의 질책어린 눈길에 담겨 있는 기독교의 독단적 교리의 개입에 의해 이루어지는 것은 시의 전개상 그다지 자연스럽게 느껴지지는 않는다.

The Knight's Tomb

Where is the grave of Sir Arthur O'Kellyn?
Where may the grave of that good man be?—
By the side of a spring, on the breast of Helvellyn,
Under the twigs of a young birch tree!
The oak that in summer was sweet to hear,
And rustled its leaves in the fall of the year,
And whistled and roared in the winter alone,
Is gone,—and the birch in its stead is grown.—
The Knight's bones are dust,
And his good sword rust;—
His soul is with the saints, I trust.

〈주석〉

1] Sir Arthur O'Kellyn: 제3행 끝에 나온 Helvellyn과 각운을 이루도록 지어낸 이름.

3] breast: mountainside.
Helvellyn: 영국 호수지방(Lake District)에 있는 산.

4] twigs: small branches of a plant.

8] in its stead: instead of it[the oak].

어디에 아서 오켈린 경의 무덤이 있나?
어디에 그 훌륭한 사람의 무덤이 있을까?—
헬벨린 산기슭에 있는 샘물가,
어린 자작나무 가지 아래에 있지!
여름에는 흔들리는 소리가 듣기에 감미롭고
가을이 되면 잎사귀를 바스락거리며
겨울에는 혼자 윙윙 소리를 내고 포효했던 참나무는
사라져버리고,—자작나무가 대신 자라났네.—
기사의 유골은 흙이 되고,
그의 명검(名劍)에는 녹이 슬었네.—
허나 그의 영혼은 천국에 있을 거라 나는 믿는다네.

〈해설〉

한 기사의 무덤을 통해 세월의 무상함을 보여주는 이 시는 시간의 흐름과 그에 따른 만상의 변화를 그 어떤 것도 막을 수 없음을 말해주고 있다. 그 시간의 힘은 살아있는 것과 죽어 있는 것, 자연과 인간을 모두 지배하는 힘이다. 화자는 아서 켈린이라는 기사의 무덤이 지금 어디에 있는지 묻는 말로 시를 시작한다. 무덤의 위치를 묻는다는 것은 그 무덤이 이제는 다 허물어지거나 무덤 주위의 환경이 변하여 알아볼 수 없게 되었음을 암시한다. 또한 훌륭한 기사의 무덤임에도 불구하고 알아볼 수 없게 된 것은 그의 무덤이 돌보는 사람 없이 버려져 있음을 보여준다. 세월이 흐르면 지인이나 가족이나 친척들도 사라지고 멀어질 수밖에 없게 되고, 후손들도 무덤을 돌보리라고 보장할 수 없다. 모든 것이 끊임없는 변화 속에 놓여있기 때문이다.

화자는 현재 그 무덤이 산기슭에 있는 샘물가, 어린 자작나무 아래에 있다고 말한다. 자작나무가 어리다는 것은 이 나무가 무덤가에 자리를 잡고 뿌리 내린지 얼마 되지 않았다는 말이다. 즉 기사가 죽었을 때 있던 나무, 혹은 화자가 예전에 기사의 무덤가에서 보았던 나무가 아니라는 뜻이며, 그만큼 세월이 흘렀음을 말해준다. 화자는 예전에 이곳에 있던 나무는 참나무였다고 말하면서, 그 참나무가 계절에 따라 어떤 소리를 내었는가를 묘사하고 있다. 이 참나무는 여름에는 사람이 듣기에 감미로운 소리를 내었고 가을에는 낙엽이 지면서 마른 나뭇잎이 바스락거리는 소리를 내었으며, 겨울에는 낙엽이 진 앙상한 가지가 거센 겨울바람에 흔들리면서 혼자 윙윙거리고 포효하는 듯했다는 것이다. 지금은 사라져버린 참나무의 모습은 지금은 사람들로부터 잊힌 이 기사의 운명을 비유적으로 보여주는 것으로 보인다. 참나무가 사라진 자리에 이제는 자작자무가 자라났다는 것이다.

화자는 시 마지막 부분에서 이런 세월의 변화 속에 지금 기사의 유골은 흙이 되고, 그가 휘두르던 명검에는 녹이 슬었을 것이라고 말한다. 한때 꽃이 바쳐졌을 기사의 무덤은 이제 흙과 먼지로 변해버린 것이다. 화자는 시 마지막 행에서 기사의 육신은 흙으로 변했지만, 그의 영혼은 성인들과 함께 천국에 있으리라는 것을 믿는다고 말한다. 그러나 이 말은 이 시가 앞부분에서 계속 보여주었던 세월의 무상함과 시간의 비정함에서 오는 삶의 비극성을 확실히 상쇄시켜주지는 못한다. 이 시의 창작 의도가 기독교적인 부활과 그 믿음이 주는 삶의 희망을 말하고자 하는 것이었다면 이 시는 전체적으로 다르게 쓰였어야 할 것이다. 이 시는 세월의 무상함 말고도 죽은 사람들을 이내 잊어버리는 인간의 무정함도 함께 말하고 있다. 또한 늙은 참나무가 어린 자작나무로 변하는 것은 시간의 따른 인간의 세대교체와 그것의 불가피성을 비유적으로 얘기하는 것으로 보이기도 한다. 자연의 이치를 아는 사람은 시간에 따른 그런 변화들을 기꺼이 수용할 수밖에 없을 것이다.

Epitaph

Stop, Christian passer-by!—Stop, child of God,
And read with gentle breast. Beneath this sod
A poet lies, or that which once seemed he.
O, lift one thought in prayer for S.T.C.;
That he who many a year with toil of breath
Found death in life, may here find life in death!
Mercy for praise—to be forgiven for fame
He asked, and hoped, through Christ. Do thou the same!

〈주석〉

1] passer-by: passerby, a person who passes by casually or by chance.
2] sod: the ground covered with grass.
4] S.T.C.: Samuel Taylor Coleridge.
5-6] That he···may find life in death!: 죽음에서 삶을 발견하도록.
7] Mercy for praise—to be forgiven for fame: Mercy instead of praise—to be forgiven instead of fame. for: instead of; in place of.
8] Do thou the same!: Do (thou) the same!

발길을 멈추시오, 지나가는 기독교도여! 신의 자녀여, 발길을 멈추고
다정한 마음으로 읽어보시오. 이 뗏장 아래에는
시인이 누워 있소, 혹은 한때 시인처럼 보였던 이가.
아, S.T.C.를 위해 한 가지를 빌어주시오,
수많은 세월을 힘들게 숨 쉬며 생중사(生中死)를
겪었던 사람이 여기에서 사중생(死中生)을 찾을 수 있도록!
칭찬 대신 자비를, 명성 대신 용서를
그는 간구하고 희망했소, 그리스도를 통하여. 그대도 똑같이 하시기를!

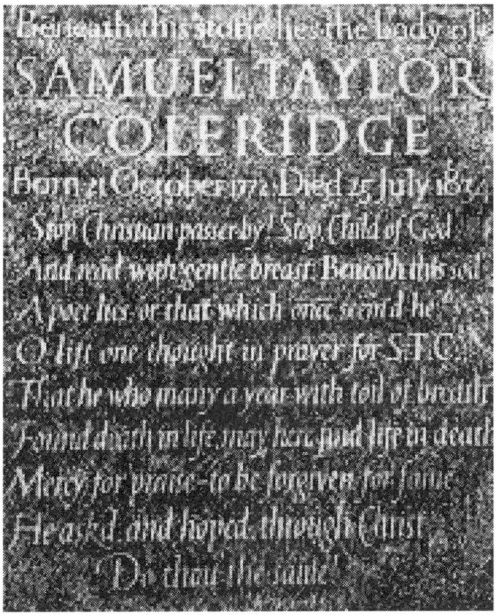

콜리지의 묘비

〈해설〉

이 묘비명은 콜리지(1772-1834)가 죽기 1년 전인 1833년 11월 9일 쓴 것이다. 그러나 그가 처음 매장되었던 하이게이트 뉴처치(Highgate New Church)에는 명판(銘板)만 세워졌고, 1961년에 성 마이클교회(St. Michael's Church, Highgate) 묘지로 이장된 후에야 이 묘비명이 사용되었다. 영국 국교회 가정에서 자랐고 유니테리언 교회 경향이 있었던 신앙심 깊은 콜리지는 이 시에서 인간의 삶의 노고와 사후의 평안을 대비시키고 있다.

이 시는 4개의 2행연구(couplet)로 구성된 aabbccdd의 각운체계를 가지고 있다. 2행연구 형식을 가진 시들 중에는 모든 2행연구 끝에서 의미와 문장구조가 종결되는 완결2행연구(closed couplet)를 사용하는 경우가 있지만, 이 작품의 경우는 제2과 3행이 한 문장에 속하여 이어지는 점을 볼 때 일부가 개방2행연구(open couplet) 형식을 취하고 있음을 알 수 있다. 첫 2행연구에서 시인은 어떤 사람을 상상하면서 '기독교도', '신의 자녀'로 부르며, 발길을 멈추고 읽어보라고 말한다. 제목 「묘비명」이라는 말이 없었다면 무엇을 읽으라는지 금세 알 수는 없었을 것이다. 시인은 첫 2행연구가 끝나기 전에 '이 뗏장 아래에는'이라는 말을 함으로써 자신이 죽어서 무덤에 묻힌 상태임을 암시한다. 말하자면 첫 2행연구에서 말하는 '지나가는 사람'은 시인 자신의 묘지를 지나가는 사람임을 알 수 있게 된다.

두 번째 2행연구에서 그는 그 뗏장 밑에 묻혀 있는 자신이 생전에 시인이라고 했다가, 이를 수정하여 '한때 시인처럼 보였던 이'라고 말함으로써 자신을 낮춘다. 시인은 자신을 '내'가 아닌 '그'로 묘사하는데, 화자 혹은 시인이 자신을 1인칭이 아닌 3인칭으로 지칭하는 이런 일리즘(Illeism)은 자신을 객관화시키는 효과를 갖는다. 그는 'S.T.C.를 위해 한 가지를 빌어달라'고 그 지나가는 사람에게 부탁을 한다. 이렇게 자신의 이름 첫 글자를 쓰면서 자신을 정확하게 드러내지 않는 것 역시 자신을 내세우지 않고 낮추는 겸손의 자세를 보이는 것이다.

세 번째 2행연구에서 시인은 이 지나가는 사람에게 자신의 생애는 그야말로 죽음과 같은 삶이었다고 말한다. 실제로 콜리지는 평생을 여러 가지 질병과 아편중독, 아내와의 불화, 죄책감 등에 시달렸다. 그러나 그는 죽음 후에는 진정한 삶을 누리도록 기도해달라고 부탁한다. 여기에서 '생중사(生中死), 사중생(死中生)'라는 표현은 콜리지의 작품 「늙은 뱃사람의 노래」("The Rime of the Ancient Mariner") 제4부를 연상시키는 말들이다. 자신의 일생이 늙은 뱃사람의 고행과 유사했음을 암시하는 것이다.

마지막 2행연구에서 시인은 칭찬이나 명성을 바라는 사람들과 달리 자신은 그리스도를 통하여 '칭찬 대신 자비를, 명성 대신 용서를' 간구하고 희망했다고 말한다. 마지막 행에서 시인은 자신과 마찬가지로 자신의 묘비명을 읽는 사람도 내세의 평안을 누리기를 기원하면서 끝을 맺는다. 따라서 이 묘비명은 콜리지 자신을 위한 것일 뿐만 아니라 그의 묘비명을 읽는 모든 사람을 위한 것이 될 수 있도록 열어놓았다고 볼 수 있을 것이다.

George Gordon, Lord Byron(1788-1824)

조지 고든 바이런 경은 1788년 1월 22일 런던에서 태어났다. 바이런이 태어나기 전에 아버지 존 바이런(John Byron)과 어머니 캐서린 고든(Catherine Gordon)은 빚쟁이들을 피해 프랑스에 숨어살고 있었다. 어머니는 스코틀랜드의 난폭하기로 유명한 고든 가문 출신이었다. 바이런의 어머니는 아들을 영국에서 낳고 싶어서 혼자 영국으로 돌아와 바이런을 낳았다. 그래서 어린 시절 바이런은 어머니의 성을 따서 조지 노엘 고든(George Noel Gordon)으로 알려져 있었다. 아버지는 계속 프랑스에 머물러 살다가 1791년 바이런이 세 살 때 죽었는데, 자살했다는 얘기가 있다.

어머니는 스코틀랜드 애버딘(Aberdeen)으로 이사를 해서 빈궁한 가운데 바이런을 키웠다. 바이런은 그곳 문법학교에 다녔다. 그는 태어날 때부터 발이 기형으로 굽어 있었다. 바이런은 자신의 신체적 장애에 매우 민감했는데, 그것이 그의 성격에 분명히 영향을 미친 것으로 보인다. 그가 겨우 아홉 살이 되었을 때 그의 보모 메이 그레이(May Grey)가 육체적으로 접근했다는 소문이 있었다. 이 일과 함께 먼 친척인 메리 더프(Mary Duff)와 마거릿 파커(Margaret Parker)에 대한 바이런의 이상화된 사랑은 그에게 여성에 대한 모순적 태도를 형성하도록 만들었다.

열 살의 나이에 바이런은 그의 종조부인 "악당" 바이런 경("wicked" Lord Byron)의 작위와 재산을 물려받았다. 그들은 옛날에 헨리 8세가 바이런집안에 하사했던 뉴스테드 사원(Newstead Abbey)의 거대한 홀과 넓은 대지를 누비며 살았다. 바이런은 라벤더(Lavender)라는 돌팔이 의사에게 발을 치료받기도 했다. 변호사 존 핸슨(John Hanson)은 메이 그레이와 라벤더, 그리고 점점 더 종잡을 수 없이 성질을 부려대는 어머니에게서 바이런을 떼어놓았다. 존 핸슨은 바이런을 런던의 유명의사에게 데려가 특수교정기를 처방받도록 했고, 1799년 가을에는 바이런을 런던 남부 덜리치(Dulwich)에 있는 학교에 보냈다.

1801년에 바이런은 유명한 공립학교 해로우(Harrow)에 들어가 많은 친구를 사귀었다. 1803년 여름에 바이런은 어머니와 함께 노팅엄 근처 사우스웰(Southwell)에서 보냈지만 곧 뉴스테드로 달아나 그의 집에 세 들어 사는 그레이 경(Lord Gray)과 함께 지냈다. 그때 바이런은 그레이 경의 먼 친척인 메리 채워스(Mary Chaworth)에게 사랑을 고백했다. 그러나 그녀가 "그 절름발이 아이" 바이런에게 질렸을 때, 바이런은 시로써 실연의 슬픔을 달랬다. 그녀는 바이런에게 이룰 수 없는 이상적 사랑의 상징이었다. 나중에 바이런이 명성을 얻고 런던 사교계의 중심인물이 되었을 때 그녀는 자신의 거절을 후회했다고 한다.

바이런은 해로우를 졸업하고 케임브리지 대학교 트리니티 칼리지(Trinity College, Cambridge)에 입학했다. 대학에 들어간 후 방탕과 낭비벽에 빠진 바이런은 한 학기를 지내고 나자 이미 많은 빚을 진 상태가 되었다. 그는 1806년 11월에 초기시들을 모아 시집 『덧없는 시편들』

(*Fugitive Pieces*)을 자비로 인쇄했고, 1807년 6월에는 시집『게으른 나날』(*Hours of Idleness*)을 정식으로 출판했다. 1808년 초에는 런던에서 끝없는 방탕에 빠져들어 건강을 위협할 지경이 되었다. 1809년 1월, 성년이 된 바이런은 하원의원이 되었고, 익명으로『잉글랜드 시인과 스코틀랜드 비평가』(*English Bards and Scotch Reviewers*)라는 풍자시를 써서 비평가들을 비판한 후 대학친구 홉하우스(John Cam Hobhouse)와 함께 대륙여행을 떠났다.

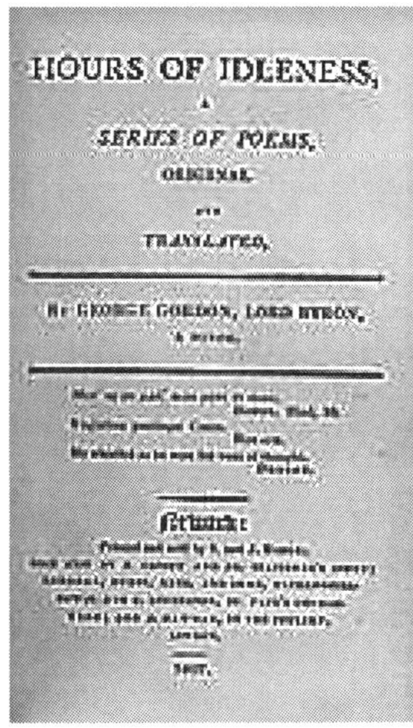
HOURS OF IDLENESS,
A
SERIES OF POEMS,
ORIGINAL
AND
TRANSLATED,
BY GEORGE GORDON, LORD BYRON,
A MINOR.

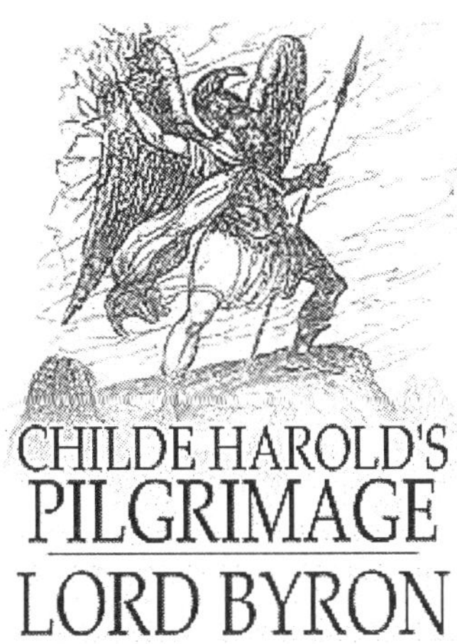

바이런은 포르투갈과 스페인을 거쳐 지중해 몰타(Malta)섬으로 갔다. 거기서 바이런은 기혼녀와 사랑에 빠졌고 그것 때문에 거의 결투를 벌일 뻔한 일까지 있었다. 그 후 바이런과 홉하우스는 그리스 프레베자(Preveza)에서 배에서 내려 내륙으로 여행을 계속해 요아니나(Janina)를 거치고, 알바니아의 지도자 알리 파사(Ali Pasa, 1740-1822)를 만나기 위해 테펠레너(Tepelene)까지 갔다. 돌아오는 길에 바이런은 요아니아에서부터 자전적 작품인『귀공자 해럴드의 편력』(*Childe Harold's Pilgrimage*)를 쓰기 시작하여 아테네로 여행하는 동안 내내 집필을 계속했다. 아테네에서 바이런은 어떤 과붓집에서 묵었는데, 그 집 딸 테레사 마크리(Teresa Makri)는 그의 작품 「아테네 아가씨여, 우리 헤어지기 전에」의 모델이 되었다. 바이런과 홉하우스는 1810년 3월에는 터키의 스미르나(Smyrna)를 거쳐 콘스탄티노플(Constantinople, 현재 이스탄불)까지 항해를 했다. 도중에 헬레스폰투스(Hellespont) 해협(현재 다르다넬스 해협)에서 바람이 불지 않아 항해를 할 수 없었을 때 바이런은 트로이 유적지를 방문하고, 신화의 레안드로스(Leander)처럼 해협을 수영으로 건너기도 했다. 바이런의 그리스 체류는 그의 마음에 깊은 인상을 남겼다. 그는 그리스의 따스한 햇빛과 사람들의 너그러운 태도를 좋아했고, 그리스를 떠나온 후에도 그 방문경험을 자주 언급하며 다시 방문하기를 갈망했다.

바이런은 1811년 7월 14일에 런던에 도착했는데, 그의 어머니는 그가 뉴스테드에 도착하기 전인 8월 1일에 사망했다. 1812년 2월 27일, 그는 하원에서 첫 연설을 했고, 3월초에 출판된『귀공자 해럴드의 순례』는 런던에 선풍을 일으켰다. "어느 날 아침에 깨어 보니 유명해져 있었다."라는 바이런의 말은 이 작품의 성공과 관련된 것이다. 이 작품은 환상적인 나라들에 대한 시적 여행기를 제공하면서 동시에 혁명 이후 나폴레옹 시대의 우울과 환멸의 분위기를 보여주고 있었다. 또한 19세기 작품들 중의 독특한 성취라 할 수 있는 낭만적 이상과 현실 세계 사이의 괴리를 잘 표현해 주었다. 이 작품으로 일약 명사가 된 바이런은 레이디 캐롤라인 램(Lady Caroline Lamb), 레이디 옥스퍼드(Lady Oxford), 레이디 프랜시스 웹스터(Lady Frances Webster), 그리고 이복동생 오거스타 리(Augusta Leigh) 등 수많은 여자와 염문을 뿌렸다.

이 상황에서 벗어나는 방법으로 결혼을 생각한 바이런은 1814년 9월 앤 이자벨라 밀뱅크(Anne Isabella (Annabella) Milbanke)에게 청혼했고,

그들은 1815년 1월 2일에 결혼을 했다. 전적으로 행복하다 할 수 없는 신혼여행이 끝나고 3월에 바이런은 런던에 정착했다. 뉴스테드 매각 협상이 지연되자 바이런은 재정적으로 곤궁에 처했고, 이내 집행관들이 줄줄이 빚의 청산을 요구하며 집안으로 쳐들어 왔다. 바이런은 자신의 책 출판인인 존 머레이(John Murray)의 집으로 피신했다. 한편 친척 여동생 오거스타 리가 한번 집에 찾아온 일이 있었는데, 빚 때문에 화가 나고 아내 때문에 격분한 바이런은 술에 취해 과거에 오거스타와 부적절한 관계를 맺었음을 암시하는 말을 하기도 했다.

바이런의 부인은 그해 12월 10일 딸 오거스타 에이다(Augusta Ada)를 낳았다. 그녀는 이듬해 1월에 아이를 데리고 친정으로 가서는 다시는 돌아오지 않겠다고 했다. 그녀가 그렇게 결심한 이유는 알려지지 않았지만, 소문이 퍼지기 시작했다. 소문은 대부분 바이런과 오거스타 리와의 관계에 집중되어 있었다. 소문이 커지자 바이런은 이혼서류에 서명하고 해외로 떠나 다시는 영국으로 돌아오지 않았다. 그는 그때 유럽에서 가장 유명한 망명자가 되었다.

바이런은 워털루 격전지를 방문한 후 스위스로 여행했다. 제네바 근처의 빌라 디오다티(Villa Diodati)에서 그는 시인 셸리(Percy Bysshe Shelley)와 그 인척들과 친밀한 관계를 맺게 되었다. 여기에는 윌리엄 고드윈(William Godwin)과 메리 울스턴크래프트(Mary Wollstonecraft)의 딸인 셸리의 아내 메리, 고드윈의 의붓딸인 클레어 클레어몬트(Claire Clairmont) 등이 포함되어 있었다. 클레어와는 바이런이 영국을 떠나기 전에 이미 바람을 피운 사이였다. 바이런은 셸리와 함께 호수에서 배를 타고 여행하면서 「시용성의 죄수」("The Prisoner of Chillon")를 구상했고, 디오다티에서는 『귀공자 해럴드의 순례』의 제3장을 완성했다. 셸리 일행이 영국으로 떠난 여름 끝 무렵 클레어는 바이런의 혼외자식을 임신하고 있었고, 그 딸은 이듬해인 1월에 태어났다. 바이런은 홉하우스와 함께 베른 알프스(Bernese Oberland)를 여행했는데, 이 경험은 바이런의 파우스트적 극시 『맨프레드』(*Manfred*)의 배경을 제공해 주었다. 『맨프레드』는 인간은 '추락하기에도 비상하기에도 똑같이 부적합한, 반은 흙이며, 반은 신'이라는 생각 때문에 파멸되는 낭만적 주인공의 좌절을 보여주는, 바이런 자신의 죄의식과 후회가 엿보이는 작품이었다.

바이런과 홉하우스는 1816년 10월 5일 이탈리아로 떠났다. 바이런은 베네치아의 포목상 집에서 숙박을 했는데, 그의 아름다운 아내 마리아나 세가티(Marianna Segati)와 이내 사랑에 빠졌다. 1817년 5월에는 로마에서 홉하우스와 만나 로마유적들을 둘러보았다. 이 여행은 『귀공자 해럴드의 순례』 제4장의 배경을 제공해 주었다. 브렌타트 강 (Brentat River)의 라 미라 (La Mira)에 있는 여름 별장에서 그는 이탈리아식의 풍자 『베포』(*Beppo*)를 썼다. 거기서 그는 제빵사의 아내인 마르가리타 코니(Margarita Cogni)를 만났는데, 그녀는 베니스로 바이런을 따라갔다. 1818년 여름에 바이런은 피카레스크식(Parearesque) 풍자시 『돈 주앙』(*Don*

Juan)의 제1장을 완성했다. 클레어는 바이런과의 사이에서 난 딸을 바이런에게 양육시키도록 보냈고 여러 가지로 질책하며 바이런을 끊임없이 괴롭게 만들었다.

마침내 뉴스테드 사원이 매각되어 바이런은 빚 대부분을 청산할 수 있었고, 이탈리아에서 살 수 있는 약간의 돈이 생기게 되었다. 그러나 돈은 그의 불만과 불안을 해결하지 못했다. 1818년에 셸리와 다른 방문객들이 본 바이런의 모습은 살이 찐 데다 덥수룩한 머리에 흰머리가 나기 시작하고 나이보다 늙어 보이는 방탕한 사람이었다. 그러나 1819년 4월 테레사 귀치올리 백작부인(Countess Teresa Guicciolo)과의 우연한 만남은 바이런의 삶을 온통 바꾸어 놓았다. 만난 지 며칠 만에 그는 열아홉 살의 테레사와 완전히 사랑에 빠졌다. 그녀는 자기보다 나이가 거의 3배나 되는 남자와 결혼한 상태였다. 바이런은 그녀를 따라 라벤나(Ravenna)로 갔고, 여름에 그녀는 바이런을 따라 베니스로 와서 남편이 찾을 때까지 머물렀다. 바이런은 1820년 1월 라벤나로 돌아가 테레사의 시종이 되었다. 바이런은 그녀의 아버지와 오빠와 친하게 지내며 비밀혁명 조직인 카르보나리(Carbonari. 19세기 초에 이탈리아에서 조직된 자유주의적 애국 비밀결사)에 가담하게 되었다. 라벤나에서 그는 그 어느 때보다도 이탈리아인들과 더 가깝게 지냈다. 그는 조직에 무기를 공급하고, 가난한 사람들에게 구호금을 제공했다.

이 시기는 그의 인생에서 가장 행복하고 창조적인 시기 중 하나였다. 그는 『단테의 예언』(*The Prophecy of Dante*)과 『돈 주앙』의 세 장, 『최후의 심판의 환상』(*The Vision of Judgment*), 그리고 몇 편의 시극을 썼다. 바이런은 피사로 가서 셸리가 아르노 강변에 빌려놓은 집에 머물렀다. 바이런은 교육을 위해 딸을 라벤나 근처의 수녀원에 남겨두었는데, 딸은 이듬해 4월에 죽었다.

시인 리 헌트(Leigh Hunt)가 셸리와 바이런과 함께 새로운 정기 간행물을 편집하기 위해 영국으로부터 바이런을 찾아왔다. 테레사의 아버지와 오빠가 봉기에서 실패하고 추방당한 후 바이런이 테레사와 함께 피사에서 살고 있을 때, 헌트와 그의 가족은 바이런의 집 아래층으로 들어 왔다. 7월 8일에 셸리가 익사하자 헌트는 바이런에게 경제적으로 의존하게 되었다. 바이런은 1822년 10월 15일 런던에서 출판된 새로운 정기간행물 『자유주의자』(*The Liberal*)의 첫 호에 자신의 『최후의 심판의 환상』을 기고했다. 바이런은 출판인 존 머레이와 다툰 후 『돈 주앙』의 제4장부터 16장까지의 원고와 『청동시대』(*Age of Bronze*), 『섬』(*The Island*) 등 자신의 모든 후기 작품들의 출판권을 존 헌트에게 주었다. 그러나 머지않아 바이런의 오래된 불안감이 되돌아왔고 테레사와의 평범한 가정생활에 만족을 느낄 수 없었다. 바이런은 자기 국민들이 자신을 받아들이게 만들 어떤 고귀한 행동을 할 기회를 갈망하고 있었다. 그래서 1823년 4월 〈런던그리스위원회〉가 터키로부터의 독립을 위한 그리스 전쟁을 지원하는 요원으로 활동해달라는 제안이 들어 왔을 때 바이런은 즉시 그 제안을 받아들였다. 그의 전설적인 열정과 에너지, 그리고 상상력은 이제 그리스를 위해 쓰일 수 있게 되었다.

7월 16일에 바이런은 배를 타고 제노아를 떠나 8월 2일 이오니아 섬(Ionian island)에 도착했다. 그는 그리스 함대에 자신의 돈 4,000파운드를 보냈고, 12월 29일에는 미솔롱기(Misslonghi)로 항해하여 서부 그리스부대 지도자 마브로코르다토스(Alexandros Mavrokordatos) 왕자의 부대에 합류했다. 그는 엄청난 열정으로 터키의 레판토(Lepanto) 요새 공격계획을 준비했고, 동서 그리스를 통일시키기 위해 헌신적인 노력을 기울였다.

1824년 초에는 날이 습하고 좋지 않았다. 바이런은 2월 중순 무렵 병에 걸렸다. 그는 계속 직무를 수행했으나 점점 회복되는 기미를 보였다. 그러나 4월 초 다시 심한 비바람에 노출되는 일이 있었다. 그는 몸이 흠뻑 젖어 추위에 떨었지만 서둘러 집으로 돌아가지 않은 바람에 심한 감기에 걸리게 되었다. 오한이 계속된 후 혼수상태에 빠졌다가 1824년 4월 19일 저녁 6시경 그는 세상을 떠났다. 그리스인들은 그의 죽음에 깊은 애도를 표했고, 그는 그리스의 영웅이 되었다. 그의 시신은 방부처리 되어 미솔롱기에 묻혔다. 그 후에 그의 유해는 영국으로 보내졌지만 웨스트민스터 사원에 묻히지 못하고 뉴스테드 근처의 집안묘지에 안장되었다. 그가 죽은 후 145년이 지난 1969년, 바이런의 명패가 마침내 웨스트민스터 사원 시인코너 바닥에 자리를 잡게 되었다.

웨스트민스터 사원 시인코너에 있는 바이런의 명패

She Walks in Beauty

She walks in beauty, like the night
　Of cloudless climes and starry skies;
And all that's best of dark and bright
　Meet in her aspect and her eyes;
Thus mellowed to that tender light
　Which heaven to gaudy day denies.

One shade the more, one ray the less,
　Had half impaired the nameless grace
Which waves in every raven tress,
　Or softly lightens o'er her face;
Where thoughts serenely sweet express,
　How pure, how dear their dwelling-place.

And on that cheek, and o'er that brow,
　So soft, so calm, yet eloquent,
The smiles that win, the tints that glow,
　But tell of days in goodness spent,
A mind at peace with all below,
　A heart whose love is innocent!

〈주석〉

2] climes: climates; weathers.
6] Which heaven to gaudy day denies: Which heaven refuses to give to gaudy day.
gaudy: bright or colorful in a vulgar manner; garish.
8] Had half impaired: would have half impaired.
9] raven: black and shiny; lustrous black.
tress: a long lock of hair.
11] serenely: calmly; peacefully.
12] their: thoughts'

13] brow: forehead; a facial expression; countenance.
15] win: charm.
16] days in goodness spent: days spent in goodness(착하게 보낸 나날들).
17] all below: all on the earth(지상에 있는 모든 것들).

구름 한 점 없는 별이 총총한 밤하늘처럼
　그녀는 아름답게 걷네.
어둠과 빛 가운데 최상의 것들이 모두
　그녀의 얼굴과 두 눈에서 만나서
하늘이 야하게 반짝이는 낮에는 허용하지 않는
　그런 은은한 빛으로 무르익네.

그늘이 한 점 더 많거나 빛이 한 점 더 모자랐다면,
　새까만 머리타래마다 물결치거나
그녀의 얼굴을 부드럽게 밝혀주는
　그 형언할 수 없는 우아함을 반쯤 지웠으리.
고요하고 감미로운 생각들은 그 생각들이 깃들어 있는
　얼굴이 얼마나 순수하며 사랑스러운지를 말해 주네.

아주 부드럽고 조용하면서도 강렬한
　저 뺨과 저 이마에 서린
마음을 사로잡는 미소와 환한 얼굴빛은 말해 주네
　매일 매일을 선하게 살아왔음을,
정신이 지상에 있는 모든 것과 화평함을,
　마음에 순수한 사랑을 간직하고 있음을!

〈해설〉

이 시에 묘사되고 있는 여인은 바이런의 처사촌 로버트 윌모트 경(Sir Robert Wilmot)의 젊은 부인 앤(Anne)이다. 바이런은 1814년 6월 11일, 런던의 한 파티에서 스팽글을 단 검은 상복을 입은 앤을 만나고 나서 그녀의 우아함과 아름다움에 영감을 받아 다음 날 아침에 이 작품을 쓴 것으로 알려져 있다.

첫 연에서 그녀가 구름 한 점 없는 별이 총총한 밤하늘처럼 아름답게 걷는다는 말은 검은 상복에 달려 반짝거리는 스팽글이 마치 밤하늘에 반짝반짝 빛나는 별처럼 아름답게 보였다는 뜻이다. 그런데, 여기에서 그런 그녀의 아름다운 자태를 'She walks beautifully'라고 하는 대신 'She walks in beauty'라고 표현한 것에 대해 주목할 필요가 있을 것이다. 시인은 그녀의 아름다운 걸음걸이를 표현하려고 했다기보다는 그녀의 의상과 얼굴빛, 자태 등이 보여주는 총체적 아름다움을 표현하려고 한 것이다. 그래서 그 아름다움이 어떤 아우라처럼 그녀를 감싸고 있는 것처럼 보이도록 만든다. 시인은 그녀의 옷 못지않게 그녀의 얼굴과 두 눈 또한 어둠과 밝음이 잘 조화를 이루어 은은한 아름다움을 보여준다고 말한다.

둘째 연에서도 시인은 그녀의 머리타래나 얼굴에서 나타나는 우아함은 그 어둠과 밝음이 최상으로 적절하게 조화가 되어 있다고 말한다. 그래서 그늘이 조금이라도 더 많거나 빛이 조금이라도 더 모자랐다면 그 우아함은 반쯤 손상되었을 거라는 것이다. 또한 그녀의 생각이 깃들어 있는 얼굴이 얼마나 순수하며 소중한지를 말해준다고 덧붙인다.

셋째 연 역시 아주 부드럽고 조용하면서도 강렬한 그녀의 뺨과 얼굴에 서린 그녀의 미소와 얼굴빛에 대해 언급하고 있다. 부드럽고 조용하다는 것은 얼굴빛이 어둡게 가라앉아있다는 뜻이며, 강렬하다는 것은 얼굴빛이 생생하게 빛난다는 뜻이다. 따라서 앞 연들에서 언급한 어둠과 밝음, 그늘과 빛이 조화를 이룬 상태를 다시 언급하고 있는 셈이다. 시인은 그녀의 미소는 사람들의 마음을 사로잡고 그녀의 얼굴에서는 빛이 나는데, 그것들은 다름 아닌 그녀의 내면적인 덕성의 발현이라는 점을 강조한다. 그녀의 미소와 얼굴빛은 그녀가 살아왔던 선한 삶을, 그리고 세상의 모든 것들과 화평한 관계를 가지고 있는 그녀의 정신을, 순수한 사랑을 간직한 그녀의 마음을 외적으로 표현하고 있다는 것이다.

이 시는 첫 연 첫 부분에서 상복을 입은 여인의 아름다운 의상을 언급하다가 이내 그녀의 얼굴과 두 눈에서 풍기는 은은한 아름다움으로 시선을 옮긴다. 둘째 연에서도 여인의 얼굴과 머리타래를 언급하며, 그 우아함을 토대로 그녀의 생각이 얼마나 순수한가를 말한다. 셋째 연에서도 마찬가지로 그녀의 미소와 얼굴빛의 아름다움을 언급하며, 그것을 근거로 해서 그녀의 내면적인 아름다움을 강조하는 방식을 취하고 있다. 요컨대 이 작품은 〈의상의 아름다움→얼굴의 아름다움→내면의 아름다움〉을 강조하는 식으로 전개되고 있다. 이 시의 이면에는 바이런이 처조카의 아름다움에 혹하여 그녀에 대해 갖게된 연애감정이 숨어있을 가능성이 없지 않지만, 이 시는 어쨌든 표면적으로는 진정한 아름다움은 외면적 아름다움과 내면적 아름다움의 조화, 미와 선의 조화에 있음을 보여주는 작품이라고 할 수 있을 것이다.

Sonnet on Chillon (On the Castle of Chillon)

Eternal Spirit of the chainless Mind!
    Brightest in dungeons, Liberty! thou art,
    For there thy habitation is the heart—
The heart which love of Thee alone can bind.
And when thy sons to fetters are consign'd,
    To fetters, and the damp vault's dayless gloom,

Their country conquers with their martyrdom,
And Freedom's fame finds wings on every wind.
Chillon! thy prison is a holy place
And thy sad floor an altar, for 'twas trod,
Until his very steps have left a trace
Worn as if thy cold pavement were a sod,
By Bonnivard! May none those marks efface!
For they appeal from tyranny to God.

〈주석〉

0] the Castle of Chillon: 스위스 제네바 호수 근처의 고성으로, 정치범 수용소로 쓰이기도 했다.

2] Brightest in dungeons, Liberty! thou art: thou art[you are] the brightest in dungeons, Liberty! 제3행의 'thy', 제4행의 'Thee', 제5행의 'thy'는 모두 'Liberty'를 지칭함.

3] there: in dungeons.
habitation: a residence; a dwelling place(거처).

5] thy sons: 자유를 위해 싸우는 사람들.
consign'd: handed over.

7] Their, their: 'thy sons'를 지칭함.

10] thy sad floor an altar: thy sad floor (is) an altar.
'twas: 운율을 맞추기 위해 'it was'를 한 음절로 줄인 형태.

13] Bonnivard: 스위스의 애국자이며 자유의 투사로서, 사보이 공작(Duke of Savoy)의 병합정책에 항거하다가 시용성에 두 차례(1519-1521, 1530-1536)나 갇혀 있었던 인물(1493-1570).
efface: wipe out; erase.

14] they: 제13행의 'those marks'.

속박할 수 없는 그 마음의 영원한 정신이여!
자유여, 너는 지하 감옥에서 가장 빛나는 존재로다!
거기에서는 너의 거처가 심장—
너에 대한 사랑만이 속박할 수 있는 심장이기에.
너의 자식들이 족쇄에,

족쇄와 습한 지하 감방의 빛없는 어둠속에 던져질 때,
그들의 조국은 그들의 순국으로 승리를 거두고
자유의 명성은 도처에서 바람을 타고 난다.
시용이여! 너의 감옥은 성소(聖所)이며
너의 슬픈 바닥은 제단(祭壇)이로다. 보니바르의 발걸음이
마치 너의 찬 돌바닥이 흙바닥이라도 되는 양
닳아빠진 자국을 남길 지경이 되도록
밟고 다녔으니까! 아무도 이 자국들을 지워버리지 말기를!
그 자국들은 폭정을 신에게 폭로하기에.

〈해설〉

1816년 6월 22일 바이런은 셸리와 함께 스위스 제네바 호수에서 배를 타고 그곳에 있는 시용성을 방문했다. 이 시는 그때 바이런이 옛날에 시용성의 지하 감옥에 감금되어 있었던 스위스 애국자 보니바르의 이야기에 감명을 받고 쓴 소네트이다. 바이런은 터키 지배하에 있던 그리스의 독립전쟁에 참전할 만큼 자유에 대한 열망을 온몸으로 표현했던 시인이었다. 이 시의 제목은 「시용성 소네트」("Sonnet on Chillon") 혹은 「시용성에 대하여」("On the Castle of Chillon")로 알려져 있는데, 바이런은 이 소네트를 쓴 후 보니바르의 생애에 대해 더 깊이 알게 되고 나서 그해 7월초 같은 주제로 총392행의 장시 「시용성의 죄수」("The Prisoner of Chillon")를 쓰기도 했다.

전반부 8행(octave)에서 시인은 자유를 의인화하여 부르며 자유의 정신과 사유를 위한 두쟁을 찬비하고 있다. 첫 행에 인급된 '속박힐 수 없는 그 마음'이란 조국의 자유를 위해 투쟁했던 보니바르의 자유를 위한 마음을 말한다. 그런 마음이 품고 있는 '영원한 정신'이란 바로 둘째 행에 나오는 자유의 정신이다. 자유를 '지하 감옥에서 가장 빛나

는 존재'라고 말하는 것은 자유란 오히려 자유를 잃어버렸을 때, 자유가 없는 곳에서, 가장 두드러지게 빛을 발한다는 말이다. 시인은 감옥에서도 자유는 죽일 수 없으며, 자유가 있는 곳이야말로 지하 감옥의 심장부에 해당한다고 말한다. 그 심장은 자유에 대한 사랑만이 속박할 수 있다는 말은 자유에 대한 사랑이라는 명분을 제외하고는 아무도 그 자유의 살아있는 심장을 속박할 수 없다는 뜻이다. 시인은 자유의 투쟁에 참여한 이들이 족쇄를 차고 어두운 감방에 갇히는 고난을 감내할 때, 그런 순국 행위에 의해 그들의 조국은 해방을 얻고 자유의 명성은 도처에 알려진다고 말한다.

후반부 6행(sestet)에서 시인은 보니바르가 갇혀 있던 이 감옥을 자유의 성지(聖地)인 것처럼 묘사한다. 그 감옥은 자유라는 종교의 성소이며, 그 자유를 위해 희생했던 보니바르가 갇혀 있었던 감옥의 돌바닥은 그 희생제단이라는 것이다. 시인은 보니바르가 오랫동안 갇혀 있어서 그 감옥의 돌바닥이 닳을 지경이 되어 흙바닥에 발자국이 난 것처럼 보인다고 말하면서, 그 닳은 자국은 자유를 위해 폭정에 항거하고 투쟁한 증거이므로 그 자국이 지워지지 않기를 기원한다. 그것은 자유를 위한 인간의 투쟁이 사라지지 않고 계속될 것임을 암시하는 것이다.

Maid of Athens, Ere We Part

Ζωή μου, σᾶς ἀγαπῶ.

Maid of Athens, ere we part,
Give, oh give me back my heart!
Or, since that has left my breast,
Keep it now, and take the rest!
Hear my vow before I go,
Ζωή μου, σᾶς ἀγαπῶ.

By those tresses unconfined,
Wooed by each Ægean wind;
By those lids whose jetty fringe
Kiss thy soft cheeks' blooming tinge;
By those wild eyes like the roe,
Ζωή μου, σᾶς ἀγαπῶ.

By that lip I long to taste;
By that zone encircled waist;
By all the token-flowers that tell

What words can never speak so well;
By love's alternate joy and woe,
Ζωή μου, σᾶς ἀγαπῶ.

Maid of Athens! I am gone:
Think of me, sweet! when alone.
Though I fly to Istambol,
Athens holds my heart and soul:
Can I cease to love thee? No!
Ζωή μου, σᾶς ἀγαπῶ.

〈주석〉

0] Ζωή μου, σᾶς ἀγαπῶ (Zoë mou, sas agapo): My life, I love thee.
1] ere: ((시어)) before.
part: leave one another; break up the relationship.
3] that: my heart.
4] it: my heart.
7,9,11,13-15, 17] By: ((맹세를 할 때 쓰는 표현)) invoking the name of(…에 걸고, … 에 맹세코).
7] tresses: locks of hair(머리타래).
unconfined: free; free from physical restraint.`
9] jetty: black.
10] blooming: flowering; blossoming.
11] roe: roe deer(노루).
14] zone: ((고어)) a belt or girdle.
17] love's alternate joy and woe: 교차되는 사랑의 기쁨과 슬픔.
21] Istambol: Istanbul(터키의 옛날 수도, 옛 명칭은 Constantinople).

아테네 아가씨여, 우리 헤어지기 전에
돌려다오, 아 돌려다오 내 마음을!
아니, 내 마음은 이미 이 가슴을 떠났으니
이제는 내 마음을 간직해 주오, 그리고 나머지도 가져가다오!
내가 가기 전에 내 맹세를 들어다오,

나의 생명이여, 나는 너를 사랑해.

에게해 바닷바람의 구애를 받아
풀어헤쳐진 너의 머리타래에 맹세코,
새까만 속눈썹이 너의 부드러운 뺨에 피어나는
홍조에 키스하는 그 눈꺼풀에 맹세코,
노루같이 강렬한 그대 두 눈에 맹세코,
나의 생명이여, 나는 너를 사랑해.

내가 입 맞추고 싶은 그 입술에 맹세코,
띠를 두른 그 허리에 맹세코,
말로는 할 수 없는 것들을 너무나도 잘 말해 주는
사랑의 증표가 되는 꽃들에 맹세코,
교차되는 사랑의 기쁨과 슬픔에 맹세코,
나의 생명이여, 나는 너를 사랑해.

아테네 아가씨여! 나는 간다.
임이여! 혼자 있을 때 나를 생각해다오.
나는 이스탄불에 가지만
아테네는 내 마음과 영혼을 사로잡고 있으니
내가 너를 사랑하기를 그칠 수 있으랴? 결코 그럴 수 없지.
나의 생명이여, 나는 너를 사랑해.

〈해설〉

이 시는 먼 길을 떠나는 남자가 사랑하는 아가씨에게 바치는 일종의 사랑노래이다. 그러나 남자는 아직도 아가씨의 마음을 얻지 못한 것으로 보인다. 첫 연을 보면 남자가 사랑하는 아가씨는 아테네에서 만난 여인으로서, 남자는 떠나기 전에 자신의 사랑을 받아들일지 여인으로부터 확답을 듣고 싶었던 것 같다. '나머지도 가져가라'든지 '내 맹세를 들어다오'라는 말은 그 점을 암시해준다. 남자는 자신의 마음을 이미 아가씨에게 전부 다 주어버렸기 때문에 자기 가슴속에는 자신의 마음이 하나도 남아있지 않다고 말한다. 이 아가씨의 모국어인 그리스어로 된 후렴구를 쓴 것은 그녀의 마음을 사로잡으려는 노력으로 보인다. '나의 생명이여'라는 말이 반복되는 것은 이 여인이 자신의 존재이유라고 거듭 고백하는 것이다.

둘째 연에서 남자는 아가씨의 아름다움에 걸고 사랑의 맹세를 연거푸 쏟아낸다. 제1-2행은 그녀의 머리칼, 제3-4행은 그녀의 속눈썹, 뺨, 눈꺼풀, 제5행은 그녀의 두 눈의 아름다움을 언급하고 있다. 남자는 의인화를 통하여 감각적, 관능적으로 그녀의 아름다움을 묘사하고 있다는 점에 주목할 필요가 있을 것이다. 에게해에 부는 바람에 그녀의 머리칼이 나부끼는 것을 '바닷바람의 구애를 받아/ 풀어헤쳐진 너의 머리타래'라고 표현한다든지, 그녀의 긴 속눈썹이 뺨에 닿는 듯한 모습을 '속눈썹이 너의 부드러운 뺨에 피어나는/ 홍조에 키스한다'고 표현한다든지, 그녀의 두 눈을 '강렬하다'고 표현하는 것은 그녀의 아름다운 여러 신체부위들이 마치 남자와 아가씨의 사랑을 비유적으로 보여주는 것처럼 만드는 것이다. 남자는 이 모든 아가씨의 아름다움에 걸고 '나의 생명이여, 나는 너를 사랑해'라는 사랑의 맹세를 반복한다.

셋째 연에서도 남자의 사랑의 맹세는 계속된다. 제1-2행에서는 앞 연에 이어 남자는 그녀의 아름다운 신체부위에 걸고 맹세를 하고 있다. 남자는 입 맞추고 싶은 그녀의 입술과 띠를 두른 그녀의 허리에 걸고 맹세한다. 그녀의 신체부위들을 계속 나열하는 것은 이것들이 남자의 욕망의 대상이기도 하기 때문이다. 제3-4행에서는 각각의 의미를 담은 꽃 선물에 걸고 맹세한다고 말한다. 꽃 선물은 말로 할 수 없는 것들을 그 꽃말로써 전달할 수 있기 때문이다. 이 부분은 옛날

동방에서 여자들이 낯선 사내와 몰래 만나려고 편지를 보내는 것을 막기 위해 여자들에게는 글을 가르치지 않았던 풍습과 관계된 것이라는 주장이 있다. 그러나 여자들은 자신들의 마음을 대신해줄 수 있는 꽃말이나 의미를 가진 꽃이나 물건을 사내에게 보냄으로써 자신들의 마음을 전달했던 것이다. 이를테면 여자가 꽃다발을 자신의 머리털로 묶어 보내면 자신을 데리고 도망가 달라는 의미이며, 재를 보내면 자신은 상대 남자에 대한 사랑으로 불타고 있다는 의미가 된다. 이어서 제5행에서도 남자는 사랑을 하면 겪게 되는 기쁨과 슬픔에 걸고 사랑을 맹세한다.

넷째 연에서 남자는 자신이 아테네를 떠나 이스탄불로 갈 수밖에 없다고 말하면서, 혼자 있을 때에도 자신을 생각해달라고 부탁한다. 남자는 자신이 떠나도 아테네에 자신의 마음과 영혼이 남아있으니, 아가씨를 사랑하기를 그칠 수는 결코 없을 것이라고 말한다. 여기에서 아테네와 이스탄불이라는 두 도시는 그리스와 터키의 오래된 앙숙관계를 상기하도록 만든다. 따라서 이 두 남녀의 관계는 세익스피어의 로미오와 줄리엣의 얘기 같은 것을 연상시킨다. 남자는 다시 후렴구를 반복하며 자신의 사랑을 표현하는 것으로 시를 끝맺는다.

반복적인 맹세를 통하여 사랑을 표현하는 이 작품은 감상적이고도 유치한 사랑의 고백으로 인해 단순한 어떤 남자의 순수한 열정이 느껴지도록 만들기도 한다. 그러나 이 작품과 관련된 바이런의 실제 생애를 살펴보게 되면 그렇게 순수하게만 느껴지지 않을 수도 있다. 이 시는 바이런이 1810년에 써서 아테네의 어떤 소녀에게 바친 것으로 되어 있다. 이 소녀는 바이런이 아테네에 갔을 때 1809년에 잠시 머물렀고 1810년 2월에도 머물렀던 집의 주인 타샤 마크리(Tarsia Makri)의 딸 테레사 마크리(Teresa Makri)였다. 이 소녀가 태어난 해가 1797년이었으므로 바이런이 이 시를 쓰던 1810년에는 채 13살이 안 되는 나이였다(당시에 바이런은 22살이었다). 바이런은 이 소녀에게 푹 빠져 있었지만, 당시에 그가 빠져 있던 여자는 테레사만이 아니었다. 바이런이 헨리 드루리(Henry Drury)에게 보낸 편지에 의하면 바이런은 당시 아테네에서 '세 명의 그리스 여자, 테레사와 마리아나, 카틴카의 사랑을 얻기 위해 몹시 애닮아하던'(dying for love of three Greek Girls at Athens, Teresa, Mariana, and Kattinka) 상태였다.

바이런은 콘스탄티노플로 떠나기 전에 테레사를 위해 이 시를 썼고, 1810년 7월 17일에 터키로부터 돌아오는 길에 마크리의 집에서 열흘 동안 머물렀다. 이때 바이런은 테레사에게 500파운드를 주고 구애를 했지만 결국 받아들여지지 않았다. 그 후로 바이런은 테레사를 다시는 만나지 못했다. 그녀는 제임스 블랙(James Black, 1803–1868)이라는 사람과 결혼을 했으나 가난하게 살다가 1875년에 아테네에서 생을 마감했다.

노년의 테레사 마크리(바이런이 이 시를 쓴지 60년 후인 1870년의 모습)

STANZAS FOR MUSIC

There Be None of Beauty's Daughters

1

There be none of Beauty's daughters
    With a magic like thee;
And like music on the waters
    Is thy sweet voice to me:
When, as if its sound were causing
The charmed ocean's pausing,
The waves lie still and gleaming,
And the lull'd winds seem dreaming:

2

And the midnight moon is weaving
    Her bright chain o'er the deep;
Whose breast is gently heaving,
    As an infant's asleep:
So the spirit bows before thee,
To listen and adore thee;
With a full but soft emotion,
Like the swell of Summer's ocean.

〈주석〉

1] There be none: There (would) be none(아무도 없을 것이다).
6] charmed: bewitched; enchanted.
10] Her: 앞 행에 나온 'the (midnight) moon'을 가리킴.
    o'er: 운율을 맞추기 위해 'over'를 한 음절로 줄인 것.
    the deep: ((시어)) the ocean.
16] swell: a long wave.

1

미의 여신의 딸들 가운데는
너처럼 마력을 가진 이 없고,
너의 달콤한 목소리는 내 귀에
물 위를 흐르는 음악과 같네.
그때, 네 목소리의 마법에 걸린 바다는
고요히 숨죽이며,
파도는 잔잔히 빛나고,
바람은 잠이 들어 꿈을 꾸는 듯하구나.

2

한밤중의 달은 바다 위에
찬란한 사슬을 엮고,
바다의 가슴은 잠든 아이의 가슴처럼
부드럽게 오르내리네.
그렇게 내 영혼은 너 앞에 고개를 숙이고
너에게 귀를 기울이고 흠모한다네,
여름바다의 부푼 물결처럼
충만하지만 부드러운 마음으로.

〈해설〉

바이런은 〈음악을 위한 시〉('Stanzas for Music')라는 동일한 제목으로 여러 편의 시를 썼다. 이 작품 「미의 여신의 딸들 가운데는 아무도 없으리」("There Be None of Beauty's Daughters")와 다음에 다루는 「희망이 행복이라고들 말하네」("They Say That Hope Is Happiness"), 그리고 「세상이 줄 수 있는 기쁨은 없네」("There's Not a Joy the World Can Give"), 「나는 그대의 이름을 말하지도 쫓아가지도 속삭이지도 않네」("I Speak Not, I Trace Not, I Breathe Not Thy Name"), 「그대 영혼이 있는 곳은 밝으리」("Bright Be the

Place of Thy Soul")와 같은 5편의 작품들이 그것이다. 원제목이 같기 때문에 이들을 서로 구별하기 위해 첫 행을 괄호 속에 넣어 함께 쓰거나 아예 첫 행을 제목으로 쓰기도 한다. 〈음악을 위한 시〉란 이 시들이 노래의 가사로 쓰이도록 의도하고 쓴 작품들이라는 말이다. ababccdd의 동일한 각운을 가진 이 시의 제1,2연은 말하자면 노래의 제1,2절에 해당되는 셈이다. 그만큼 이 시는 단순한 이미지와 구절의 반복을 통해 음악적 효과를 높이고 있다.

이 시에서 화자가 말하는 대상인 '너'가 과연 어떤 존재인지 분명치 않다. 사람인지, 여신인지, 아니면 자연인지 혹은 어떤 초자연적인 존재인지 알 수가 없다. 시의 첫 부분에 나오는 '미의 여신의 딸들 가운데는/ 너처럼 마력을 가진 이 없다'는 말은 '너'가 미의 여신의 딸 가운데 하나라는 말인지, 아니면 단지 미의 여신의 딸들처럼 아름답다는 뜻에서 하고 있는 말인지 확실치 않다. 그리스 로마 신화에서 미의 여신 아프로디테(비너스)에게는 에로스(큐피드)처럼 신과의 사이에서 난 자식이 10여명, 아이네아스처럼 인간과의 사이에서 난 자식이 5명이 있다. 그런데 이 시에서 말하는 '너'는 실제로 그리스 로마 신화에 나오는 미의 여신의 어떤 딸을 특별히 지칭하는 것처럼 보이지는 않는다.

이 시에 나오는 '너'를 '음악'으로 보는 견해도 있다. 이 시의 원제인 「음악을 위한 시」에 주목하여, 이 '음악'을 '노래'라는 뜻으로 보는 대신 인격화된 어떤 존재로 보는 것이다. 그러니까 이 시는 '음악'이라는 어떤 대상을 염누에 누고 그 음악을 연인처럼 '너'로 부르며 찬미하고 있다는 말이다. '너'를 '음악'으로 볼 경우 둘째 연에 나오는 '너에게 귀를 기울인다'는 말은 의미가 잘 맞아 떨어진다. 그러나 첫 연에 나오는 '너의 달콤한 목소리는 내 귀에… 음악과 같다'는 말은 〈음악의 목소리는 음악과 같다〉라는 의미가 되므로 어색해진다. 따라서 '너'를 '음악'으로 보는 것은 좀 무리가 있는 해석으로 보인다. 이 시에 나오는 '너'는 화자가 사랑하는 어떤 아름다운 여인으로 보는 것이 무방할 것 같다.

그러나 이 여인은 보통 인간 여인으로 보이지는 않는다. 왜냐하면 그녀는 미의 여신의 딸들에게도 없는 마력이 있기 때문이다. 여기에서 그녀의 마법에 걸린 자연물들은 모두 의인화되어 나타난다. 그녀가 가진 목소리의 마법에 걸려 바다는 고요히 숨을 죽이고 파도는 잔잔해지며 바람은 잠이 들어 꿈을 꾸는 것 같다고 말한다. 첫 연에서는 이 여인이 자연물들에 미치는 영향만 강조되어 있을 뿐, 화자와의 관계는 '너의 달콤한 목소리는 내 귀에/ 물 위를 흐르는 음악과 같다'는 정도로 가볍게 처리되어 있다.

둘째 연의 첫 부분에서는 자연물들 간의 교감이 의인화를 통해 감각적으로 그려져 있다. '한밤중의 달은 바다 위에/ 찬란한 사슬을 엮는다'는 말은 달빛을 받아 반짝이는 바다물결을 표현한 것이다. 또한 '바다의 가슴은 잠든 아이의 가슴처럼/ 부드럽게 오르내린다'라는 말은 일렁이는 파도의 모습을 관능적으로 그리고 있는 것이다. 화자의 영혼 또한 마치 달빛에 조응하는 바다처럼, 혹은 부드럽게 오르내리는 아이의 가슴처럼 충만하고 부드러운 마음으로 그 여인 앞에 고개를 숙이고 귀를 기울이며 흠모한다고 말한다.

전체적으로 보면 첫 연에서 이 여인이 바다에 마법을 걸었듯이, 둘째 연에서도 이 여인은 바다와 같은 화자에게 마법을 걸고 있다는 것이다. 그런 점에서 본다면 첫 연에 나오는 바다에 대한 언급은 그녀의 초자연적인 힘을 표현하기 위해서라기보다는 둘째 연에 나오는 그녀의 마력에 빠진 바다를 닮은 화자를 표현하기 위한 것으로 보인다. 그러니까 첫 연에서 표현된 바다의 모습은 실제적인 바다의 모습이라기보다는 이 여인의 목소리를 들을 때의 화자의 반응을 비유적으로 표현한 것이라고 할 수 있을 것이다. 첫머리에 나오는 '미의 여신의 딸'에 대한 언급에서 보이듯 이 여인이 가진 매력은 그녀의 아름다움에도 있겠지만, 이 작품이 전체적으로 주목하고 그녀의 목소리에 있는 것으로 보인다. 그래서 다시금 이 여인이 음악을 의인화하고 있는 것이 아닌가 하는 생각이 들게 만들기도 한다.

They Say That Hope Is Happiness

Felix qui potuit rerum cognoscere causas. -VIRGIL-

1

They say that Hope is happiness;
　But genuine Love must prize the past,
And Memory wakes the thoughts that bless:
　They rose the first—they set the last;

2

And all that Memory loves the most
　Was once our only Hope to be,
And all that Hope adored and lost
　Hath melted into Memory.

3

Alas! it is delusion all;
　The future cheats us from afar,
Nor can we be what we recall,
　Nor dare we think on what we are.

〈주석〉

2] prize: value highly; esteem.
8] Hath: has.
11-12] Nor… Nor: neither… nor…

사물의 원인을 이해하는 이는 행복하다. -버질-

1

희망이 행복이라고들 말하지만
진정한 사랑은 과거를 소중히 여기는 법.
추억은 축복을 주는 생각들을 일깨우며
그 생각들은 가장 먼저 일어났다가 가장 늦게 가라앉는다네.

2

추억이 가장 사랑하는 것은 모두
한 때 우리가 되고 싶었던 유일한 희망이며,
희망이 바라다가 잃어버린 것은 모두
녹아 추억이 되어버리네.

3

아아! 희망은 모두가 망상이라.
미래는 멀리서부터 우리를 속이며,
우리는 회상하는 과거의 우리가 될 수 없고
현재의 우리에 대해서도 감히 계속 생각하지 못하느니.

〈해설〉

이 시는 앞서 나온 「그녀는 아름답게 걷네」("She Walks in Beauty")와 마찬가지로 바이런이 1815년에 출판한 시집 『히브리 가락』(*Hebrew Melodies*)에 실린 작품이다. 당시에는 유태인과 공동작업을 하는 것이

금기시되어 있었지만, 이 시집의 제목이 암시하듯 바이런은 친구인 유태계 영국 작곡가 이작 나탄(Isaac Nathan)에게 이 시집에 실린 시들에 곡을 붙이도록 했다. 바이런이 이복동생 오거스타(Augusta)에게 보낸 편지에 의하면, 이 시들은 성경의 「욥기」와 자신의 상상력에 근거해서 쓴 것들로서 탄압받는 사람들에 대한 바이런의 동정심을 보여주고 있다. 바이런은 억압받고 떠도는 유태인들의 모습에서 보편적 인간조건과 인간의 고난을 읽어내려 했던 것이다.

시인은 첫 연을 '희망이 행복이라고들 말하네'라는 말로 시작한다. '…라고들 말하네'(They say that…)라는 표현에는 이미 사람들이 흔히 하는 '희망이 행복이다'라는 말에 대한 시인의 부정적인 느낌이 나타나 있다. 여기에서 '희망'이라는 것은 앞으로 올 것에 대한 바람, 즉 아직 오지 않은 미래에 대한 기대감을 말한다. 그러나 시인은 행복이 그런 미래에 대한 희망에서 오는 것은 아니라고 말한다. 우리가 가졌던 희망은 모두 실패로 돌아가기 십상이고, 설령 그 희망이 이루어졌다고 해도 이내 과거로, 추억 속으로 사라져버리기 때문이다. 그래서 시인은 '진정한 사랑은 과거를 소중히 여기는 법'이며, 인간은 추억이 일깨우는 '인간에게 축복을 주는 생각들'에 사로잡혀 있을 수밖에 없다고 말한다.

둘째 연에서는 '추억'과 '희망'이 서로 사랑하는 연인들처럼 의인화되어 표현되고 있다. 시인은 '추억'이 가장 사랑하는 것은 '희망'이며, '희망'이 바라다가 잃어버린 것은 모두 '추억'으로 변한다고 말함으로써, 인간의 과거와 미래를 대변하는 '추억'과 '희망'이 서로 얽혀 있음을 암시한다. 그러나 '한때 우리가 되고 싶었던 유일한 희망'이라는 말이나 '희망이 바라다가 잃어버린 것은 모두/ 녹아 추억이 되어버리네'라는 말은 인간의 희망이 이루어질 가능성이 그다지 높지 않음을 보여주고 있다.

셋째 연에서 시인은 희망의 행복감을 부정하는 데 그치지 않고 '희망은 모두가 망상이라'고 선언한다. '미래는 멀리서부터 우리를 속인다'라는 말은 우리 인간은 아직 오지 않은 멀리 떨어진 미래에 대한 희망에 속아서 인생을 살아간다는 말이다. 또한 우리 인간의 현재 상태 또한 '회상하는 과거의 우리' 즉, 추억 속의 우리일 수가 없을뿐더러, 우리 인간은 현재의 우리 자신에 대해서도 지속적으로 깊이 성찰하지 못하는 존재라고 말한다.

이 시는 인간의 미래에 대한 희망은 행복이 될 수 없으며, 과거에 가졌던 희망의 추억 또한 이미 지나가버린, 인간의 기억 속에 남아있는 허상일 뿐이라고 말하고 있다. 그렇다면 인간이 진실로 의지할 것은 현재밖에 없는 셈이다. 그러나 인간은 미래에 대한 헛된 희망과 과거의 추억에 사로잡혀 있을 뿐 현재의 자신에 대해서는 깊이 생각하지 못하고 있다는 것이다. 인간의 과거와 현재와 미래는 모두 불완전하고 덧없는 것일 수밖에 없음을 보여주는 이 염세주의적인 작품은 이렇듯 시간에 매여 사는 우리 인간존재 역시 불완전하고 덧없는 것임을 보여주고 있다.

그런 점에서 버질의 작품에서 따온 이 시의 제사(epigraph) '사물의 원인을 이해하는 이는 행복하다'라는 말을 음미해 볼 필요가 있을 것이다. 이 말은 우선 첫 행에서 나온 '희망이 행복'이라는 말과는 반대로, 미래에 대한 맹목적인 희망에 현혹되는 것은 행복이 아니라는 뜻이다. 또한 이미 지나가버리고 아스라한 기억 속에만 남아있는 과거의 추억에 매달리는 것, 혹은 현재 눈앞에 보이는 사물의 효용성이나 기능성에만 매달리는 것 모두 인간의 행복이 될 수 없음을 말하고 있다. 인간이 과거-현재-미래로 연결되는 시간의 연결고리 속에서 살 수밖에 없는 존재임을 이해하는 것이, 오직 시간의 흐름 속에서 살아갈 수밖에 없는 인간의 근본조건을 깊이 이해하는 것이 인간에게 진정한 행복을 가져다줄 수 있다는 말로 보인다.

Percy Bysshe Shelley(1792-1822)

퍼시 비시 셸리는 1792년 서섹스(Sussex) 필드 플레이스(Field Place)에서 대지주의 장남으로 태어났다. 열 살 때, 그는 런던 근교의 사이언 하우스 아카데미(Syon House Academy)에 들어갔다. 셸리는 그곳에서 괴롭힘을 당하는 외로운 아이였지만, 특히 천문학과 화학과 같은 과학에 관심이 많았고, 다양한 종류의 청소년 스릴러물을 즐겨 읽었다. 괴롭힘에 시달렸던 셸리는 온갖 종류의 폭정에 저항하는 데 자신을 바치기로 결심을 하게 되었다.

1804년 셸리는 이튼학교(Eton College)에 입학하였지만, 이전보다 더 많은 괴롭힘을 당했다. 그는 분노를 터뜨렸지만 맞서 싸울 힘이 없었기 때문에 다른 아이들은 더욱 못살게 굴었다. 셸리는 관습에 얽매이지 않는 행동들로 인해 "매드 셸리"(Mad Shelley)로 알려지게 되었다. 그러나 그는 이튼에서 많은 친구들을 사귀었고 작가로서의 발걸음을 내딛기 시작했다. 그는 1810년에 고딕풍의 공포소설 『자스트로지』(*Zastrozzi*)를 출판했고, 같은 해에 여동생 엘리자베스와 공동으로 고딕 전통의 시집 『빅터와 캐자이어의 독창적 시집』(*Original Poetry by Victor and*

Cazire)을 냈다.

셸리는 그 해에 옥스퍼드대학에 들어갔다. 이때 그는 원고 대부분을 이튼을 다닐 때 썼던 두 번째 고딕풍 공포소설『성 어바인』(*St. Irvyne*)을 출판했다. 그는 이듬해인 1811년에 친구 토머스 제퍼슨 호그(Thomas Jefferson Hogg, 1792-1862)와 함께『무신론의 필요성』(*The Necessity of Atheism*)이라는 팸플릿을 발행하여 물의를 일으켰고, 그 작성자가 자신들이라는 주장을 끝까지 철회하지 않음으로써 퇴학을 당하게 되었다.

퇴학 직후, 그는 여동생 헬렌(Hellen)의 학교친구 해리엇 웨스트브룩(Harriet Westbrook)과 눈이 맞아 스코틀랜드로 도망갔다. 셸리의 결혼은 옥스퍼드 대학에서 퇴학을 당해 이미 마음에 큰 상처를 입었던 아버지로부터 더욱 멀어지게 만들었다. 셸리와 그의 어린 아내는 이곳저곳을 떠돌며 남의 돈을 꾸어서 불안한 생계를 유지하고 있었다. 결국 셸리의 아버지는 그에게 재정적 지원을 하지 않을 수 없었다. 이 기간 동안 셸리는 엄청나게 많은 책을 끊임없이 읽었고, 그 지식은 그의 급진적 사고를 확고하게 만들어주었다.

1813년에는 처음으로 주목할 만한 셸리의 시집인『맵여왕』(*Queen Mab*)이 나왔는데, 이 작품에는 셸리의 많은 급진사상들이 나타나 있었다. 그에게 기독교는 인간을 억압하는 최악의 체제였고, 하느님은 인간의 마음이 만든 사악한 피조물이었다. 또한 성직자와 왕, 상업은

악의 근원이었고, 결혼은 폭정의 한 형태였으며, 육식은 인간의 악의 원인이었다.

1814년 7월 셸리는 16세의 메리 고드윈(Mary Godwin)과 사랑에 빠져 대륙으로 도망을 쳤다. 메리는 프랑스 혁명 정신을 보급하는 데 기여했던 『정치적 정의에 관한 연구』(*An Enquiry Concerning Political Justice*, 1793)의 저자 윌리엄 고드윈(William Godwin)의 딸이었다. 셸리는 이제는 두 자녀의 어머니가 된 아내 해리엇이 더 이상 자신에 대해 동정심이 없다고 생각했다. 셸리는 해리엇에게 메리와 셋이 함께 살자고 제안하기도 했는데, 이것은 셸리가 얼마나 맹목적인 이상주의에 매달리고 있었는가를 보여준다. 해리엇은 이 제안을 거절했지만 셸리는 그녀의 입장을 결코 이해할 수 없었다. 메리와의 도피로 인해 셸리는 옛 친구들을 잃어버리고, 재정적으로도 어려운 시기를 맞게 되었다. 부채로 인해 구금되는 것을 피하기 위해 그는 심지어 해리엇에게 돈을 요구하기도 했다.

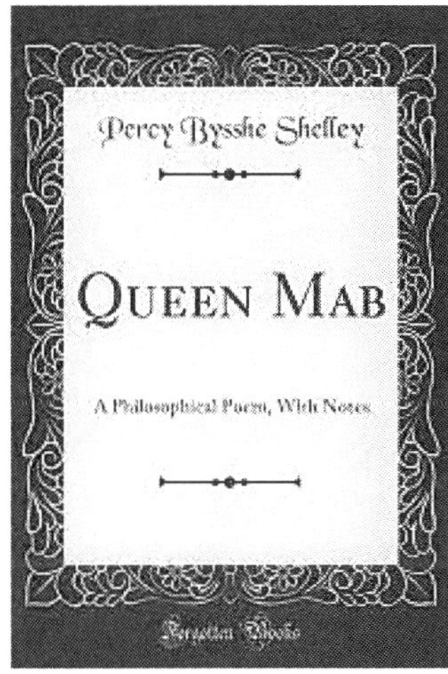

메리 고드윈

생활이 어려워지자 셸리는 1814년과 1815년에는 시를 쓰기도 어려웠다. 1816년 2월에서야 그는 「알라스터-고독한 영혼」("Alastor, or The Spirit of Solitude")이 중심이 된 시집 한 권을 출판했다. 이 시의 주제는 높은 이상에 대한 추구는 세상을 어둡고 추악한 것처럼 보이게 하는 결과를 낳을 수도 있다는 것이었다. 이 시집은 비평가들의 주목을 거의 받지 못했고 소수의 비평마저 호의적이지 않았다.

셸리와 메리는 1816년 5월 대륙으로 떠났다. 셸리는 돈이 많은 할아버지 비시 경이 죽자 매년 1000파운드의 돈을 받을 수 있게 되었다. 스위스에서 셸리는 자신보다 열흘 전에 영국을 떠나왔던 바이런을 만났다. 두 사람은 셸리가 죽을 때까지 따뜻한 우정을 유지했는데, 그들이 스위스에서 함께 보낸 달은 셸리의 삶에서 가장 행복한 시기였다. 그들은 자신들의 만남이 서로에게 좋은 자극제가 된다고 생각했다. 이 당시에 바이런은 『귀공자 헤럴드의 순례』(*Childe Harold's Pilgrimage*)의 최고 캔토인 제3장을, 메리는 『프랑켄슈타인』(*Frankenstein*)을 썼다.

이 행복한 시기는 1816년 8월말 셸리가 돈 문제를 정리하기 위해 영국으로 돌아가야 했을 때 끝이 났다. 그가 영국으로 돌아온 직후 두 가지 재앙이 연거푸 일어났다. 메리의 이복동생 패니(Fanny)와 그의 아내 해리엇의 자살이 그것이었다. 셸리는 법원에 의해 두 자녀에 대한 양육권을 거부당했다. 1816년 12월 29일, 그는 메리와 정식으로 결혼을 했다.

1817년에는 셸리의 장시 『이슬람의 반란』(*The Revolt of Islam*)이 나왔는데, 이 작품은 부분적으로는 무혈 혁명에 대한 매우 상징적인 설명이면서 또 부분적으로는 『맵 여왕』의 급진적 사회관을 다시 개진한 것이었다. 이 작품은 셸리의 가장 긴 작품일 뿐만 아니라 가장 읽기 어려운 작품 중의 하나이다. 이 작품 외에도 셸리는 두 쌍의 연인들에 대한 이야기인 「로사린드와 헬렌」("Rosalind and Helen")을 썼다. 그 중 한 쌍의 얘기는 셸리와 메리의 얘기처럼 보인다.

셸리는 1818년에 영국을 떠나 이탈리아로 가서는 다시는 고국에 돌아가지 않았다. 그해 여름동안 셸리는 플라톤의 『향연』(*Symposium*)을 읽고 번역하는 데 몰두했다. 셸리는 베니스로 여행을 가서 바이런을 만났는데, 이때 셸리 부부는 자신들의 어린 딸 클라라(Clara)의 죽음으로 마음에 커다란 상처를 입었다. 딸의 죽음은 셸리와 메리 사이에 긴 장감이 돌게 만들었는데, 그것은 셸리가 고집을 부려 베니스 여행을 가게 된 바람에 딸이 죽었다고 메리가 생각했기 때문이었다. 1818년 가을에 쓴 셸리의 「줄리안과 마달로」("Julian and Maddalo")는 이러한 긴장감을 반영하고 있다.

1818년 말부터 1819년 초까지 겨울을 나폴리에서 보낸 셸리부부는 로마로 이사하여 1819년 3월에서 6월까지 머물렀다. 1819년은 셸리의 많은 중요한 작품들이 쏟아져 나온 그의 '위대한 해'(the great year)였다. 그는 새로운 세계에 대한 꿈을 구체화한 작품 『풀려난 프로메테우스』(*Prometheus Unbound*)를 완성했다. 또한 셸리는 최고의 낭만수의 시극이라 할 수 있는 인간의 악에 대한 연구인 『첸치일가』(*The Cenci*)를 썼다. 그는 『개혁의 철학적 견해』(*A Philosophical*

View of Reform)라는 제목의 정치 팸플릿을 통하여 영국의 정치개혁에 대한 실질적인 제안을 했다. 또한 그는 영국의 정치상황에 관한 여러 단시를 써서 혁명을 옹호하기도 했다. 셸리는 이런 시극과 시들을 통하여 정치적 압제를 비판했다. 1819년은 셸리부부에게는 슬픈 해이기도 했다. 그들에게 유일하게 살아남았던 윌리엄마저 6월초에 로마에서 세상을 떠났다.

셸리부부는 1819년 6월에 로마를 떠나 레그혼(Leghorn)에 가서 10월까지 머물러 있었다. 10월에 그들은 피렌체로 이사하여 임신한 메리가 신뢰하는 의사의 진료를 받을 수 있었다. 11월 2일에 태어난 아들 퍼시 플로렌스(Percy Florence)는 그들의 자식 중 유일하게 성년이 될 때까지 살아남은 아이였다. 1820년 1월 말에 셸리부부는 또 다시 피사(Pisa)로 이사했다. 이들 부부는 1822년 셸리가 세상을 떠날 때까지 피사와 그 부근에서 살았다.

셸리는 『첸치일가』와 같은 장시는 더 이상 쓰지 않았다. 셸리가 피사에서 쓴 시들은 단시들이거나 기껏해야 몇 백행의 작품들이었다. 그는 습관적으로 끊임없이 많은 책을 읽었다. 부분적으로는 자신의 정신을 자극하기 위함이었지만, 또 부분적으로 셸리는 타고난 독서광이었기 때문이었다. 셸리는 키츠가 죽자 그의 죽음을 애도하는 비가 「아도니스」("Adonais")를 썼다. 셸리가 최후에 쓴 시들의 많은 부분은 우울함이 지배하고 있다. 이 우울함은 아마도 자신과 아내 사이에 균열

이 생겼다는 느낌과, 시를 통해 세상을 개선하려는 자신의 노력이 허사였다는 생각 때문에 생겨난 것으로 보인다. 비평가들은 여전히 셸리에게 적대적이었다.

셸리는 세상에 대해 점점 더 환멸을 느끼고 있음에도 불구하고, 그는 최후 몇 달 동안 삶에서 가장 깊은 행복감을 느꼈다. 아이러니컬하게도 이 행복감은 그의 죽음을 초래한 배와 관련이 있었다. 1822년 4월말, 셸리부부와 친구인 윌리엄스부부는 피사에서 그리 멀지 않은 스페지아만(Gulf of Spezia)에 있는 마을 산 테렌조(San Terenzo)에 있는 집을 하나 빌렸다. 셸리와 윌리엄스는 《돈 주안호》(*Don Juan*)라고 이름 붙인 배를 타는 것을 즐겼다. 7월 8일, 셸리와 윌리엄스는 이 배를 타고 레그혼에서 산 테렌조로 항해했는데, 도중에 엄청난 폭풍우가 몰아쳐서 배가 실종되었다. 며칠 후 셸리와 윌리엄스의 시신은 레리치 만(Bay of Lerici) 해변에서 발견되었다. 셸리의 시신은 화장되어 그 유골은 키츠의 무덤에서 멀지 않은 곳에 있는 로마의 개신교 묘지에 묻혔다.

Love's Philosophy

The fountains mingle with the river
And the rivers with the ocean,
The winds of heaven mix for ever
With a sweet emotion;
Nothing in the world is single;
All things by a law divine
In another's being mingle—
Why not I with thine?

See the mountains kiss high heaven,

And the waves clasp one another;
No sister-flower would be forgiven
If it disdained its brother;
And the sunlight clasps the earth
And the moonbeams kiss the sea—
What is all this sweet work worth,
If thou kiss not me?

〈주석〉

0] "Love's Philosophy": 두 사람 사이의 사랑을 다룬 John Donne의 시「그림자에 관한 강의」("A Lecture upon the Shadow",1615) 제1-2행 참조.
'Stand still, and I will read to thee
A lecture, love, in love's philosophy.'
임이여, 가만히 서서 내가 그대에게 읽어주는
사랑의 철학 강의를 들어보시오.

1] mingle: Donne의 또 다른 사랑시「벼룩」("The Flea") 제4행 참조.
'And in this flea, our two bloods mingled be'
이 벼룩 속에서 우리 두 사람의 피는 섞입니다.

2] the rivers with the ocean: the rivers (mingle) with the ocean

3] for ever: forever.

6] a law divine: a divine law.

7] In another's being mingle: [다른 판본] In one spirit meet and mingle.

8] thine: thy being, your being(너라는 존재).

9] See the mountains kiss high heaven: [다른 판본] 다음에 'Like the lovely figures'라는 행이 따라온다.

10] clasp: embrace, hug, grasp.

12] disdained: spurned, despised, scorned.

15] What is all this sweet work worth: [다른 판본] What are all these kissings worth.

샘물은 강물과 섞이고
강물은 바닷물과 섞이며,
하늘에 부는 바람은 끊임없이

달콤한 정으로 섞인다.
세상에 혼자인 것은 없고
모든 것은 신의 섭리에 따라
다른 것과 섞이는데—
왜 나는 너와 섞이지 못하나?

보라! 산은 높은 하늘과 입 맞추고
파도는 서로를 껴안는다.
누이 꽃이 오빠 꽃을 멸시하면
누이 꽃은 용서받지 못하리.
햇빛은 대지를 껴안고
달빛은 바다와 입맞추는데—
네가 내게 입맞추지 않으면
그 모든 달콤한 입맞춤이 무슨 소용 있나?

〈해설〉

이 시는 셸리가 1819년에 쓰고 그해 12월에 잡지 『인디케이터』(*The Indicator*)에 처음 발표했던 작품으로서, 1822년에 셸리가 이탈리아에서 요트를 타다가 폭풍우로 익사한 후 1824년 『유고시집』(*Posthumous Poems*)에 실렸던 유명한 사랑시이다. 「사랑의 철학」이라는 시 제목은 그 자체로 논의거리를 제공한다. '사랑'이라는 말과 '철학'이라는 말은 서로 어울리지 않기 때문이다. '사랑'은 인간의 자연스러운 감정의 영역에 속하는 것이고, '철학'은 논리적인 차가운 지성의 영역에 속해있어서 둘은 서로 조화되기 힘든 것처럼 보인다. 인간의 기분을 들뜨게 만들고 온 마음을 뒤흔들며 인간의 심리에 엄청난 영향을 미치는 사랑과 같은 감정이 어떻게 논리적인 논의의 대상이 될 수 있을까? 그럼에도 불구하고 이 시의 제목은 인간이 비록 감지하지 못한다고 해도 사랑에는 어떤 논리적 법칙이 있음을 말해 주고 있다. 문제는, 셸리가 여기에서 '철학'이라는 말을 과연 진지한 태도로 쓴 것인지, 아니면 약간은 장난기와 함께 쓴 것인지, 반어적으로 쓴 것인지 판단하기가 어렵다는 것이다.

첫 연에서 화자는 자연의 여러 모습을 묘사하면서 사랑의 철학을 설명하기 시작한다. 그는 샘물들이 모여서 섞여 강을 이루며, 강물들이 모여서 섞여 바닷물을 이룬다고 말한다. 그는 또한 하늘에 부는 바람들도 달콤한 정으로 서로서로 섞인다고 말한다. 화자가 이렇게 자연현상 속에 있는 원리를 언급하는 것은 바로 인간에게도 같은 원리가 작용하고 있음을 말하기 위함이다. 인간도 서로 섞일 뿐 아니라 달콤한 정으로 서로 연결되어 있다는 것이다. 그래서 '세상에 혼자인 것은 없고', 이렇게 만물이 섞이는 것은 신의 섭리라고 말한다.

그렇게 화자는 사랑에 관한 나름의 논리를 전개한 후, 자신이 사랑하는 사람에게 말하듯 '왜 나는 너와 섞이지 못하나?'라는 수사학적 질문(rhetorical question)을 던지며 연을 끝맺는다. 수사학적 질문이란 대답을 기대하며 묻는 질문이 아니라 화자의 주장을 강하게 표현하는 방식 중의 하나이다. 여기에서 이 질문은 화자 자신의 사랑이 충족되지 못했음을 알려주며, 화자와 그의 사랑의 대상이 서로 섞이지 못함에 대한 강한 아쉬움의 표시이기도 하다. 신의 섭리까지 운운한 것은 화자 자신과 그의 사랑이 결합되는 것이 자연의 이치이자 신의 뜻이라는 것을 강조하는 역할을 한다. 그러나 화자의 사랑의 대상이 되는 사람이 현재 화자와 어떤 관계인지 명확히 나타나 있지 않다. 자신의 사랑을 거부한 사람인지, 혹은 일시적으로 떨어져 있는 연인인지, 아니면 앞으로 화자가 사랑하게 될 미래의 어떤 연인인지 알 수가 없다.

둘째 연에서도 마찬가지로 화자는 자연물 사이에서 발견할 수 있는 서로의 어울림을 언급하고 있다. 그는 '산은 높은 하늘과 입맞추고/ 파도는 서로를 껴안는다'고 말한다. 이것은 화자가 자신이 사랑하는 사람과 입맞추고 껴안고 싶은 마음을 간접적으로 표현하는 것이며, 그렇게 하는 것이 극히 자연스러운 일이라는 점을 강조하기 위한 것이다.

다음으로는 꽃에 관한 언급이 나오는데, 이 언급은 화자가 자연에서 볼 수 있는 꽃들끼리의 어울림에서 자신의 논리를 펴기 위함일 것이다. 여기에서 문제는, '누이 꽃'과 '오빠 꽃'의 어울림은 이상한 연상으로 이어질 수도 있다는 점에 있다. 이 시에서 언급된 자연물들 사이의 섞임이나 어울림은 인간들 사이의 일반적인 친근함이나 어울림, 이를테면 친구끼리의 어울림, 형제나 자매 사이의 우애 같은 것을 암시하기 위해서 쓰인 것은 아닌 것으로 느껴진다. '입맞춘다'라든지 '껴안다'라는 표현은 사랑하는 남녀사이에 더 적합한 표현이기 때문이다. 그런 점에서 '누이 꽃'과 '오빠 꽃'의 어울림은 이상하게도 근친상간적 감정에 관한 연상으로 이어질 수도 있을 것이다. 여기에서 특히 '멸시한다'(disdained)는 말은 남녀관계에서 한쪽이 다른 쪽을 '차버린다'(spurned)라는 뜻을 가지고 있어서 그런 연상이 떠오르는 것도 무리가 아니다. 그러나 그런 식으로 이 시 전체를 본다면 이 시는 일반적인 남녀사이의 사랑이 아닌 남매사이의 약간은 반윤리적인 관계를 토대로 하고 있는 셈이 된다. 사실상 이 시에는 그런 해석을 배제할 아무런 근거도 없기 때문에, 우리는 이 시를 좀 더 폭넓게 해석할 필요가 있을 것이다. 다만, 첫 연에 관한 앞선 설명에서 두 사람 사이의 관계가 여러 가지 가능성이 있다고 했는데, 여기에서 쓰인 '멸시한다'는 말에 주목한다면 화자가 이 시에서 말하는 대상인 '너'는 잠시 떨어져 있는 화자의 연인이거나 화자가 사랑하게 될 미래의 연인이 아니라, 화자의 사랑을 거부한 사람이었음이 분명히 드러난다.

꽃에 관한 언급에 이어 화자는 '햇빛은 대지를 껴안고/ 달빛은 바다와 입맞춘다'고 하면서 자연물들 사이의 친화관계를 계속 강조한다. 특히 여기에서 자연을 의인화한 것은 이 표현들이 단지 자연현상을 설명하기 위함이 아니라 궁극적으로 화자와 그가 사랑하는 사람의 희망적 관계를 비유적 보여주기 위함이라는 점을 말해준다. 또한 자연물들 사이의 껴안음이나 입맞춤을 언급하는 것은 화자와 그의 사랑이 서로 껴안고 입맞추는 것이 매우 자연스러운 일이며, 화자의 사랑은 단지 관념적인 것이 아니라 매우 감각적, 육체적이라는 사실을 보여준다.

화자는 첫 연과 마찬가지로 수사학적 질문을 던지며 둘째 연의 끝을 맺는다. 원문에 있는 'What is all this sweet work worth…?'(이 모든 달콤한 일들이 무슨 가치가 있나?)라는 말은 구체적으로 무엇을 말하는지 분명치 않는데, 'What are all these kissings worth…?'(이 모든 키스들이 무슨 가치가 있나?)라는 다른 판본을 참고한다면 '이 모든 달콤한 일들'이란 자연물들이 보여주는 서로의 어울림, 껴안음, 입맞춤 같은 것임을 알 수 있다. 화자는 자신이 사랑하는 사람과 사랑을 맺지 못한다면 자신이 삶과 자연에서 목격한 그 모든 어울림과 친화는 아무런 의미가 없다고 말하고 있다. 이것은 화자의 강렬한 사랑을 말해줄 뿐만 아니라 사랑과 연결되지 못한 삶에는 그가 아무런 관심이 없음을 보여준다.

시의 전체 내용으로 볼 때 화자는 분명히 자기가 사랑하는 사람에게 퇴짜를 맞은 상태이다. 그럼에도 불구하고 그는 자신들의 사랑과 결합은 자연현상이 보여주는 섞임과 어울림처럼 자연스러운 것이라고 주장한다. 그러나 상대방의 입장에서 본다면 자신이 사랑하지 않는 사람과 결합한다는 것은 매우 곤혹스럽고 부자연스러운 일일 것이다. 말하자면 이 시의 화자는 조금도 상대방의 감정을 고려하거나 존중하고 있지 않는 것이다. 이것은 화자의 강렬한 사랑에도 불구하고, 그가 정신적으로 미성숙한 상태임을 암시해준다. 상대가 원치 않는다면 상대를 놓아주는 것도 진정한 사랑일 수 있을 것이다. 이 시의 화자는 버림받아도 자신의 사랑을 버리지 않고 지키는 고전적인 유형의 사랑에 매달리고 있다. 그는 구체적인 자연현상을 통해 자연의 법칙과 신의 섭리를 유추하며 매우 논리적인 주장을 펴고 있는 것으로 보이지만, 그의 주장은 사실상 그다지 설득력이 없는 공허하고 관념적인 것으로 보인다.

화자는 첫 연에서는 mingle(제1행)—mix(제3행)—mingle(제7행)로, 둘째 연에서는 kiss(제9행)—clasp(제10행)—clasp(제13행)—kiss(제14행)—kiss(제16행)로 이어지는 구조를 통해 자연물과 인간이 보여주는 섞임과 어울림을 표현하고 있다. 첫 연에서는 m-음의, 둘째 연에서는 k-음의 두운(alliteration)이 나타나는데, m-음보다는 k-음이 좀 더 강한 느낌을 준다. 의미상으로도 첫 연의 중심단어인 mingle과 mix보다는 둘째 연의 중심단어인 kiss와 clasp가 사물이나 인간 사이의 접촉이나 감정적 친밀도를 표현하는데 더 강한 느낌을 준다. 둘째 연의 kiss와 clasp는 인간들 사이의 단순한 친밀도가 아니라 사랑하는 사람들끼리의 매우 감각적이고 육체적 행동을 표현하는 말이다. 이렇듯 화자는 첫 연보다는 둘째 연에서 자신과 자신의 사랑하는 사람과의 감정적, 육체적 결합에 대한 욕망을 너무 강하게 표현하고 있는 것으로 보인다.

The Poet's Dream

On a poet's lips I slept
Dreaming like a love-adept
In the sound his breathing kept;
Nor seeks nor finds he mortal blisses,
But feeds on the aërial kisses
Of shapes that haunt Thought's wildernesses.
He will watch from dawn to gloom
The lake-reflected sun illume
The yellow bees in the ivy-bloom,
Nor heed nor see, what things they be—
But from these create he can
Forms more real than living man,
    Nurslings of immortality!

〈주석〉

2] a love-adept: an expert in love; a man who is skilled in love.

3] In the sound his breathing kept: In the sound that his breathing kept(그의 숨결이 내는 소리를 들으며)

4] Nor seeks nor finds he mortal blisses: he neither seeks nor finds mortal blisses. 'mortal blisses'는 인간이 누리는 행복.

4-5] Nor seeks nor finds he mortal blisses,/ But feeds on the aërial kisses: not…but…형식의 구문(그는 인간세상의 행복을 구하거나 찾지 않고 환상의 입맞춤을 먹고 산다).

5] aërial: unsubstantial; imaginary; visionary; ethereal.

6] haunt: visit often; frequent; inhabit, visit, or appear to in the form of a ghost or other supernatural being(유령이나 초자연적인 존재의 형태로 출몰하다).

7] gloom: darkness; dark place.

8] The lake-reflected sun: the sun that the lake reflects; the sun reflected on the lake
illume: illuminate.

9] ivy-bloom: ivy flower.

10] Nor heed nor see, what things they be: (he will) neither heed nor see what things they are. 제13행의 'immortality'와 각운을 맞추기 위해 'are' 대신 동사원형인 'be'를 쓴 것임.

11] from these create he can: he can create from these. 여기에서 "these"는 제8-9행에서 언급된 광경들.

13] Nurslings: nursing infants; nurtured persons or things.

능숙한 사랑꾼처럼 시인의 입술 위에서
나는 시인의 숨결소리를 듣고
잠들어 꿈을 꾸었네.
시인은 세상의 행복을 구하지도 찾지도 않으며
황야 같은 상념에 깃든 형상들의
영묘한 입맞춤을 먹고 산다네.
시인은 새벽부터 어두워질 때까지 지켜보네,
호수에 반사된 햇빛이 담쟁이 꽃 속에 있는
노란 벌들을 비추는 광경을.
그것들이 무엇인지 시인은 주의를 기울이지도 보지도 않네—
그러나 이것들로부터 시인은 창조할 수 있다네,
살아있는 사람보다 더 리얼한 형상들을,
    영원이 기르는 아이들을!

〈해설〉

이 시는 사실 독립된 작품으로 발표된 것이 아니라 셸리의 극시『풀려난 프로메테우스』(*Prometheus Unbound*, 1820년)에서 따온 구절이다. 극시(劇詩)와 시극(詩劇)의 차이는 읽는 것을 전제로 하는 것과 상연을 전제로 하는 것의 차이일 뿐 그 차이점을 확실히 꼬집어 말하기는 쉽지 않다. 이 시를 굳이 시극이라 한다면 이 작품은 무대상연보다는 읽을 거리로 쓴 일종의 서재극(書齋劇 closet drama), 독일식으로 하자면 레제드라마(Lesedrama)라 할 수 있다.

전체가 4막으로 구성된 이 작품은 제목에 나타난 있듯이 그리스 신화에 나오는 프로메테우스의 형벌과 해방을 소재로 하고 있다. 프로메테우스는 제우스의 뜻을 거역하고 인간에게 불을 가져다준 신이다. 이를 벌하기 위해 제우스는 인류 최초의 여자 판도라(Pandora)를 프로메테우스의 동생 에피메테우스(Epimetheus)의 아내로 보내고 그로 인해 "판도라의 상자"가 열림으로써 인류에게 재앙이 닥치게 된다. 또한 예언의 능력을 가진 프로메테우스는 제우스의 회유에도 불구하고 제우스의 미래에 관해 알려주기를 거부함으로써 그의 분노를 사 코카서스 산 바위에 쇠사슬로 묶인 채 독수리에게 끊임없이 간을 쪼아 먹히는 형벌을 받게 된다.

이 시는 이 극의 제1막 737-749행으로서, 복수의 여신들(The Furies, Erinyes)이 물러간 후 프로메테우스를 위로하러 찾아온 여섯 정령 중 네 번째 정령이 말하는 대사의 일부이다. 그러니까 이 시의 일인칭 화자인 "나"는 이 정령이며, 그는 자신의 대사를 통해 시인이 어떤 종류의 인간이며 무엇을 추구하는 존재인지를 묘사하고 있다.

시의 첫 3행에서 정령은 자신이 사랑에 능통한 사람처럼 시인의 숨결소리를 듣고 그의 입술에서 잠을 자면서 꿈을 꾼다고 말한다. 사랑에 능통했다는 말은 정령이 시인의 입술을 접촉하고 있다는 것과 관계된 표현이며, 여기에서 시인의 입술과 숨결소리를 언급하는 것은 시인의 발성, 시의 표현과 관계된 말이다. 그러므로 시인의 입술에서 잠을 자고 꿈을 꾸고 있는 정령은 시인의 시적 영감을 형상화한 것으로 보인다.

제4행부터 화자는 화자 자신인 정령에 관한 얘기 대신, 자신이 깃들어 있는 시인에 관한 얘기를 시 마지막 부분까지 전개한다. 시의 제 4-6행에서 화자는 시인이 죽을 수밖에 없는 운명을 가진 인간이 누릴 수 있는 행복과 쾌락에는 관심이 없고 천상적이고 환상적인 입맞춤만을 먹고 산다고 말한다. 여기에서 나온 '입맞춤'이라는 말은 첫 두 행에 나온 '입술'과 '능숙한 사랑꾼'에 관한 언급의 연장선상에 있다. 그런데 이 '입맞춤'은 남녀의 입맞춤이 아니라 황야와 같은 시인의 생각 혹은 상념('Thought')에 맴도는 눈에 보이지 않는 형상들이 시인에게 하는 입맞춤이다. '상념의 황야'(Thought's wildernesses)라는 표현은 조금 이상하게 느껴질지 모른다. 시인은 상념이 불모의 황무지 같은 상태가 아니라 풍요로운 사람이기 때문이다. 아마도 '황야'라는 말을 쓴 것은 시인의 상념의 세계는 광막하다는 것, 보통 사람들은 접근할 수 없는 영역이라는 것, 그리고 시인의 상상의 세계는 거친 황무지처럼 미개척의 세계라는 느낌을 주기 위해 쓴 것으로 보인다. 이처럼 황무지 같은 시인의 상상의 세계가 만들어낸 그 형상들이 주는 영묘한 입맞춤을 자양분 삼아 시인은 살아간다는 것이다. 이 부분은 말하자면 시인이란 눈에 보이는 현세적인 즐거움을 추구하는 대신 눈에 보이지 않는 천상적 세계가 주는 즐거움을 추구한다는 점을 표현하고 있다.

제7-10행에서 화자는 시인의 자연관찰, 현상세계와 경험세계에 대한 관심을 표현하고 있다. 시인은 새벽부터 해가 져서 어둑어둑해질 때까지 '호수에 반사된 햇빛이 담쟁이 꽃 속에 있는/ 노란 벌들을 비추는 광경을' 지켜본다고 말한다. 그러나 '그것들이 무엇인지 시인은 주의를 기울이지도 보지도 않는다'고 말한다. 시인은 종일토록 자연의 모습을 지켜보기는 하지만 사실상 이것들 자체에 관심을 갖고 있는 것은 아니라는 말이다. 시인이 진정으로 관심을 갖는 것은 이런 현상세계 너머에 있는, 눈에 보이지 않는 본질적인 세계, 절대적이고 이상적인 세계이기 때문이다.

제11-13행은 그런 이상세계에 대한 시인의 관심을 보여주고 있다.

시인은 자연의 아름다운 광경에 단순히 끌리기보다는 그것들을 통해 현상계의 모든 살아있는 것들보다 더 리얼하고 본질적인 형상들을 창조할 수 있다는 것이다. 그 형상들은 '영원'이 기르는 아이와 같은 것이라고 말한다. 마지막 행에 나온 '영원'(immortality)이라는 말은 제4행에 나오는 '필멸의'(mortal)라는 말과 대립된다. 시인은 죽을 수밖에 없는 운명을 가지고 태어난 인간의 세상이 주는 즐거움이 아닌 영원한 천상의 즐거움을 추구한다는 것이다. 시인이 지상의 평범한 풍광에 대한 관찰로부터 상상하고 창조해내는 그런 형상들은 실제 살아있는 인간들보다 더 본질적이며, 그런 이상의 세계는 유한한 생명을 가진 인간에게는 허용되지 않는 불멸의 세계이다.

따라서 프로메테우스에게 찾아온 정령이 부르는 이 노래에는 시의 정의와 시의 기능에 관한 셸리 자신의 생각이 담겨 있다고 할 수 있을 것이다. 이 노래에 따르자면 셸리의 문학관에서는 시란 아리스토텔레스식의 단순한 자연의 모방이 아니라 일종의 "이상화된 모방"이라고 할 수 있다. 말하자면 시인의 창조행위는 사물들을 있는 그대로 모사(模寫)하는 것이 아니라 그 사물들을 통해 그 너머에 있는 보다 거대하고 본질적인 이상세계를 꿰뚫어 보는 것이다.

Mutability

We are as clouds that veil the midnight moon;
    How restlessly they speed, and gleam, and quiver,
Streaking the darkness radiantly!—yet soon
    Night closes round, and they are lost forever:

Or like forgotten lyres, whose dissonant strings

Give various response to each varying blast,
To whose frail frame no second motion brings
One mood or modulation like the last.

We rest.—A dream has power to poison sleep;
We rise.—One wandering thought pollutes the day;
We feel, conceive or reason, laugh or weep;
Embrace fond woe, or cast our cares away:

It is the same!—For, be it joy or sorrow,
The path of its departure still is free:
Man's yesterday may ne'er be like his morrow;
Nought may endure but Mutability.

〈주석〉

0] mutability: transience, evanescence(무상, 덧없음); variability, frequent change(가변성, 끊임없는 변화).

2] speed: pass quickly.

5] Or like forgotten lyres: Or (we are) like forgotten lyres.
lyres: aeolian lyres, wind harp(바람이 불면 저절로 울리는 에올리언 하프, 풍명금 風鳴琴).
dissonant: inharmonious; discordant.

6] blast: a very strong gust of wind.

8] mood: 음계.
modulation: 음조.

12] fond: affectionate; cherished.

13] be it joy or sorrow: whether it is a joy or a sorrow.

15] ne'er: never. 운율을 맞추기 위해 한 음절로 줄인 것.

16] Nought: naught, nothing.
but: except for.

우리는 한밤중의 달을 가리는 구름과 같은 존재.
구름은 얼마나 쉬지 않고 달리고 반짝이고 떨며
어둠에 환한 줄을 긋는지!—그러나 이내
밤은 끝나고 구름은 영원히 사라진다.

우리는 잊힌 풍명금 같은 존재. 그 불협화음의 현들은
변하는 바람마다에 여러 가지로 반응하며,
그 연약한 악기에 부는 어떤 바람도
앞선 바람과 똑같은 음계나 음조를 가져오는 법이 없다.

우리는 쉬지만 꿈은 잠에 독이 되고,
일어나지만 종잡을 수 없는 생각이 하루를 망친다.
우리는 느끼고 생각을 품거나 추론하고 웃거나 울며
소중한 슬픔을 껴안거나 근심을 내던져버린다.

이나 저나 마찬가지! 기쁨이든 슬픔이든
떠나는 길은 늘 열려있으니까.
인간의 어제는 결코 내일과 같을 수 없고
무상 아닌 어떤 것도 오래가지 못한다.

〈해설〉

「무상」(無常, Mutability)이라는 제목을 가진 셸리의 시는 두 편이 있다. 그중 하나는 1816년 시집 『알라스터-고독한 영혼』(Alastor, or The Spirit of Solitude: And Other Poems)에 발표된 바로 이 작품이다. 또 다른 하나는 셸리 사후 1824년에 나온 『유고시집』(Posthumous Poems)에 발표된 작품으로서, 후자는 「무상」이라는 제목보다는 첫 행을 따서 「오늘 미소 짓는 꽃은」("The Flower That Smiles Today")이라는 제목으로 불리는 게 보통이다.

첫 번째 「무상」의 제3-4연은 셸리의 부인 메리(Mary Wollstonecraft Shelley, 1797–1851)의 소설 『프랑켄스타인』(*Frankenstein; or, the Modern Prometheus*) 제10장에 인용되어 있는데, 실제로 이 부분은 메리가 원작자인 것으로 여겨진다. 이 소설은 메리가 열여덟 살 되던 해부터 쓰기 시작하여 스무 살이었던 1820년에 익명으로 발표했던 작품으로서, 그녀의 실명은 1823년에 나온 소설의 재판(再版)에서야 처음 나타난다.

이 시의 첫 연은 인간존재를 밤하늘에 떠 있는 달을 잠시 가리다가 사라지는 구름에 비유하고 있다. 달은 시간이 지남에 따라 차고 이울며 구름 역시 한순간 생겨났다가 사라지기 때문에 둘은 모두 흔히 변화와 인생무상의 표상으로 여겨진다. '쉬지 않고 달리고 반짝이고 떨며/ 어둠에 환한 줄을 긋는' 이러한 구름의 모습은 일생을 살아가면서 인간이 하는 행동을 비유적으로 보여주고 있는 것처럼 느껴진다. 그러나 곧 밤은 끝나고 구름 같은 인생은 영원히 사라지게 된다.

둘째 연은 인간존재를 리라(lyre 수금)에 비유하고 있다. 첫 연에서 인간존재를 자연물에 비유했다면, 둘째 연에서는 인간이 만든 발명품에 비유하고 있는 것이다. 그런데 여기에서 이 리라가 바람에 반응하여 소리를 낸다고 하는 것으로 보아 이 리라는 보통의 리라가 아니라 바람을 받으면 소리를 내는 풍명금, 즉 에올리언 하프를 의미하는 것으로 보아야 할 것이다. 풍명금이 여러 가지 바람을 맞아 각기 다른 소리를 낸다는 말은 각각의 인간이 서로 다른 인생 경험을 하면서 다양한 반응을 보인다는 뜻일 것이다. 또한 풍명금이 내는 소리는 시시각각 달라지고 그 전에 내었던 소리와 똑같은 소리는 다시는 내지 못한다는 말은 어떤 사람의 인생에서 완전히 똑같은 날은 없다는 의미일 것이다. 모든 조건과 그에 대한 인간의 반응은 늘 달라지게 마련이기 때문이다. 어느 누구에게도 어제와 똑같은 오늘, 혹은 오늘과 똑같은 내일은 있을 수 없다.

이 시의 전반부가 인간존재를 다른 사물에 비유했다면, 후반부는 인간의 감정과 행동에 대해 직접적으로 언급하고 있다. 그러나 시인이 말하고자 하는 것은 다를 바 없다. 인간의 감정 역시 늘 달라지고 변화한다는 것이다.

셋째 연에서 '쉬다'(rest)와 '일어나다'(rise)는 일종의 두운(alliteration)을 이루지만, 반대의 의미를 갖고 있다. 우리는 종일 일하고 밤이 되면 휴식을 취한다. 그러나 자면서 꾸는 복잡한 꿈 때문에 완전한 휴식을 취하기가 어려울 때가 있다. 우리는 아침에 일어나 희망찬 마음으로 새로운 날을 시작하지만 '종잡을 수 없는 생각' 때문에 '하루를 망치는' 일이 허다하다. 우리는 살아가면서 서로 반대되는 행동을 하기도 한다. 여기에서'생각을 품는다'는 것은 상상한다는 말이며, '추론한다'는 것은 이성적이고 과학적으로 판단한다는 말이다. 말하자면 인간은 감성적 행위를 하기도 하고 지적 행위를 하기도 하며, 웃기도 하고 울기도 하며, 다정한 친구처럼 '슬픔을 껴안거나 근심을 내던져버리는' 상반된 행동을 하며 인생을 살아가게 된다.

넷째 연에서 시인은 이런 상반된 감정과 행동은 본질에 있어서는 모두 마찬가지라고 말한다. 인간이 슬픔을 안고 살아가든 그것을 떨쳐버리든 그 끝은 마찬가지라는 것이다. '기쁨이든 슬픔이든/ 떠나는 길은 늘 열려있기' 때문이다, 마지막 부분의 '인간의 어제는 결코 내일과 같을 수 없다'는 말은 둘째 연 제3-4행의 풍명금의 소리는 같은 법이 없다는 말을 상기시키는 표현이다. 그리하여 시인은 시의 마지막 부분에서 세상에 변함없이 지속되는 것은 아무 것도 없고, 오직 무상만이 무상하지 않다는 결론을 내린다.

To Wordsworth

Poet of Nature, thou hast wept to know
That things depart which never may return:
Childhood and youth, friendship and love's first glow,
Have fled like sweet dreams, leaving thee to mourn.
These common woes I feel. One loss is mine
Which thou too feel'st, yet I alone deplore.
Thou wert as a lone star, whose light did shine
On some frail bark in winter's midnight roar:
Thou hast like to a rock-built refuge stood
Above the blind and battling multitude:
In honoured poverty thy voice did weave
Songs consecrate to truth and liberty,—
Deserting these, thou leavest me to grieve,
Thus having been, that thou shouldst cease to be.

〈주석〉

1] Poet of Nature: 워즈워스는 대표적인 자연시인 중 하나.

3-4] Childhood and youth, friendship ⋯ : (thou hast wept to know that) Childhood and youth, friendship ⋯ .

7] Thou wert: you were.
lone: the only, sole, single.

8] bark: a small ship.

9] Thou hast like to a rock-built refuge stood: Thou hast(You have) stood like a rock-built refuge.
like to: like.

12] consecrate: sacred, sanctified.

14] Thus having been, that thou shouldst cease to be: 당신이 전에는 그래왔지만, 더 이상 그러지 않는다는 사실을 (내가 슬퍼하도록 남겨두었습니다).

자연시인이여, 당신은 울었습니다,
모든 것은 한 번 가면 다시 돌아오지 않는다는 것을 알고,
어린 시절과 젊은 시절, 우정과 사랑의 첫 불길은
당신을 슬픔에 남겨두고 달콤한 꿈처럼 달아나버렸음을 알고.
나도 같은 슬픔을 느낍니다. 내가 느끼는 상실감을
당신도 느끼고 있지만, 한탄하는 것은 나 혼자입니다.
당신은 단 하나의 별과 같아서, 그 빛은
겨울 한밤중 풍랑에 휩싸인 위태로운 조각배를 비추었습니다.
그대는 반석 위에 지어진 피난처처럼
눈먼 채 다투는 군중들 위 높은 곳에 서 있었습니다.
영예로운 빈곤 속에서도 당신의 목소리는
진리와 자유에 바치는 노래들을 엮어냈었습니다—허나
당신은 이것들을 포기하고 나를 슬픔에 남겨두었습니다
당신이 더 이상 옛날과 같지 않다는 사실로 해서.

〈해설〉

워즈워스는 1814년에 나온 시집 『소요 逍遙』(*The Excursion*)에서 자신이 청년기에 가지고 있었던 정치적 이상주의로부터 멀어졌음을 보여주었다. 셸리의 이 시는 그로부터 2년 뒤인 1816년에 나온 시집 『알라스터-고독한 영혼』에 실린 소네트로서, 워즈워스가 한때는 프랑스혁명을 열렬히 지지했던 진보적 지식인이었지만 결국 보수주의자로 변한 것에 대해 아쉬워하며 비판하고 있는 작품이다. 워즈워스는 이탈리아식 소네트 형식(Italian sonnet)을 사용했던 시인인데 반해, 이 작품은 영국식 소네트 형식(English sonnet)을 일부 변형하여 abab cdcd ee fgfg의 각운을 갖도록 구성하고 있다.

셸리는 워즈워스가 이전에 가졌던 이상을 저버린 것에 대해 비판하기 위해 오히려 표면적으로는 그를 찬미하는 느낌으로 시를 전개해

나간다. 이 소네트의 첫 4행(quatrain)에 나온 어린 시절에 가졌던 꿈의 상실과 삶의 덧없음에 관한 언급은 워즈워스의 초기시를 염두에 두고 있는 표현들이다. '모든 것은 한 번 가면 다시 돌아오지 않는다'라는 표현은 워즈워스의 「불멸 송가」("Ode: Intimations of Immortality")에 나온 '내가 보아왔던 것들을 이제는 더 이상 볼 수 없다'(The things which I have seen I now can see no more)라는 구절을 연상시킨다. 워즈워스가 그랬듯이 셸리는 어린 시절에 가졌던 꿈이 사라진 데에서 오는 슬픔을 자신도 느낀다고 말한다. 그러나 워즈워스는 시집 『소요』에서 언급했듯 자신이 정치적 이상주의를 포기했다는 사실을 느낄 뿐이지만, 셸리는 그런 워즈워스의 변화 혹은 변절에 대해 '한탄하는 것은 나 혼자' 뿐이라고 말한다.

제7행부터는 셸리 자신과 워즈워스의 입장이 달라지기 전 과거 워즈워스의 모습을 그리면서 갑자기 시제가 과거형으로 바뀐다. 워즈워스의 과거 모습은 두 가지 비유를 통해 묘사되고 있다. 워즈워스는 과거에 별과 같은 존재였으며 반석 위의 피난처와 같은 존재였다는 것이다. 워즈워스는 겨울 한밤중에 바다에서 풍랑에 휩쓸리는 위태로운 작은 배의 길을 비추어주는 '단 하나의 별과 같았다'라는 표현이나 '반석 위에 지어진 피난처처럼/ 눈먼 채 다투는 군중들 위 높은 곳에 서 있었다'는 표현은 워즈워스가 밀턴(John Milton)을 생각하고 쓴 소네트 「1802년 런던」("London, 1802")에 나온 '당신의 영혼은 별과 같이 멀리 떨어져 살았다'(Thy soul was like a star, and dwelt apart)라는 구절의 울림을 담고 있다.

그러나 워즈워스가 밀턴에 대해 절대적인 존경과 신뢰를 보냈던 데 반해, 셸리는 워즈워스에 대해 그다지 호의적인 느낌은 아닌 것으로 보인다. 워즈워스는 당시에 영국이 전통적 가치를 상실하고 사람들은 사리사욕을 취하는 등 전체적인 타락상을 보이고 있고, 바로 그런 시기에 밀턴이 보여준 순수하고 고결한 정신이 필요하다고 생각했다. 그러나 셸리가 묘사한 몽매한 민중과는 동떨어진 워즈워스의 모습은 단순히 고결한 정신을 소유한 이의 모습으로만 해석할 수는 없을 것 같다. 왜냐하면 초기에 프랑스혁명의 자유와 평등의 정신을 문학적으로 실천하려고 노력했던 워즈워스는 특히 『서정민요시집』(*The Lyrical Ballads*)의 〈서문〉("The Preface")에서 밝힌 바와 같이 민중을 위한 문학을 자신의 주요한 지표로 삼았기 때문이다. 사회 중하층 사람들의 생활을 그 사람들이 실생활에서 쓰는 언어로 표현해야 한다는 워즈워스의 주장은 민중이 시의 소재와 시의 언어의 핵심임을 보여주었던 것이다. 이 시의 제11-12행에 나오는 '당신의 목소리는/ 진리와 자유에 바치는 노래들을 엮어냈다'는 말도 초기 워즈워스 시의 민중 지향적 성격을 잘 보여준다. 따라서 민중들을 '눈먼 채 다투는' 존재들로 보거나, 그런 민중들과 섞이지 않고 동떨어져서 '군중들 위 높은 곳에' 혼자만의 피난처를 잡고 서 있는 워즈워스의 모습은 초기에 워즈워스가 보여주었던 모습과는 분명히 차이가 있다. 그러므로 얼핏 셸리가 경의를 표하는 것처럼 보이는 워즈워스에 대한 이런 표현들에는 사실상 워즈워스의 변화에 대한 부정적 관점이 배어 있는 것이라 할 수 있다.

워즈워스가 밀턴에 대해 소네트를 쓸 때 이미 밀턴은 죽은 시인이었지만, 셸리가 워즈워스에 대해 이 소네트를 쓸 때 워즈워스는 살아 있었다. 워즈워스는 셸리보다 나이가 스물두 살이나 많은 선배시인이었기 때문에 워즈워스에게 바치는 형식을 취하는 이 작품은 마치 워즈워스가 죽고 난 후 셸리가 그를 추모하며 쓴 것처럼 보인다. 그러나 그것은 사실과는 다르다. 워즈워스는 셸리가 죽은 후에도 28년을 더 오래 살았던 시인이다. 그럼에도 불구하고 여기에서 워즈워스에 대한 묘사에서 과거형을 쓴 것은 단지 워즈워스의 과거사를 언급하고 있기 때문만이 아니라, 셸리에게는 워즈워스가 이미 과거의 시인, 죽은 거나 다름없는 시인이라는 점을 암시해준다. 특히 이 소네트의 마지막 두 행은 워즈워스의 상징적 죽음을 잘 보여준다. '당신은 더 이상 그렇지 못하다'(that thou shouldst cease to be)라는 말은 워즈워스가 젊은 시절 가졌던 진리와 자유의 이념을 더 이상 간직하지 않고 있다는 뜻이다. 그러나 이 구절 자체는 '당신은 존재하기를 그쳤다', 즉 '당신은 죽었다'라는 말이다. 그리하여 존경했던 워즈워스의 이러한 상징적 죽음은 셸리 자신을 슬픔에 남겨두게 되었다고 말하고 있다.

To a Skylark

Hail to thee, blithe spirit!
Bird thou never wert,
That from heaven or near it
Pourest thy full heart
In profuse strains of unpremeditated art.

Higher still and higher
From the earth thou springest,
Like a cloud of fire;
The blue deep thou wingest,
And singing still dost soar, and soaring ever singest.

In the golden light'ning
Of the sunken sun,
O'er which clouds are bright'ning,
Thou dost float and run,

Like an unbodied joy whose race is just begun.

The pale purple even
Melts around thy flight;
Like a star of heaven,
In the broad daylight
Thou art unseen, but yet I hear thy shrill delight.

Keen as are the arrows
Of that silver sphere
Whose intense lamp narrows
In the white dawn clear,
Until we hardly see, we feel that it is there.

All the earth and air
With thy voice is loud,
As when night is bare,
From one lonely cloud
The moon rains out her beams, and heaven is overflow'd.

〈각주〉

1] Hail to thee: 반갑구나!(a shout made to greet).
blithe: cheerful; happy; carefree.

2] Bird thou never wert: You would never be a bird.
wert: would be.

5] strains: melodies; tunes.
unpremeditated: not planned in advance; spontaneous.

9] blue deep: blue sky.

15] race: the course of life(인생행로).
is just begun: has just begun.

16] even: ((고어, 시어)) evening.

18] a star of heaven: 제22행에 나오는 'that silver sphere'(샛별, 금성).

19] broad day-light: 대낮.
20] thy shrill delight: thy (song of) shrill delight.
21] Keen: sharp; clear.
arrows: rays of star.
22] that silver sphere: the morning star, Venus. 제18행 주석 참조.
23] narrows: reduces in brightness(희미해지다). 제19행의 'broad'와 반대의 의미.
28] bare: cloudless.

What thou art we know not;
What is most like thee?
From rainbow clouds there flow not
Drops so bright to see,
As from thy presence showers a rain of melody:

Like a poet hidden
In the light of thought,
Singing hymns unbidden,
Till the world is wrought
To sympathy with hopes and fears it heeded not:

Like a high-born maiden
In a palace tower,
Soothing her love-laden
Soul in secret hour
With music sweet as love, which overflows her bower:

Like a glow-worm golden
In a dell of dew,
Scattering unbeholden
Its aërial hue
Among the flowers and grass which screen it from the view:

Like a rose embower'd
In its own green leaves,
By warm winds deflower'd,
Till the scent it gives
Makes faint with too much sweet those heavy-winged thieves.

〈주석〉

38] unbidden: spontaneously.
43] love-laden: 사랑 때문에 번민하는.
45] bower: 규방.
46] glow-worm: firefly(반딧불이, 개똥벌레).
47] dell: narrow, little valley.
49] aërial hue: 신비로운 색채.
51] embower'd: enclosed(에워싸인).
53] deflower'd: robbed its scent(향기를 잃어)
55] heavy-winged thieves: 벌(bees)이나 제53행의 '포근한 바람'(warm winds)을 지칭하는 것으로 보임.

Sound of vernal showers
On the twinkling grass,
Rain-awaken'd flowers,
All that ever was
Joyous and clear and fresh, thy music doth surpass.

Teach us, sprite or bird,
What sweet thoughts are thine:
I have never heard
Praise of love or wine
That panted forth a flood of rapture so divine.

Chorus hymeneal,
Or triumphal chaunt,

Match'd with thine would be all
But an empty vaunt,
A thing wherein we feel there is some hidden want.

What objects are the fountains
Of thy happy strain?
What fields, or waves, or mountains?
What shapes of sky or plain?
What love of thine own kind? what ignorance of pain?

〈주석〉

56-60] Sound of … surpass: 이 문장의 주어는 제60행의 'thy music'이며, 그 목적어는 'Sound of … and fresh'.

56] vernal: of, relating to, or occurring in the spring(봄의).

61] sprite: a spirit; a small or elusive supernatural being.

65] panted forth: 숨 가쁘게 토해내다.

66] hymeneal: marital; celebrating a marriage.

67] chaunt: chant(song). 제69행의 'vaunt'와 각운을 맞추기 위해 변형한 것.

68] Match'd: (If they are) compared.

69] vaunt: boast(허풍).

71] fountains: sources(원천).

72] strain: melody; tune.

75] What love of thine own kind: 너다운 방식의 어떤 사랑; 너의 동족(同族)에 대한 어떤 사랑.

With thy clear keen joyance
Languor cannot be:
Shadow of annoyance
Never came near thee:
Thou lovest, but ne'er knew love's sad satiety.

Waking or asleep,
Thou of death must deem

Things more true and deep
Than we mortals dream,
Or how could thy notes flow in such a chrystal stream?

We look before and after,
And pine for what is not:
Our sincerest laughter
With some pain is fraught;
Our sweetest songs are those that tell of saddest thought.

Yet, if we could scorn
Hate and pride and fear,
If we were things born
Not to shed a tear,
I know not how thy joy we ever should come near.

Better than all measures
Of delightful sound,
Better than all treasures
That in books are found,
Thy skill to poet were, thou scorner of the ground!

Teach me half the gladness
That thy brain must know;
Such harmonious madness
From my lips would flow,
The world should listen then, as I am listening now.

〈주석〉

76] joyance: ((고어)) joyous feeling; gladness.

77] Languor: 권태, 무기력, 침울.
bc: co-exist.

78] annoyance: 괴로움, 번민.

80] love's sad satiety: 사랑의 슬픈 포만감(열렬한 사랑 뒤에 오는 슬픔과 권태로움).
82] deem: regard; think.
85] Or: Else; If it is not so(그렇지 않다면).
chrystal: crystal; clear.
89] fraught: filled.
91, 93] if, If: even if.
96] measures: music, melodies.
100] were: would be.
101-105] Teach me ··· listen then: Teach me ··· know, (and) such harmonious ··· flow (that) the world should listen then.
103] madness: ecstasy; inspiration.
105] listen: i.e. to my song.

반갑다, 쾌활한 정령이여!
너는 결코 새가 아니리라,
즉흥적 기교의 풍성한 가락으로
하늘이나 그 가까이에서
온 마음을 쏟아내는 너는.

더 높이 더욱 더 높이
너는 불의 구름처럼
대지로부터 솟아오른다.
푸른 하늘을 너는 날며
끊임없이 노래하며 날고, 날면서 노래를 부른다.

구름이 위에서 빛나는
지는 해의
반짝이는 황금빛 속에서
너는 떠서 달린다,
이제 막 달리기를 시작한 무형의 기쁨처럼.

희미한 자줏빛 저녁이

날아가는 너의 모습 주위에서 녹는다.
너는 대낮에 뜬
하늘의 별처럼
보이지 않지만, 나는 너의 짜릿한 기쁨의 노랫소리를 듣는다.

그 노랫소리는 은빛별의
화살처럼 날카롭고,
그 별의 강렬한 등불은
맑고 환한 새벽에는 점점 희미해져서
마침내 거의 볼 수 없지만, 우리는 거기에 있음을 느낀다.

온 대지와 하늘이
너의 목소리로 요란하다,
마치 맑은 밤하늘에
외로운 구름 한 점으로부터
달이 빛을 비처럼 퍼부어 하늘에 홍수가 나듯이.

네가 무엇인지 우리는 알지 못한다.
무엇이 너와 가장 비슷할까?
무지개 구름으로부터도
너의 존재로부터 소나기처럼 내리는 선율만큼
그렇게 보기에 빛나는 빗방울이 흘러내리지 않는다.

너는 청을 받지 않고도 찬가를 불러
마침내 세상 사람들이
주목하지 않았던 희망과 두려움으로 공감하게 되는
상념의 빛 속에
숨어 있는 시인 같아

너는 은밀한 시간에
규방을 넘쳐흐르는 사랑처럼 달콤한 음악으로

사랑 때문에 괴로워하는 자기 영혼을 달래는
궁전의 탑 속
지체 높은 아가씨 같아

너는 시선을 가리는 꽃과 풀 사이에
사람들의 눈에 띄지 않게
신비한 빛을 흩뿌리는
이슬의 골짜기에 있는
황금빛 반딧불이 같아

너는 포근한 바람에 향기를 잃어
마침내 풍기는 향기가
아주 진한 향기로 날개가 무거워진 도둑들을 기절시키는
초록 잎사귀에 에워싸인
장미꽃 같아.

반짝이는 풀 위에 내리는
봄 소나기 소리와
비에 잠 깬 꽃들,
즐겁고 맑고 신선한
모든 것을 너의 음악은 능가한다.

우리에게 가르쳐다오, 정령이여 새여,
어떤 아름다운 생각들을 네가 하는지를.
이처럼 성스러운 황홀한 홍수를 쏟아내는
사랑가 혹은 술의 찬가를
나는 여태껏 들어본 적이 없다.

축혼 합창도
개선가도
너의 노래에 비하면

거의 알맹이 없는 허풍,
무언가 모자란 것이 있다고 우리가 느끼게 되는 그런 것.

너의 행복한 가락의
원천은 무엇인가?
어떤 들판, 혹은 물결, 혹은 산들인가?
어떤 형상을 가진 하늘 혹은 평원인가?
네 동족에 대한 어떤 사랑인가? 고통에 대한 어떤 무지인가?

너의 맑고 짜릿한 환희와
권태는 공존할 수 없고,
번뇌의 그림자가
결코 너에게 가까이 올 수 없으니
너는 사랑을 하면서도 결코 사랑의 슬픈 포만감을 모른다.

자나 깨나
너는 죽음에 관해
우리 인간이 생각하는 것보다
더 진실하고 심원한 것으로 생각하고 있음에 틀림없다.
그렇지 않다면 어찌 너의 노랫가락이 그렇듯 수정 같은 시냇물처럼 흐를 수 있겠느냐?

우리는 앞과 뒤를 보며
존재하지 않는 것을 그리워한다.
우리의 가장 진지한 웃음도
어떤 고통으로 가득 차 있다.
우리의 가장 달콤한 노래도 가장 슬픈 생각을 말해 주는 노래.

그러나 우리가 증오와 오만과 공포를
비웃을 수 있다고 해도,
우리가 눈물 한 방울 흘리지 않도록

태어난 존재라고 할지라도
어떻게 너의 환희에 가까이 갈 수 있을지 나는 모르겠다.

즐거운 소리의
모든 가락들보다,
책에서 볼 수 있는
모든 보물들보다 너의 기술은
시인에게 나을 것이다, 너 대지를 조소(嘲笑)하는 자여!

너의 머리가 알고 있는 환희의
절반만이라도 내게 가르쳐다오,
그러면 내 입술로부터
조화로운 광기가 흘러
세상 사람들이 귀를 기울이리라, 지금 내가 귀를 기울이듯이.

〈해설〉

이 시는 1820년 초여름, 셸리가 부인 메리와 함께 이탈리아 리보르노(Livorno, Leghorn)에 머물고 있을 때 쓴 작품이다. 이 일에 대해서 메리는 "아름다운 여름날 저녁, 도금양(桃金孃) 울타리에 반딧불이들이 깃들어 사는 오솔길을 산책하고 있을 때 종달새의 노랫소리를 들었는데, 그것은 그의 시들 가운데 가장 아름다운 작품 중 하나에 영감을 주었다"고 쓰고 있다. 당시에 셸리는 여러 가지 정신적 고통으로 시달리고 있었는데, 그는 그러한 고통이 지상에 발을 붙이고 사는 인간이면 겪을 수밖에 없는 고통이라고 생각했던 것 같다. 그래서 황혼녘에 모습을 보이지 않은 채 자유롭게 하늘을 비상하는 종달새에게서 지상의 고통을 벗어난 자유롭고 행복한 정신의 원형을 발견한 것으로 보인다.

이 작품은 구조상 한 연이 5행에 총 21개 연으로 전체가 105행이며, 각 연 제1-4행은 강약3보격(trochaic trimeter), 제5행은 약강6보격(iambic hexameter)의 ababb의 각운체계를 가지고 있다. 내용상으로는 전체적으로 4개의 그룹(제1-6연, 제7-11연, 제12-15연, 제16-21연)으로 나누어 볼 수 있다.

먼저 제1-6연(제1-30행)에서는 온 하늘에 가득한 종달새의 울음소리를 묘사하고 있다. 화자는 처음부터 종달새를 새가 아닌 '정령'(Spirit)이라고 부른다. 그는 종달새의 노랫소리에서 조류의 울음소리를 듣기보다는 어떤 시인이 모습을 느낀 듯 '즉흥적 기교의 풍성한 가락으로' '온 마음을 쏟아낸다'고 표현한다. 종달새는 대지로부터 솟아오르며 노래를 부르는데, 황혼의 빛 속에서 그 모습이 보이지 않게 된다. 그러나 화자는 종달새의 '짜릿한 기쁨의 노랫소리를 들으며' 종달새가 보이지는 않지만 분명히 '거기에 있음을 느낀다'.

제7-11연(제31-55행)에서는 종달새를 일련의 인간이나 자연물에 비유하고 있다. 제31-32행에서 '네가 무엇인지 우리는 알지 못한다/ 무엇이 너와 가장 비슷할까?'라고 말하듯이, 비유를 사용하는 이유는 종달새가 어떤 존재인지 정확하게 알 수 없기 때문이다. 화자는 종달새가 '청을 받지 않고도 찬가를 부르는' '숨어 있는 시인 같고'(제8연), '사랑처럼 달콤한 음악으로' '사랑 때문에 괴로워하는 자기 영혼을 달래는' 공주 같으며(제9연), '신비한 빛을' '사람들의 눈에 띄지 않게 흩뿌리는' '황금빛 반딧불이 같고'(제10연), '진한 향기로 날개가 무거워진 도둑들(꿀벌들)을 기절시키는' '장미꽃 같다'(제11연)고 말한다.

제12-15연(제56-75행)에서는 모든 자연과 인간의 음악을 능가하는 종달새의 노랫소리에 대한 찬미와 그 노래의 원천에 대한 궁금증이 언급된다. 화자는 '반짝이는 풀 위에 내리는/ 봄 소나기 소리'나 '비에 잠

깬 꽃들' 같은 모든 '즐겁고 맑고 신선한' 것들을 종달새의 노랫소리가 능가한다고 말한다. 여기에서 화자는 종달새를 다시금 '새'라고 부를지 '정령'이라고 부를지 망설이면서 '정령이여 새여'(제61행)라고 지칭하며, 종달새에게 '어떤 아름다운 생각들을 하는지' 가르쳐달라고 부탁한다. 그 이유는 인간의 사랑가나 술의 찬가도 종달새의 노랫소리에 미치지 못한다고 느끼기 때문이다. 종달새의 노래에 상대적으로 부족한 인간의 음악은 다음 부분에서도 계속 언급된다. 화자는 인간의 '축혼 합창'이나 '개선가'도 종달새의 노래에 비하면 '무언가 모자란 것이 있다'고 말한다. 그래서 그런 종달새의 노랫가락을 낳는 원천이 무엇일까 여러 가지로 추측해 보며, 그것은 '어떤 들판, 혹은 물결, 혹은 산들인가?/ 어떤 형상을 가진 하늘 혹은 평원인가?/ 네 동족에 대한 어떤 사랑인가? 고통에 대한 어떤 무지인가?'하고 궁금해 한다.

제16-21연(제76-105행)에서는 앞부분에서 언급했던 인간과의 비교를 계속해나간다. 앞부분에서는 종달새의 노랫소리와 인간의 음악을 대비시켰다면, 이 부분에서는 종달새와 인간존재의 전체적인 삶의 조건을 대비시키고 있다. 화자는 종달새가 보여주는 '짜릿한 환희'에는 권태나 번뇌가 없으며, 종달새는 사랑을 하면서도 인간의 사랑이 가지는 '슬픈 포만감'이 없다고 말한다(제16연). 화자는 종달새의 노랫가락이 수정 같은 시냇물처럼 흐르는 것으로 보아 죽음에 대해서도 우리 인간보다 '더 진실하고 심원한 것으로 생각하고 있음에 틀림없다'고 단언한다(제17연). 또한 인간은 과거와 미래를 끊임없이 걱정하고 '존재하지 않는 것을 그리워하며' 인간의 웃음은 고통으로 가득 차 있고 인간의 '가장 달콤한 노래도 가장 슬픈 생각을' 담고 있다고 말한다(제18연). 그래서 화자는 '증오와 오만과 공포'에 물든 인간이 종달새의 환희에 어떻게 가까이 갈 수 있을지 모르겠다고 고백한다(제19연). 마지막 부분은 종달새의 노랫소리가 시인 자신에게 영감을 주기를 바라는 내용으로 되어 있다. 화자는 종달새의 기술이 인간의 모든 가락들이나 책에서 언급된 지식들보다 시인에게 더 도움이 될 거라고 말하며, 종달새를 '대지를 조소하는 자'라고 부른다(제20연). '대지를 조소한다'는 말은 사람의 눈에 보이지 않을 정도로 하늘 높이 나는 종달새가 지상에 발을 붙이며 사는 모든 인간의 조건을 초월하는 모습을 보여준다는 뜻이다. 그래서 화자는 종달새에게 알고 있는 환희의 절반이라도 가르쳐달라고 애원한다. 그렇게 되면 화자의 입술에서는 '조화로운 광기'가 흐르게 되고 세상 사람들은 자신의 말에 귀를 기울일 거라고 얘기한다(제21연). 여기에서 '조화롭다'(harmonious)는 것은 조화로운 음악(harmony), 완벽한 시를 암시하는 말이며, '광기'(madness)라는 말은 시인의 영감과 관계된 표현이다. 단순한 생물학적인 새라기보다는 하나의 정령(spirit)으로 표현된 종달새의 정신이 시인에게 들어오기를(in-spirited) 바라는 것은 종달새의 환희가 시인에게 하나의 영감(inspiration)으로 작용하기를 바라는 것이다. 이렇게 영감을 받게 되면 시인의 입술로부터는 아름다운 시가 흘러나올 것이며, 그러면 세상 사람들이 모두 자신의 시에 귀를 기울일 거라고 말하고 있다.

When the Lamp Is Shattered

I

When the lamp is shattered
The light in the dust lies dead—
When the cloud is scattered
The rainbow's glory is shed.
When the lute is broken,

Sweet tones are remembered not;
    When the lips have spoken,
Loved accents are soon forgot.

II

    As music and splendor
Survive not the lamp and the lute,
    The heart's echoes render
No song when the spirit is mute:—
    No song but sad dirges,
Like the wind through a ruined cell,
    Or the mournful surges
That ring the dead seaman's knell.

III

    When hearts have once mingled
Love first leaves the well-built nest;
    The weak one is singled
To endure what it once possessed.
    O Love! who bewailest
The frailty of all things here,
    Why choose you the frailest
For your cradle, your home, and your bier?

IV

    Its passions will rock thee
As the storms rock the ravens on high;
    Bright reason will mock thee,
Like the sun from a wintry sky.
    From thy nest every rafter
Will rot, and thine eagle home
    Leave thee naked to laughter,
When leaves fall and cold winds come.

〈주석〉

2] The light in the dust lies dead: The light lies dead in the dust.
11] render: give; provide; make.
13] dirges: funeral songs; laments.
15] surges: billows(큰 파도); waves.
16] knell: toll(조종 弔鐘).
21] bewailest: lament; deplore.
24] bier: a frame on which a corpse or coffin is laid before burial(관가 棺架, 상여).
29] rafter: 서까래.

I

등이 산산조각 부서지면
빛은 먼지 속에서 꺼지고—
구름이 흩어지면
무지개의 영광은 사라진다.
류트가 깨지면
달콤한 가락은 기억에서 사라지고
입술이 말하고 나면
사랑의 속삭임은 곧 잊힌다.

II

음악과 광채는
등과 류트 없이는 남아있지 못하는 것처럼
정신이 침묵을 지키면
가슴의 메아리는 노래를 만들지 못하고
노래가 아닌 슬픈 만가를 만들 뿐,
폐허가 된 오두막집을 스치는 바람처럼,
죽은 뱃사람의 조종을 울리는
슬픔에 찬 큰 파도처럼.

III

일단 두 마음이 합하여지면
잘 지어진 둥지에서 먼저 사랑은 떠나고
약한 자는 홀로 남아
사랑이 한때 소유했던 것을 곱씹는다.
오 사랑이여! 그대는
지상 만물의 허약함을 슬퍼하면서도
어찌하여 가장 약한 것을 골라서
그대의 요람과 가정과 상여로 삼느냐?

IV

그것의 열정은 너를 흔들리라
폭풍이 하늘 높은 곳에 있는 까마귀들을 흔들 듯이.
밝은 이성은 너를 조롱하리라
겨울 하늘에서 비추는 태양처럼.
너의 둥지에서 모든 서까래는
썩을 것이며, 너의 독수리 집은
잎이 지고 찬바람이 불어올 때면
너를 드러내어 웃음거리가 되게 하리라.

〈해설〉

이 시는 사랑하는 사람과 결별하고 난 후에 겪는 깊은 슬픔과 우울함, 정신적 황량함을 다양한 이미지를 통해 묘사하고 있는 작품으로서, 셸리의 시적 창조력이 절정에 달했던 1822년에 나왔다. 1820년 셸리가 이탈리아 피사에 정착한 이후 가깝게 지내던 친구인 에드워드 윌리엄스(Edward Williams)의 아내 제인(Jane)이 이 시를 낳게 한 장본인이라는 설이 있지만, 1822년 셸리가 요트를 타다가 익사하는 사고를 당했을 때 그녀의 남편 역시 함께 익사하는 운명을 맞았다.

첫 연은 사랑을 잃고 난 후 겪는 상실감을 부서진 등과 사라지는 무지개, 깨진 류트를 통하여 표현하고 있다. 화자는 등이 부서지면 빛을 낼 수가 없고, 구름이 흩어지면 무지개는 사라지고, 류트는 깨지면 소리를 낼 수 없다고 말한다. 여기에서 부서진 등과 사라지는 무지개, 깨진 류트는 두 연인의 결별 자체를 암시하는 것인지, 연인과 이별한 한 사람의 심적 상태를 암시하는 것인지, 아니면 둘 모두를 암시하는 것인지 분명치 않다. 화자는 첫 연 마지막 부분에서 이런 것들과 유사하게 두 사람이 결별한 후에는 달콤했던 사랑의 속삭임도 잊힌다고 말한다.

첫 연을 사랑의 문제와 연관시켜 해석하는 것은 셋째 연과 넷째 연에서의 사랑에 관한 언급과 관련이 있다. 첫 연만을 두고 볼 때는 사실 이 연이 사랑의 결별과 관계된 것인지 명확히 알 수가 없다. 처음에 첫 연에서 전개되어가는 내용을 보면 사랑 문제보다는 사물의 어떤 현상과 그 원인과의 관계를 다루고 있는 것처럼 보인다. 그러니까 빛이나 무지개, 음악 소리의 원인이 되는 등과 구름, 악기가 부서지고 사라지면 그것들이 만들어내던 현상은 저절로 소멸될 수밖에 없다는 것을 표현하면서, 현상보다는 원인이 더 근본적이라는 사실을 얘기하는 것으로 말이다. 둘째 연도 비슷한 내용을 담고 있는데, 어쨌든 이런 식으로 첫 연과 둘째 연을 해석한다면, 분명히 사랑의 문제를 다루고 있는 것으로 보이는 셋째, 넷째 연과 괴리가 생긴다. 그렇다면 이 작품은 전반부와 후반부가 서로 연결되지 않는 엉터리 시가 된다.

첫 연을 굳이 사랑의 문제와 관련시켜 해석하려는 것은 이런 난관을 해소하기 위함이다. 그런데 첫 연 제1-6행을 사물의 현상과 그 원인의 관계로 해석하든 사랑의 문제로 해석하든 같은 비유의 틀이 다음에 나오는 제7-8행으로 이어지지 못하고 있다. 첫 연 마지막 두 행에서 말하는 것은 사람이 어떤 말을 일단 내뱉고 나면 그 사랑의 속삭임은 이내 기억으로부터 사라진다는 것이다. 따라서 분명히 사물의 현상과 원인의 관계를 말하는 것도 아니며, 입술에서 내뱉은 말이 결별한 두 연인과 관계된 것인지, 아니면 아직도 사랑을 하고 있는 두 연인과 관계된 것인지, 아니면 인간이 하는 말의 일반적 속성과 관계된 것인지도 알 수가 없다.

둘째 연은 첫 연 제1-2, 5-6행에서 언급된 등과 류트에 관한 얘기에서부터 시작된다. 화자는 등과 류트가 없으면 빛과 음악이 있을 수 없듯이, 노래를 만들어내는 원동력인 인간의 정신이 가라앉으면 노래는 있을 수 없다고 말한다. 이 부분은 역시 사랑을 잃어버린 사람의 심적 상태에 대한 언급이라기보다는 어떤 현상과 그 원인의 관계에 관한 일반적인 언급처럼 보인다. 그러나 이어진 제5-8행에 의하면 정신의 침묵은 아무런 노래를 만들지 못하는 것이 아니라 슬픈 만가를 만든다. 그러니까 이 부분은 첫 연처럼 원인이 소멸되면 그것이 만들어냈던 현상 또한 소멸한다는 내용을 담고 있는 것이 아니다. 정신이 침묵하는 사람은 슬픈 노래밖에 만들 수 없다는 말로 보아 여기에서 '정신이 침묵한다'라는 말은 아무런 시도 쓸 수 없는 창조력이 완전히 고갈된 상태가 아니라 슬픈 시밖에 쓰지 못하는 마음이 우울한 상태라는 뜻이 된다. 따라서 둘째 연의 후반부는 오히려 사랑을 잃어버린 사람의 심경과 그런 사람이 만들어낼 수 있는 종류의 시에 관해 언급하고 있는 것이라 할 수 있다. 그런 점에서 본다면 이 시는 첫 연과 둘째 연도 동일한 비유의 틀을 유지하지 못하는 것으로 보인다.

셋째 연은 사랑과 이별, 그리고 사랑의 미련을 간직하고 있는 사람이 겪는 고통을 다루고 있다. 사랑이란 두 사람의 마음이 섞이는 것이며, 그렇게 해서 사랑이 이루어지고 나면 사랑은 그 단단한 둥지를 떠난다고 말한다. 여기에서 '둥지'의 비유를 쓰는 것은 넷째 연에 나오는 갈까마귀와 독수리에 관한 언급을 미리 끌어온 것이라 할 수 있다. 갈까마귀와 독수리는 높은 가지에 비바람에 잘 견딜 수 있게 둥지를 트는 새들이다. 이 새들처럼 두 사람의 마음이 합쳐지면 사랑은 견고하게 그 둥지를 만들지만 사랑은 둥지를 떠나가고, 둘 중 더 약한 사람은 남아서 사랑의 상처를 견뎌야 한다는 것이다. 셋째 연의 후반부는 사랑이 깃드는 인간의 마음에 관해 말하고 있다. 사랑이란 지상에 있는 모든 것의 연약함을 슬퍼하면서도 굳이 그 중에서도 가장 연약한 인간의 마음을 골라서 그 요람과 가정과 상여로 삼는다는 것이다. 요람과 가정, 상여는 인간이 유아기부터 죽을 때까지 자신의 몸을 의탁하는 곳이다. 말하자면 인간은 태어날 때부터 이 세상을 떠날 때까지 사랑에 매달려 살 수밖에 없다는 것이다.

넷째 연 첫머리에 나오는 '그것의 열정은 너를 흔들리라'라는 구절에서 '그것'과 '너'가 무엇을 지칭하는지 분명치 않다. '그것'은 두 연인 중 약한 마음(마음이 약한 사람)을, '너'는 사랑을 지칭하는 것으로 보는 관점이 있는가 하면, 이와는 반대로 '그것'은 사랑을, '너'는 약한 마음(마음이 약한 사람)을 지칭하는 것으로 보는 관점이 있다. 전자의 관점에 있어서 '너'를 사랑으로 보는 것은 셋째 연에서 이미 사랑을 '너'라고 불렀기 때문이다. 그러나 넷째 연 '너'의 영어는 'thou'(thee), 셋째 연 '너'의 영어는 'you'로 되어 있다. 두 연의 '너'를 모두 사랑으로 보는 입장에서는 왜 서로 다른 영어로 표기했는지 그 이유를 작가의 철저하지 못함 때문이라고 말하는 것밖에 따로 설명할 길이 별로 없다. 셸리의 작가적 역량을 고려한다면 두 연의 '너'를 다른 것으로 보는 것이 더 합당할 것 같다. 어쨌든 전자의 입장이라면 제4연 첫 두 행의 의미는 마치 폭풍우가 하늘에 떠 있는 갈까마귀를 흔들어대듯 두 연인 중 더 약한 쪽 사람은 사랑을 흔들어댈 것이라는 의미가 된다. 그러나 약한 쪽 사람이 사랑을 흔들어댄다는 것은 앞에서 얘기해 온 내용과는 좀 거리가 있다. 약한 쪽 사람은 사랑을 버리지 못하고 실연의 고통을 감내할 수밖에 없는 것으로 묘사되어 있기 때문이다.

그런 점에서 '그것'은 사랑을, '너'는 두 연인 중 약한 마음을 가진 쪽을 지칭하는 것으로 보는 것이 좋을 것이다. 그렇게 보면 이 부분은 사랑의 열정이 마치 폭풍우가 갈까마귀를 흔들어대듯 약한 마음을 가진 사람을 흔들어댈 것이라는 의미가 되며, 이 경우는 논리상 문제점이 없는 것으로 보인다. 사랑에 눈멀고 그 미련을 버리지 못하는 사람은 이성적인 눈으로 볼 때는 웃음거리가 된다. 그래서 화자는 태양처럼 밝은 이성은 그를 조롱하리라고 말한다. 그럼에도 불구하고 사랑에 매달리는 사람은 그 사랑의 둥지의 서까래가 썩어 가는데도 그 보금자리를 떠나지 못하고 사람들의 눈에 노출되어 웃음거리가 될 것이라고 말한다.

To__________[Music, When Soft Voices Die]

Music, when soft voices die,
Vibrates in the memory.—
Odours, when sweet violets sicken,
Live within the sense they quicken.—

Rose leaves, when the rose is dead,
Are heap'd for the beloved's bed—
And so thy thoughts, when thou art gone,
Love itself shall slumber on.

〈주석〉

3] sicken: become sick.
4] quicken: vitalize; stimulate; stir.
6] the beloved: the person who is dearly loved(사랑하는 사람, 연인, 애인, 임).
7] thy thoughts: the thoughts of you(너에 대한 생각).
8] slumber: sleep, esp. light sleep(선잠).

음악은 부드러운 목소리가 사라져도
기억 속에서 진동하고—
향기는 향긋한 제비꽃이 병들어도
그 향기가 일깨운 감각 속에 살아있다.—

장미꽃잎은 장미가 죽어도
임의 침상에 쌓이고—
그와 같이 네가 떠나도 너를 생각하며
사랑은 잠들리라.

〈해설〉

앞에 나온 시 「등이 산산조각 부서지면」("When the Lamp Is Shattered")의 전반부에서 사물의 현상과 그 원인과의 관계를 말하면서 원인이 사라지면 현상 또한 사라진다고 했던 것과는 달리, 이 작품에서는 원인이 사라진 후에도 그 현상의 여운은 인간의 기억 속에 오래 살아남는다는 점을 강조하고 있다. 첫 연에서 화자는 음악은 그 음악을 들려준 목소리가 사라진 후에도 듣는 사람의 기억 속에서 메아리치고, 제비꽃이 병들어 죽어도 그 향기는 제비꽃 향기를 맡은 사람의 감각 속에 살아남아 있다고 말한다. 둘째 연에서는 장미가 죽은 후에도 그 장미에서 따온 장미꽃잎은 여전히 남아 연인의 침상에 쌓여있고, 연인이 떠나도 그 연인에 대한 사랑은 남아 밤에도 그 연인을 생각하며 잠이 든다고 말한다.

첫 연에서 말하고 있는 노랫소리와 제비꽃 향기, 둘째 연에서 말하고 있는 장미꽃잎과 연인에 대한 생각은 각각 인간과 자연, 자연과 인간에 관한 순차적 언급이지만, 그것들은 모두 인간의 사랑과 관계된 것들이며 그 초점은 그것들이 인간의 기억이나 감각에 남기는 영향에 있다. 첫 연에서 '부드러운 목소리가 사라진다'고 했을 때 '사라진다'의 원문이 '죽는다'(die)라는 점은 예사로 느껴지지 않는다. '죽는다'는 것은 일반적으로 소리가 사라지는 자연현상을 표현하는 데 적합한 말라기보다는 동물이나 인간의 죽음을 표현할 때 쓰는 말이다. '향긋한 제비꽃이 병들다'고 했을 때 '병들다'(sicken)라는 말도 마찬가지이다. 둘째 연에서 언급된 '임'이나 '너에 대한 생각'은 모두 화자와 연인과의 관계를 다루고 있는 표현들이라는 점을 고려하면, 첫 연의 '죽는다'나 '병들다'는 말은 어떤 소리나 꽃의 소멸, 시듦에 대한 언급이 아니라 어떤 인간, 구체적으로는 둘째 연에서 언급된 화자의 연인에 대한 언급으로 보는 게 좋을 것이다.

그런 점에서 본다면 첫 연의 병과 죽음에 관한 언급은 사실상 화자의 연인이 병이 들어 죽었다는 점을 암시하고 있다. 말하자면 '부드러운 목소리가 사라진다'는 말은 그저 소리가 저절로 작아지면서 소멸되는 자연현상을 말하는 것이 아니라 부드러운 목소리를 가졌던 자신의 연인이 죽었다는 뜻이다. 그러나 화자는 연인이 죽었어도 그 연인이 불러주던 노랫소리는 자신의 뇌리에 남아있다고 말한다. 그렇다면 제3-4행에 나오는 향긋한 제비꽃은 연인의 아름다움에 대한 비유라고 볼 수 있을 것이다. 향긋한 제비꽃 같았던 연인이 병들었어도 (그래서 결과적으로 죽었어도) 그녀의 향기는 화자의 감각 속에 살아남아 있다는 것이다.

둘째 연에 나오는 장미꽃에 관한 언급도 첫 연의 제비꽃과 마찬가지로 연인의 아름다움을 비유적으로 표현하는 꽃이라고 볼 수 있을 것이다. 여기에서도 장미가 '시들었다'든지 '말라버렸다'든지 하는 표현 대신 '죽었다'(dead)라는 말을 쓰고 있다는 점에 주목할 필요가 있을 것이다. 장미꽃은 여기에서 연인의 아름다움을 간접적으로 보여주는 꽃인 동시에 연인에게 바쳐진 꽃이다. 장미꽃이 연인의 침상에 쌓인다는 말에서는 죽은 연인의 무덤에 바쳐진 꽃이 연상된다. 따라서 다음에 나오는 '네가 떠난다'라는 표현도 단순히 연인이 여행을 떠났다든지 연인과 이별했다든지 하는 말이라기보다는 연인이 죽어 자신의 곁을 영원히 떠났다는 말로 들린다. 그러나 화자는 여전히 그 사랑을 잊지 못하고 끊임없이 그리워하며 그 생각을 안고 잠이 든다고 말하고 있다. 이 작품의 제목은 긴 대시부호(em dash)를 사용하여 '아무개에게'라는 정도의 뜻을 나타내고 있는데, 제목을 이렇게 쓴 것은 시인이 자신의 연인을 익명으로 하고 싶었기 때문이었을 것이다.

John Keats(1795-1821)

존 키츠는 1795년 10월 31일 런던의 북쪽 근교에서 태어났다. 그의 아버지 토머스 키츠(Thomas Keats)는 마차대여업체인 《스완앤후프》(Swan and Hoop)의 지배인이었고, 어머니 프랜시스 제닝스(Frances Jennings)는 여러 마구간을 소유한 집안 딸이었다. 1803년 키츠는 런던에서 약 10마일 떨어진 엔필드(Enfield)에 있는 존 클라크(John Clarke) 학교에 입학했다. 진보주의자인 클라크는 키츠의 정치적 견해에 영향을 미쳤다. 이 학교는 이튼학교와 같은 명문 공립학교보다 교과과정을 더 다양하게 운영하고 있었다. 키츠는 이 시골학교에 다니며 자연에 대한 관심을 키웠다. 그는 다른 아이들에게 인기가 많았고 작은 몸집에도 불구하고 싸움은 잘했지만 성적은 별로 뛰어나지 못했다.

1804년 4월 15일에 존의 아버지는 말에서 떨어져 두개골 파열로 세상을 떠났다. 그 후 어머니는 은행원과 결혼했지만, 곧 그와 헤어졌다. 그는 마구간을 팔아먹었고 네 명의 아이들은 집을 잃게 되었다. 1805년 3월에 키츠의 할아버지가 죽고 나서는 아이들을 돌볼 남자 어른이 없었다. 어머니마저 아이들을 돌보는 일을 소홀히 하자 외할머니는 아이들을 자기 집으로 데려갔다. 어머니는 1808년에 아이들 앞에 다시 나타났으나 2년 뒤인 1810년 결핵으로 세상을 떠났다. 어머니가 돌아가신 후, 키츠는 당시에 유행했던 스릴러물을 포함한 많은 책들을 읽는 데 열중했다. 엔필드에서의 마지막 두세 학기 동안 그는 여러 개의 상을 수상했고, 버질(Virgil)의 『아이네이드』(*Aeneid*)의 산문 번역까지 손대기 시작했다. 이때 그는 자신보다 여덟 살이나 많은 선배이며 엔필드에서의 첫 해 동안 그의 가정교사였던 카우든 클라크(Cowden Clarke)와 친구가 되었다. 클라크의 영향으로 키츠는 음악과 시에 큰 관심을 가질 수 있었다.

어머니의 죽음을 지켜보았던 키츠는 의사가 되기로 결심하고 1811년 16세가 되던 해에 해몬드 박사(Dr. Hammond)의 수습생이 되었다. 사실 열여덟 살이 되기 전까지 키츠는 시에 관심이 없었다. 카우든 클라크가 키츠에게 스펜서(Spenser)의 『요정여왕』(*Faerie Queene*)을 빌려준 일이 키츠에게 문학에 대한 자극제가 된 것이 분명해 보인다. 키츠의 첫 시는 스펜서를 모방한 것이었는데, 그가 풍부한 묘사력에서 스펜서와 자주 비교되어 온 것도 바로 그 이유 때문이다.

1815년 키츠는 해몬드 박사 밑에서의 수습 기간을 끝내고 《가이 병원》(Guy's Hospital)에서 6개월간 일했다. 키츠는 초기에는 열심이었으나, 1816년 봄부터 의학보다는 시에 더 흥미를 갖기 시작했다. 그러나 그는 1816년 7월에 시험에 합격하여 약제사와 외과의사 자격을 얻었다.

이때 키츠는 클라크와 다시 우정을 다졌고 또 다른 젊은 시인 존 해밀턴 레이놀즈(John Hamilton Reynolds)를 만났으며, 수필가이며 저널리스트인 시인 리 헌트(Leigh Hunt)를 소개받았다. 키츠의 시에 감명을 받았던 헌트와의 우정은 그의 삶에 중대한 영향을 끼쳤다. 헌트는 키츠가 시에 대해 더욱 깊이 관심을 갖게 만들었다. 그러나 유명한 진보주의

자였던 헌트와 가까이 지냄으로써 키츠는 영향력 있는 토리당 비평가들의 적개심을 불러일으켰다.

1817년 초, 결국 키츠는 시를 위해 의학을 포기했다. 《가이 병원》에서의 그의 경력은 성공적이었지만, 그보다는 시에 더욱 심취했고, 그는 이미 창작능력을 보여주었던 것이다. 키츠는 유명 시인이 될 때까지 얼마 안 되는 유산으로 버틸 작정을 했다. 오일리어(Oilier)에 의해 출판된 키츠의 첫 시집은 1817년 3월 3일에 나왔다. 이 시집은 평범한 것이기는 했지만, 그 속에는 소네트 「채프만의 호머를 처음 읽고」("On First Looking into Chapman's Homer")가 들어 있었다. 날카로운 비평가는 적어도 이 한 편의 시를 근거로 그의 가능성을 볼 수 있었겠지만, 불행하게도 영향력 있는 비평가는 아무도 키츠를 눈여겨보지 않았다. 키츠가 런던에 온 이후 사귀었던 많은 새 친구들은 키츠의 재능에 대해 알고 있었지만 그들이 할 수 있는 일은 거의 없었다.

키츠는 이제 장시(長詩)에 손을 대기 시작했다. 그 결과로 나타난 것이 엘리자베스 시대 스타일의 로맨스 『엔디미온』(*Endymion*)으로서, 인간인 목동 엔디미온이 다이애나 여신과 결합하여 불멸의 행복을 얻는다는 내용을 담고 있다. 키츠는 이 작품을 1817년 4월부터 11월까지 썼고, 이듬해인 1818년 4월에 출판했다. 그 해가 끝나기 전에 『엔디미온』은 혹평을 받았고, 그 후로 판매는 사실상 중단되었다. 『엔디미온』은 훌륭한 구절을 많이 담고 있음에도 불구하고 좋은 시라고

POEMS BY JOHN KEATS

ENDYMION

A POETIC ROMANCE INSCRIBED TO THE MEMORY OF THOMAS CHATTERTON

"THE STRETCHED METRE OF AN ANTIQUE SONG"

BOOK I

A THING of beauty is a joy for ever:
Its loveliness increases; it will never
Pass into nothingness; but still will keep
A bower quiet for us, and a sleep

B

할 수는 없지만, 지금은 잊힌 더 나쁜 시들도 당대에는 작가에게 명성과 부를 가져다준 경우들도 많다. 만약 『엔디미온』을 존경받는 토리당 시인이 썼다면, 호평을 받았을지도 모를 일이다. 키츠의 정치관은 1818년 당시에는 환영받지 못한 것이었다.

키츠는 1818년 여름에 친구 찰스 브라운(Charles Brown)과 함께 호수지방(Lake District)을 거쳐 스코틀랜드와 아일랜드로 여행을 떠났다. 그 여행은 6월부터 8월까지 계속되었는데, 이 도보여행을 통하여 키츠는 다양한 사람들과 만나는 기회를 가질 수 있었다. 키츠와 브라운은 양치기 오두막의 진흙 바닥에서 밤을 보내기도 했는데, 이것이 키츠의 체질을 약화시키고 그의 수명을 단축시켰는지도 모를 일이다. 인버네스(Inverness)에서 그는 인후염에 걸려서 배를 타고 런던으로 돌아가기로 결심했다. 그 여행 자체는 시를 거의 만들어내지 못했다.

9월부터 키츠는 새로운 장시 『하이페리온』(*Hyperion*)을 쓰기 시작했지만, 결국 완성하지 못했다. 『하이페리온』의 무운시형(blank verse)은 키츠가 최고 단계의 시인이 되었음을 보여주었다. 이 작품에 나타난 키츠의 언어에 대한 확고한 통제력은 실로 놀라운 것이었다.

1818년 마지막 몇 달 동안 키츠는 결핵에 걸린 동생 톰(Tom)을 간호했다. 톰은 12월 1일 열아홉의 나이로 세상을 떠났다. 키츠가 동생을 간호하면서 보낸 3개월은 이미 쇠약해진 시인을 결핵에 노출시켰고, 1819년 봄 무렵에 키츠는 우울증과 불면증, 궤양성 인후염 등의 여러 증상을 보였다.

1819년 4월과 5월에 키츠의 시적 창조력은 최고조에 도달한다. 이 해는 키츠의 〈기적의 해〉(*annus mirabilis*)로서, 「송가-푸시케에게」(“Ode to Psyche”), 「우울에 부치는 송가」(“Ode on Melancholy”), 「그리스 항아리에 부치는 송가」(“Ode on a Grecian Urn”),「게으름에 부치는 송가」(“Ode on Indolence”) 등의 걸작 송가들이 나왔다. 이듬해 1월에 키츠는 그의 가장 완벽한 이야기체 시 『성 아그네스 축일 전야』(*The Eve of St. Agnes*)를 썼다.

키츠의 미래는 이제 매우 불안했다. 그는 돈이 바닥나고 있었고, 활달하고 사랑스러운 소녀, 패니 브라운(Fanny Brawne)과 사랑에 빠졌다. 그는 선상 외과의사가 될 생각도 했다. 성공적인 희곡을 썼던 그의 친구 브라운은 그들에게 재정적인 도움을 줄 수도 있는 비극을 함께 쓰자고 제안했다. 키츠는 장시간의 작업을 위해 혼자만의 시간이 필요했기 때문에 6월 27일 와이트 섬(Isle of Wight)으로 떠났다. 브라운이 합류를 하여 그들은 1819년 여름 동안 『오토 대왕』(*Otho the Great*) 창작 작업을 했지만, 그 작품을 무대에 올려주겠다는 극장은 없었다. 키츠는 또한 사람들의 인기를 기대하면서 긴 이야기체의 시 『라미아』(*Lamia*)를 쓰기도 했다.

키츠의 약혼녀 패니 브라운

여름 이후 키츠는 거의 작품을 써내지 못했다. 그는 가끔 『하이페리온』 창작 작업을 하고, 새로운 극 『스티븐왕』(*King Stephen*)을 쓰기 시작했는데, 그의 뛰어난 작품 「가을에게」("To Autumn")도 이때 나왔다. 그는 돈도 없고 걱정이 가득했지만 패니 브라운과 비밀리에 약혼을 했다. 1820년 2월, 키츠는 폐에 출혈이 있었고, 피를 토하기 시작했다.

키츠의 세 번째이자 마지막 시집은 1820년 7월 1일에 나왔다. 점차 이 시집은 영향력 있는 《에든버러 리뷰》(*Edinburgh Review*) 등으로부터 호평을 받기 시작했다. 그러나 책이 빨리 팔리지는 않았다. 키츠는 낭만주의시대가 끝나고 나서야 시인으로서 주목받기 시작했다.

키츠는 두 의사의 조언에 따라 사람들이 결핵에 걸렸을 때 마지막에 가게 되는 이탈리아에 가기로 결심했다. 키츠의 마지막 책을 출판한 존 테일러(John Taylor)는 키츠의 이탈리아 여행을 위해 돈을 내놓았다. 키츠는 1820년 9월 17일 런던에서 출항하여 거의 한 달 만에 나폴리에 도착했다. 키츠는 그곳에서 로마로 여행을 떠나 유명한 〈스페인 계단〉이 내려다보이는 아파트 하나를 빌렸다. 그곳에서 키츠는 화가 친구 조셉 세번(Joseph Severn)이 지켜보고 있는 가운데 1821년 2월 23일 결핵으로 세상을 떠났다. 그는 로마의 개신교 공동묘지에 묻혔다. 그의 묘비에는 그의 요청에 따라 〈여기 물위에 자기 이름을 쓴 사람이 누워 있다〉("Here lies One Whose Name was writ in Water.")라는 문구가 쓰였다.

키츠의 묘비

To One Who Has Been Long in City Pent

To one who has been long in city pent,
'Tis very sweet to look into the fair
And open face of heaven,—to breathe a prayer
Full in the smile of the blue firmament.
Who is more happy, when, with heart's content,
Fatigued he sinks into some pleasant lair
Of wavy grass, and reads a debonair
And gentle tale of love and languishment?
Returning home at evening, with an ear
Catching the notes of Philomel,—an eye
Watching the sailing cloudlet's bright career,
He mourns that day so soon has glided by:
E'en like the passage of an angel's tear
That falls through the clear ether silently.

〈주석〉

1] pent: confined, shut in(갇힌). 제1행은 존 밀턴(Milton)의 『실낙원』(*Paradise Lost*) 제9권 제445행과 거의 유사하다. 이 소네트는 전체적으로 밀턴에게서 암시를 받은 것으로 보인다.

As one who, long in populous city pent,
Where houses thick and sewers annoy the air,
Forth issuing on a summers' morn, to breathe
Among the pleasant villages and farms
Adjoin'd, from each thing met conceives delight.(제445-448행)
집들이 빽빽이 들어차고 하수로 공기가 오염되는
인구 많은 도시에 오래 갇혀 있다가
여름날 아침에 쾌적한 마을이나 근처
농장으로 공기 마시러 나간 사람이
만나는 것 하나하나에 기쁨을 느끼듯,

또한 콜리지(Coleridge)의 「나이팅게일에게」("To the Nightingale") 제1-2행('Sister of love-lorn Poets, Philomel!/ How many bards in city garret pent' 사랑에 애태우는 시인들의 누이, 나이팅게일이여!/도시의

다락방에 갇혀 있는 얼마나 많은 시인들이)의 울림을 담고 있다.

4] firmament: heaven, sky.

6] lair: den, hideout, hideaway, place for rest(굴, 은신처, 휴식처).

7] debonair: pleasant, gentle, gracious, courteous, sprightly(유쾌한, 사근사근한, 공손한, 활기찬).

8] languishment: anguish, pensive sadness(번민, 시름).

10] Philomel: nightingale.

11] cloudlet: 조각구름.

13] E'en like: just like. E'en: Even((운율을 위해 음절을 줄인 것)).

14] ether: the clear sky.

오랫동안 도시에 갇혀 있던 이에게는
　활짝 열린 맑은 하늘의 얼굴을 보고
　푸른 하늘의 미소를 가득 받으며
기도를 올리는 일은 참으로 즐거워.
누가 이보다 더 행복할 수 있으랴? 흡족한 마음으로
　피로에 지친 몸을 즐거운 은신처인
　나부끼는 풀밭에 던지고, 사랑과 번민의
유쾌하고 다정한 이야기를 읽으니.
저녁때 집으로 돌아오며, 귀로는
　나이팅게일의 노랫가락을 듣고, 눈으로는
흘러가는 조각구름의 눈부신 질주를 보면서 아쉬워하네,
　하루가 미끄러지듯 너무도 빨리 지나가버렸음을.
맑은 하늘에 천사의 눈물방울이
　소리 없이 떨어지듯.

〈해설〉

키츠가 런던의 가장 열악한 지역에 있는 병원에서 일하고 있었던 1816년 6월에 쓴 이 작품은 키츠의 『시집』(*Poems*, 1817)에 실린 이탈리아형 소네트(각운: abba abba cdcdcd)이다. 첫 4행(제1-4행)은 휴일을 맞아 자연으로 나간 시인의 모습을 그리고 있다. 오랫동안 도시에 머물러 있었던 그는 도시에 '갇혀 있던' 것으로 묘사된다. 도시의 삶 자체가 일종의 감옥살이라는 판단이 숨어 있는 표현이다. '활짝 열린 맑은 하늘의 얼굴'을 보았다는 말은 도시와는 달리 건물들로 막혀 있지 않고 먼지와 연기, 소음 등의 공해가 없는 맑은 하늘을 볼 수 있었다는 뜻이다. 여기에서 하늘은 마치 살아있는 존재처럼 의인화되어 있다. 시인은 하늘의 얼굴을 보고 하늘의 미소를 가득 받는 것처럼 느낀다. 자신의 마음이 이런 기쁨을 느끼게 되자 그는 저절로 하늘에 '기도를 올리는' 상태에 이르게 된다.

두 번째 4행(제5-8행)은 수사학적 질문으로 되어 있다. 그는 약간의 피로감을 느끼자 산들바람에 나부끼는 풀밭에 자신의 몸을 기댄다. 여기에서 풀밭은 '즐거운 은신처'로 묘사되어 있다. '은신처'(lair)라는 말은 풀밭이 자신에게는 숨거나 편히 쉴 수 있는 곳이라는 뜻이다. 그는 풀밭에 몸을 맡기고 감미로운 사랑 이야기를 읽으면서 어느 누구도 그런 자신보다 더 행복할 수 없을 것이라고 단언한다.

그러나 그런 행복감은 영속적으로 누릴 수 있는 것이 아니다. 이 시의 후반부 6행(제9-14행)에는 이런 아쉬움이 묘사되어 있다. 그는 날이 저물어오자 집으로 돌아갈 수밖에 없다. 그러나 마지막 순간까지 그의 청각과 시각 등의 감각들은 여전히 자연을 향해 열려있다. 그는 귀를 통해 나이팅게일의 노랫소리를 듣고, 눈을 통해 석양에 찬란히 빛나는 조각구름을 본다. 둥둥 떠가는 구름은 마치 배가 항해를 하는 것처럼 'sailing'이라는 말로 묘사되어 있는데, 이는 시간의 덧없음을 효과적으로 표현한 말이다. 그는 하루가 너무도 빨리 흘러가버렸음을 아쉬워한다. 시간이 어떤 날에만 특별히 빨리 지나가거나 천천히 흘러갈 수는 없다. 그날 하루가 그에게는 특별히 즐거웠음을 나타내는 것이다.

시인은 이 시의 마지막 두 행에서 시간의 덧없음을 맑은 하늘에 소리 없이 떨어지는 천사의 눈물방울로 표현한다. 이것은 날이 저물며 이슬이 맺히기 시작하는 것을 보여주는 것일 수도 있지만, 이 시의 전반부에 묘사된 의인화된 하늘의 연장선상에 있는 표현으로 보인다. 이 시에서 하늘은 heaven(제3행), firmament(제4행), ether(제14행) 등으로 표현되어 있다. 이런 말들은 sky라는 중립적인 말보다는 하늘이 가진 종교적인 느낌과 어울린다. 실제로 이 시는 종교적인 함축으로 가득 차 있는데, 하늘의 얼굴과 미소는 하느님의 얼굴과 미소를 연상시키며, 그래서 그 하늘에 기도를 올린다거나(제4행), 흘러가는 시간에서 천사의 눈물방울(제14행)을 연상하는 것은 놀랄 일이 아니다. 도시와 자연을 대비하며 자연의 우월성을 강조하는 이 작품에서 시인은 산업화된 도시 런던을 벗어나 자연에 나와서 단순한 평화로움뿐만 아니라 종교적인 경건함과 희열까지 느꼈던 것이다. 다만 그것이 너무 짧았음을 아쉬워하고 있다.

The Poetry of Earth(**On the Grasshopper and Cricket**)

The poetry of earth is never dead:
    When all the birds are faint with the hot sun,
    And hide in cooling trees, a voice will run
From hedge to hedge about the new-mown mead;
That is the Grasshopper's—he takes the lead
    In summer luxury,—he has never done
    With his delights; for when tired out with fun
He rests at ease beneath some pleasant weed.
The poetry of earth is ceasing never:
    On a lone winter evening, when the frost

Has wrought a silence, from the stove there shrills
The Cricket's song, in warmth increasing ever,
And seems to one in drowsiness half lost,
The Grasshopper's among some grassy hills.

〈주석〉

2] faint: feeling exhausted.
4] new-mown: newly cut down.
mead: meadow((각운과 운율을 위해 음절을 하나로 줄인 형태)).
13] in drowsiness half lost: half lost in drowsiness(반쯤 졸음에 빠진).

대지의 시는 사라지는 일이 없네.
모든 새들이 뜨거운 햇볕에 기진하여
서늘한 나무 그늘에 숨을 때, 막 풀을 벤 목장
생울타리에서 이어지며 흐르는 목소리가 있을 것이니
그것은 여름 향락에서 앞장서는
베짱이의 목소리. 녀석의 기쁨에는
끝이 없다. 재미에 지치면
쾌적한 풀밭 어딘가에서 편히 쉬니까.
대지의 시는 그치는 일이 없네.
호젓한 겨울 저녁, 서리가 정적을
만늘고 있을 때, 난롯가에서 들리는
귀뚜라미 노랫소리, 점차 따뜻해지는 가운데
반쯤 졸음에 빠진 사람에게는 풀이 우거진
언덕 어딘가에서 들리는 베짱이 노랫소리 같네.

〈해설〉

이 작품은 1816년 12월 30일에 쓴 소네트(1817년 발행)로서, 이에 관해서는 다음과 같은 이야기가 전한다. 어느 겨울 저녁, 키츠와 그의 친구 리 헌트(Leigh Hunt)는 함께 벽난로 앞에 앉아 있으면서 귀뚜라미가 우는 소리를 듣게 되었다. 그들은 헌트의 제안에 따라 '베짱이와 귀뚜라미'를 주제로 15분 내에 소네트를 쓰는 시합을 했다. 「카우든 클라크」("Cowden Clarke"), 「월계관을 받고서」("On Receiving Laurel Crown"), 「밀턴의 머리타래를 보고서」("On Seeing a Lock of Milton's Hair"), 「나일강에게」("To the Nile")와 같은 작품들도 헌트와의 시합 중에 쓴 것으로 알려져 있다. 헌트는 다음의 「베짱이와 귀뚜라미에게」("To the Grasshopper and the Cricket")라는 소네트를 썼다.

Green little vaulter in the sunny grass,
Catching your heart up at the feel of June,
Sole voice that's heard amidst the lazy noon,
When even the bees lag at the summoning brass;
And you, warm little housekeeper, who class
With those who think the candles come too soon,
Loving the fire, and with your tricksome tune
Nick the glad silent moments as they pass;
Oh sweet and tiny cousins, that belong
One to the fields, the other to the hearth,
Both have your sunshine; both, though small, are strong
At your clear hearts; and both were sent on earth
To sing in thoughtful ears this natural song:
Indoors and out, summer and winter,—Mirth.

햇볕이 잘 드는 풀밭에서 튀는 작은 초록,
6월의 느낌으로 마음을 사로잡는다.
벌들조차 붕붕대는 나팔 부는 걸 꾸물대는
나른한 대낮에 들리는 유일한 소리.
그리고 너, 따뜻한 꼬마 기정부, 불을 사랑하여
촛불이 너무 빨리 탄다고 생각하는 이들과

같은 부류. 즐거운 침묵의 순간들이 지나갈 때
절묘한 곡조로 그 침묵을 깨뜨리는 너.
오, 아름다운 꼬마 사촌들, 하나는
들판에, 또 하나는 난로에 속하며
둘 다 당신의 햇빛을 받네. 둘 다, 작지만,
당신의 맑은 마음에 크게 울리며, 둘 다, 생각이 깊은 귀에
이 자연의 노래를 부르도록 지상으로 보내졌지,
집안과 집밖에서, 여름과 겨울에—환희의 노래를.

두 사람 모두 주어진 시간 안에 소네트를 지었지만, 키츠가 조금 빨랐다고 한다.

애초에 헌트가 각각 낮과 밤에 우는 곤충들로서 베짱이와 귀뚜라미를 떠올리고 그것들을 주제로 시를 지어보자고 했던 것인데, 이 점은 키츠의 시에도 잘 나타나 있다. 이 소네트(각운: abba abba cdecde)의 전반부 8행(octave)은 뜨거운 여름날 낮에 노래하는 베짱이를, 후반부 6행(sestet)은 추운 겨울날 밤에 노래하는 귀뚜라미를 묘사하고 있다. 키츠는 새들과 곤충들의 울음소리 등 자연에서 들을 수 있는 소리들을 '대지의 시'라고 표현한다. 인간이 아닌 자연이 쓰는 시 혹은 자연이 부르는 노래라는 말이다. 그런데 이 대지의 시는 새들만이 쓸 수 있는 것은 아니다. 햇볕이 뜨거워 새들조차 그늘 속에 숨어버릴 때도 베짱이는 울타리에서 계속 노래한다. 그래서 키츠는 '대지의 시는 사라지는 일이 없네.'라고 말한다.

후반부의 첫머리(제9행)에는 같은 내용이 '대지의 시는 그치는 일이 없네.'라는 말로 표현되어 있다. 후반부의 배경은 '서리가 정적을 만들고 있는' 겨울밤이다. 이 구절은 특히 헌트가 감탄했던 부분이다("Ah! that's perfect. Bravo Keats!"). 여기에서 서리는 모든 소리를 사라지게 하는 정적의 창조자로 의인화되어 있다. 정적이 깃든 서리 내리는 겨울

날 밤에는 귀뚜라미의 노랫소리가 더욱 뚜렷이 들릴 것이다. 시인은 이 귀뚜라미의 노랫소리가 따뜻한 난롯가에 앉아서 졸음에 빠져 있는 사람에게는 여름날의 베짱이의 노래처럼 들린다고 말한다. 귀뚜라미도 베짱이와 마찬가지로 훌륭한 대지의 시인이라는 뜻이다.

베짱이와 귀뚜라미는 이렇듯 각각 여름과 겨울, 낮과 밤, 집밖과 집안에서 그치지 않고 노래함으로써 인간은 사시사철 언제나 대지의 시를 들을 수 있게 되는 것이다. 시인은 미미한 곤충에 불과한 베짱이와 귀뚜라미 울음소리가 새들의 울음소리에 못지않은 훌륭한 자연의 노래와 시가 될 수 있음을 말하고 있다. 이들이 부르는 노래에 대한 찬미는 결국 자연에 대한 찬미이며, 아무리 보잘것없는 존재일지라도 자연물 하나하나는 모두 소중함을 말하고 있다. 다른 한편으로는 이들이 여름의 더위와 겨울의 추위에도 아랑곳하지 않고 노래함으로써 인간이 곤경 가운데서도 잃어버리지 말아야 할 희망을 암시하고 있는 것처럼 보인다.

On Seeing the Elgin Marbles

My spirit is too weak—mortality
    Weighs heavily on me like unwilling sleep,
    And each imagined pinnacle and steep
Of godlike hardship tells me I must die
Like a sick eagle looking at the sky.
    Yet 'tis a gentle luxury to weep
    That I have not the cloudy winds to keep
Fresh for the opening of the morning's eye.
Such dim-conceived glories of the brain
    Bring round the heart an undescribable feud;

So do these wonders a most dizzy pain,
　That mingles Grecian grandeur with the rude
Wasting of old time—with a billowy main—
　A sun—a shadow of a magnitude.

〈주석〉

1] mortality: 필사(必死), 필멸(必滅), 죽을 수밖에 없는 운명.

3] pinnacle: peak, the highest point(정점, 절정, 꼭대기).
steep: steep place(가파른 벼랑).

5] Like a sick eagle looking at the sky: 독수리들은 눈을 껌벅이지 않고 태양을 볼 수 있다는 설이 있다. 헤이든은 이 부분에 대해 '나는 이보다 더 훌륭한 이미지를 알지 못한다.'고 말했다. 같은 주제로 쓴 또 다른 소네트인 「헤이든에게」("To Haydon")에도 이와 유사한 'I have not eagle's wings'(나는 독수리의 날개가 없네)라는 구절이 나온다.

8] the morning's eye: the rising sun.

10] Bring round the heart an undescribable feud: 셰익스피어의 『햄릿』 제5막 2장 제206행과 유사함('how ill all's here about my heart' 여기 내 심장께가 온통 얼마나 아픈지). feud: quarrel, contention, hostility (especially between two families).

13] billowy: surging.
main: open ocean(탁 트인 대양); high sea(파도치는 바다).

내 정신은 너무 나약하다. 인생의 유한성이
　내키지 않은 잠처럼 나를 무겁게 짓누른다.
　엄청난 고난의 산꼭대기와 벼랑을 떠올리면
그것들은 하나같이 말해준다, 내가 죽을 수밖에 없다고
하늘을 바라보는 병든 독수리처럼.
　하지만 아침의 눈이 열리도록 상쾌하게 해야 할
　구름 같은 바람이 없다고 우는 것은
가벼운 사치.
머릿속으로 어렴풋이 상상한 영광들은
　가슴에 형언할 수 없는 갈등을 일으킨다.

이 경이로운 작품들도 마찬가지로 심히 아찔한 고뇌를 주느니
그리스의 장엄함을 오랜 세월의 거친 풍화와
거친 파도가 이는 바다와 태양,
거대한 그림자와 뒤섞는다.

〈해설〉

〈엘긴의 대리석〉이란 엘긴 백작(The Seventh Earl of Elgin, 1766-1841)이 오토만제국의 영국대사로 근무하면서 파르테논신전에서 뜯어온 대리석 조각과 부조작품들을 말한다. 그는 당시에 그리스를 점령하고 있었던 터키 권력자들의 허가를 받아 파르테논신전 폐허로부터 막대한 양의 조각품들을 취득할 수 있었다. 엘긴은 엄청난 돈을 들여 이 작품들을 영국에 반입함으로써 불가피한 것처럼 보였던 파괴로부터 구해냈지만, 약탈하다시피 가져온 다른 나라의 문화재들을 국가가 구입하는 문제는 많은 사람들의 논쟁거리였다. 키츠의 화가 친구인 벤자민 헤이든(Benjamin Haydon)은 신과 영웅들, 켄타우로스와 말들, 전쟁과 제사 장면 등을 소재로 한 이 그리스 조각품들에 열광했고, 이들을 정부가 사들이도록 적극적으로 권고하는 글들을 계속 발표했다. 결국 1816년 영국정부는 기금을 조성해서 엘긴이 반입한 이 예술품들을 엘긴이 투자한 돈에 못 미치는 액수인 3만6천 파운드에 사들였다. 대영박물관에 전시된 이 조각품들의 공식명칭은 〈파르테논 대리석 작품들〉('Parthenon Marbles')이었다.

1817년 3월 2일 키츠는 헤이든을 따라 대영박물관에 가서 그리스 조각품들을 관람하게 되는데, 이 시는 바로 그날 저녁에 쓴 소네트로 알려져 있다. 키츠는 거듭해서 박물관을 찾았고 이 조각품들 옆에서 황홀한 몽상에 빠진 채 어떤 때는 한 시간 이상씩 앉아 있곤 했다고

한다. 이런 경험은 키츠의 또 다른 시 「그리스 도자기에 부치는 송시」("Ode on a Grecian Urn")를 낳는 계기가 되기도 했다.

이 소네트의 전반부 8행(octave)은 인간 삶의 유한성과 고난을 무겁게 인식하는 시인의 모습을 보여준다. 키츠는 자신이 하늘을 바라보기만 할 뿐 솟구쳐 날아오를 수 없는 '병든 독수리'와 같다고 말한다. 이것은 하늘이 표상하는 초월적 이상세계를 추구했던 키츠가 지속적으로 겪을 수밖에 없었던 고통을 여실히 보여주는 이미지이다. 독수리이면서도 날지 못하고 지상에 꼼짝없이 묶여있을 수밖에 없는 상태에서 오는 고통이다.

소네트의 후반부 6행(sestet)에서 시인은 인간의 이런 한계가 그것과 대비된 영광이나 장엄함을 상상하거나 대할 때 더욱 두드러진다고 말한다. 영광의 세계를 희미하게나마 머릿속으로 상상하기라도 하면, 그런 세계에 도달할 수 없는 인간에게는 마음속에 갈등이 일어나게 된다. 그런데 단순히 머릿속으로 상상하는데 그치지 않고 그런 영광의 세계, 장엄의 세계를 직접적으로 보여주는 경이로운 그리스 조각품들을 대하게 되면, 그것들은 시인에게 심하게 '아찔한 고뇌'를 일으키게 된다고 말한다. 시인은 엘긴이 수집한 이 그리스의 예술품들을 보면서 '오랜 세월의 거친 풍화와/ 거친 파도가 이는 바나와 태양'을 떠올리며 동시에 이 모든 것들 위에 드리워진 '거대한 그림자'를 읽고 있다.

키츠는 이 예술품들 속에서 그리스의 장엄함을 보지만 동시에 그 무엇도 시간을 이길 수 없음을 통감하고 있다. 아테네 파르테논신전 부소의 일부였던 이 예술품들은 극치의 미와 장엄함을 보여주었지만, 이제는 종교의 살아있는 일부가 아닌 흩어진 파편들로서 박물관에서 전시되고 있을 뿐이다. 대리석으로 만들어진 과거의 장엄한 예술품들도 이렇게 부서지고 마는데 하물며 인간의 삶은 더 말할 나위가 있겠는가?

이런 관점에서 보자면 둘째 행의 '내키지 않은 잠'이라는 표현은 영원한 잠인 죽음을 피하고 싶은 인간의 바람을 표출하고 있는 것으로 보인다. 동시에 이 표현은 인간이 '원치 않는 죽음'의 뜻이 아니라, 죽음 자체가 주체로서 인간에게 다가오려고 하지 않는다는 뜻으로 보이기도 한다. 말하자면 인간에게 오기를 내켜 하지 않는 죽음에 대한 시인의 무의식적인 갈망을 표현하고 있는 것처럼 느껴진다. 그런 점에서 이 시는 그리스 예술작품에 대해서 그 영원성과 유한성을 동시에 볼 뿐만 아니라 죽음에 대해서도 회피하려고 하면서도 동시에 유혹을 느끼는 상반적 태도를 보여주는 매우 복합적인 작품이라고 할 수 있을 것이다.

When I Have Fears

When I have fears that I may cease to be
Before my pen has glean'd my teeming brain,
Before high-piled books, in charactery,
Hold like rich garners the full ripen'd grain;
When I behold, upon the night's starr'd face,
Huge cloudy symbols of a high romance,
And think that I may never live to trace
Their shadows, with the magic hand of chance;
And when I feel, fair creature of an hour,
That I shall never look upon thee more,
Never have relish in the faery power
Of unreflecting love;—then on the shore
Of the wide world I stand alone, and think
Till Love and Fame to nothingness do sink.

〈주석〉

1] cease to be: die.

2] glean'd: gathered (after the reapers).
teeming: plentiful, overflowing.

3] charactery: written or printed words.

4] garners: granaries(곡식창고).

6] romance: 보통 운문으로 된 중세 기사 이야기로서 환상적, 초자연적인 사건들을 알레고리 형태로 다룬다.

9] fair creature of an hour: 이 작품은 키츠가 약혼자 패니 브라운을 만나기 전에 썼던 것으로, 여기에서 언급하고 있는 사람은 키츠가 1814년 놀이공원(Vauxhall Gardens)에서 만났던 어떤 여인이다. 그녀는 키츠의 뇌리에 여러 해 동안 비너스의 현신처럼 남아있으면서 1814년에는 「나를 위해 잔을 넘치도록 채워주오」("Fill for Me a Brimming Bowl"), 이 시가 나온 것과 같은 해인 1818년에는 「놀이공원에서 잠깐 본 아가씨에게」("To a Lady Seen for a Few Moments at Vauxhall")와 같은 작품들을 낳는 동기가 되었다.

11] have relish: enjoy, taste.
faery: fairy, magical.

12] unreflecting: unthinking.

글로써 나의 넘쳐나는 생각의 이삭을 줍기도 전에,
문자화된 높이 쌓인 책들이
풍성한 곡간들처럼 잘 여문 알곡을 담기 전에
내가 죽을지도 모른다는 두려움에 사로잡힐 때면,
별이 총총한 밤하늘에서 기대한 구름이 만들어내는
고귀한 로맨스의 상징들을 바라보고
마법 같은 우연의 손을 빌어 그 자취들을
추적하지 못하고 죽을지 모른다고 생각할 때면,
시간에 사로잡힌 아름다운 존재여!, 내가
그대를 다시는 보지 못하고
맹목적인 사랑의 마력을 즐기지 못할 것이라고
생각할 때면, 나는 광막한 세계의
해안에 외로이 서서 생각에 잠겨
마침내 사랑과 명성의 허무함을 느낍니다.

〈해설〉

1818년 1월 22-31일 사이에 쓴 이 시는 키츠가 페트라르카에서 벗어나 셰익스피어의 소네트들에 깊이 빠진 후에 나온 작품으로, 3개의 4행연구(quatrain)와 한 개의 2행연구(couplet)로 이루어진 셰익스피어식 소네트 형식(각운체계: abab cdcd efef gg)을 가지고 있다. 4행연구들은 'when'(제1,5,9행)으로 시작되는 3개의 종속절을 이루고 있고, 주절은 마지막 부분에서 'then'(제12행)으로 시작되는데, 이러한 When…When…Then…의 구조는 셰익스피어가 즐겨 썼던 방식이기도 하다(셰익스피어 소네트 제12, 15번 참조).

시인은 자신이 인생의 목표를 채 다 이루지 못하고 죽지 않을까 하는 두려움을 갖고 있음을 토로하고 있다. 그 목표는 '**사랑(Love)**과 **명성(Fame)**'이라는 말로 시의 마지막 행에 요약되어 있다. 구체적으로 이 시의 제1-8행은 창작을 통해 이루려고 하는 시인으로서의 '명성'을, 제9-12행은 여인과의 열정적인 '사랑'을 언급하고 있다.

'이삭', '곡간들', '잘 여문 알곡' 등의 이미지에서 드러나듯 이 소네트의 첫 4행(제1-4행)은 창작을 농부들의 추수에 비유하고 있다. 시인은 자신의 머리에 넘쳐나는 생각의 이삭을 줍고, 알곡을 곡식 창고에 가득 저장하듯이 자신의 생각을 글로 써서 책 속에 남기고 싶어 한다. 그는 높이 쌓일 만큼 많은 책들을 써내고 싶지만 자신의 삶이 그 전에 끝나지 않을까 두려워하고 있다.

두 번째 4행(제5-8행)에서 시인은 별이 총총한 밤하늘에 흘러가는 거대한 구름들을 보고 중세적 로맨스의 세계를 생각하며, 그것들을 우연히 떠오르는 영감의 힘을 빌어서 표현해 보고 싶어 한다. 첫 4행이 키츠의 일반적 시 창작 욕구에 관한 언급이라면, 둘째 4행은 그보다는 조금 더 길고 더 낭만적이고 환상적인 로맨스 문학 작품의 창작 욕구에 관한 언급이라고 할 수 있을 것이다. 이와는 달리 둘째 4행을 작품 창작에 관한 이야기가 아닌 키츠 자신의 사랑에 대한 욕구로도 읽을 수 있을 것이다. 말하자면 별이 가득한 밤하늘에 흘러가는 커다란 구름 덩어리들이 만들어내는 형상에서 옛날 기사와 귀부인들이 엮어내던 사랑의 모습을 보면서 자신도 그 자취를 따라 우연이나마 고귀한 사랑의 세계에 빠져보고 싶어 한다는 것이다. 그러나 여기에서 표현된 욕구가 로맨스문학 창작에 관한 것이든 자신의 정신적인 사랑에 관한 것이든 시인은 자신이 이런 것들을 추구할 만큼 충분히 살지 못하고 죽지 않을까 두려워하고 있다.

세 번째 4행(제9-12행 전반)은 사랑에 관한 시인의 바람을 표현하고 있다. 두 번째 4행이 정신적이고 고귀한 사랑의 욕구를 표현하고 있다면, 이 부분에서는 '맹목적인' 육체적 사랑의 욕구를 표현하고 있다고 볼 수 있다. 시인은 자신이 사랑하는 여인을 '시간에 사로잡힌 아름다운 존재여!'라는 말로 지칭하고 있다. 자신과 마찬가지로 이 여인도 역시 유한한 생명을 가진, 사멸할 수밖에 없는 존재임을 깊이 자각하고 있는 것이다. 시인은 이 여인을 다시 만나지 못하고, 그래서 사랑을 즐기지 못하지 않을까 두려워하고 있다.

키츠가 이 시에서 표현한 죽음의 두려움은 인간들이 일반적으로 느끼는 죽음에 대한 두려움 이상의 것으로 보인다. 키츠는 여덟 살의 어린 나이에 아버지를 여의고, 열다섯 되던 해에는 어머니마저 폐병으로 떠나보냈는데, 이 시를 썼던 당시에 키츠의 동생도 폐병을 앓고 있었다. 키츠 자신도 폐병으로 죽을지 모른다는 예감을 강하게 가지고 있었고, 몇 년 후의 그의 죽음은 그 예감이 틀리지 않았음을 보여주었다.

바로 이런 죽음에 대한 두려움이 닥칠 때 시인이 어떻게 대응하는

지가 이 소네트의 마지막 부분(제12행 후반-제14행)에 제시되어 있다. 키츠는 자신이 예감하는 죽음에 대해 심리적으로 저항하지 않는다. 카르페 디엠(carpe diem)식으로 현재의 쾌락을 즐기겠다는 태도를 취하지도 않고, 살아있는 동안 열심히 창작을 하고 열렬히 사랑하겠다고 말하지도 않는다. 내세에 대한 믿음을 바탕으로 어떤 초월적인 세계에 빠지는 것도 아니다. 그는 다만 '광막한 세계의 해안에 외로이 서서' 사랑과 명성이 허무함을 느낀다고 말한다. 이 구절은 사랑이나 명성이 모두 허무한 것이라는 깨달음을 얻을 때까지 깊은 생각에 잠기겠다는 의지로 읽히기도 한다. 사랑과 명성이 허무하다고 느낌으로써 두려움을 떨쳐버리려는 것이다. 여기에서 '가라앉는다'(sink)는 표현은 해안에 서 있는 시인이 앞에 있는 허무의 바다에 사랑과 명성이 빠져서 가라앉는 모습을 보고 있는 이미지를 떠올리게 한다. 시인은 결국 세속적인 명성과 애욕에 대한 집착에서 벗어나 죽음을 받아들이며 체념, 달관의 세계에 빠져들고자 한다.

Bright Star, Would I Were Stedfast as Thou Art

Bright star! would I were stedfast as thou art—
　Not in lone splendour hung aloft the night,
And watching, with eternal lids apart,
　Like Nature's patient sleepless eremite,
The moving waters at their priestlike task
　Of pure ablution round earth's human shores,
Or gazing on the new soft fallen mask
　Of snow upon the mountains and the moors—
No—yet still steadfast, still unchangeable,
　Pillow'd upon my fair love's ripening breast,

To feel for ever its soft fall and swell,
    Awake for ever in a sweet unrest,
Still, still to hear her tender-taken breath,
And so live ever—or else swoon to death.

〈주석〉

1] Bright Star: 북극성(North Star)을 가리킴.
would I were: I wish I were(가정법).
stedfast: steadfast, constant, unchanging.
thou art: you are.
2] hung aloft the night: 밤하늘에 높이 걸린 채. aloft: high up.
3] with eternal lids apart: 영원히 두 눈을 뜨고. lids: eyelids.
4] eremite: hermit(은둔자).
6] ablution: religious cleaning. 세정식(洗淨式), 목욕재계(沐浴齋戒). 종교 의식 때 몸이나 손발, 옷, 제기(祭器) 등을 깨끗이 씻는 행위.
9] No: 제2행의 'Not' 이하의 내용을 다시 받은 것.
still: always.
11, 12] for ever: forever.
12] sweet unrest: 달콤한 불안감((일종의 모순어법 oxymoron)).
14] ever: forever.
or else: otherwise (I would).
swoon to death: 졸도해서 죽다.

빛나는 별이여! 나도 너처럼 한결같으면 좋겠다.
    밤하늘에 높이 걸려 외롭게 빛나며
영원히 두 눈을 뜨고
    자연의 잠들지 않는 끈기 있는 은둔자처럼
인간이 사는 대지의 해안을 두루 깨끗이 씻어주는
    사제와 같은 일을 하는 일렁이는 바닷물을 지켜보거나
혹은 새로 내린 눈이 산과 황야를
    부드럽게 덮고 있는 것을 응시하고 싶은 게 아니라,
아니 그런 게 아니라, 늘 한결같고 늘 변함없이
    내 아름다운 애인의 무르익어가는 젖가슴을 베고

그 가슴이 부드러이 오르내리는 것을 영원히 느끼며
　　달콤한 동요 속에서 영원히 잠이 깬 채
늘 언제나 그녀의 부드러운 숨소리를 들으며
그렇게 영원히 살았으면, 그렇지 않으면 졸도해 죽었으면.

〈해설〉

흔히 이 작품은 키츠가 폐병이 악화되자 의사와 친구들의 권유로 요양을 위해 이탈리아로 떠날 때 배에서 쓴 '최후의 소네트'로 알려져 있다. 키츠는 다시 고국으로 돌아가 약혼자 패니 브라운을 만나지 못하고 타국에서 죽을 것이라는 비극적 예감에 사로잡힌 채 갑판에 홀로 서서 밤하늘에 반짝이는 별을 바라보며 이 시를 쓴 것으로 전해지고 있다. 그러나 극적으로 보이는 이 이야기는 다소 과장된 부분이 있다. 실제로 이 소네트는 1819년, 혹은 이미 그전에 썼던 것으로서, 다만 1820년 이탈리아로 가는 최후 항해 때 수정을 한 것으로 보인다.

첫 행에서 시인은 밤하늘에 빛나는 별을 바라보며 자신도 별처럼 한결같기를 바란다. 별은 키츠의 다른 시들에 나오는 그리스 도자기나 나이팅게일처럼 시인이 도달할 수 없는 하나의 이상적 세계로 등장한다. '한결같다'는 말에 주목하여 이 별은 밤하늘에서 유일하게 움직이지 않으며 항해의 길잡이가 되는 별인 북극성이라고 보는 사람들이 있다. 반면, '외롭게 빛나며'라는 표현에 주목하여 초저녁과 새벽녘에 유독 그 빛이 두드러지는 샛별 금성이라고 보는 이들도 있다.

변화하는 세계에 살고 있는 유한한 생명을 가진 인간이 별처럼 한결같기를 바랄 수는 없다. 이 시는 전체적으로 '한결같이' '영원히' '늘' '변함없이' '언제나'와 같이 비슷한 의미를 가진 표현들이 반복된다. 인간의 유한성을 인식하면서 동시에 그것을 벗어나고 싶은 화자의 열망이 표현된 것이다. 그런데 실제로 시인은 별이 한결같음을 보여주는 그런 점에서 한결같기를 바라지는 않는다. 이 소네트의 전반부 8행(octave)은 별의 한결같음을 보여주는 두 가지 예를 제시하면서, 시인은 그런 점에서 별을 닮고 싶은 것은 아니라고 말한다. 별은 밤하늘에 외롭게 빛나며 인간이 사는 대지를 두루 씻어주는 바닷물의 움직임을 지켜보되, 영원히 두 눈을 뜬 채로 결코 잠드는 일이 없이 끈기 있게 지켜본다. 또한 별은 새로 내린 부드러운 눈이 산과 황야를 덮고 있는 것을 높은 곳으로부터 응시한다.

이 소네트의 후반부 6행(sestet)의 첫머리에서 시인은 그런 점에서 별의 한결같음을 닮고 싶은 것이 아니라는 점을 다시 분명히 하면서('아니 그런 게 아니라'-제9행), 자신이 어떤 점에서 한결같기를 바라는지 설명한다. 시인은 영원히 자기 애인의 풍성한 젖가슴을 베고 그 가슴이 오르락내리락하는 것을 영원히 느끼며 언제나 애인의 숨소리를 들으면서 그렇게 영원히 살고 싶어 한다. 말하자면 시인이 한결같기를 바라는 것은 애인과 나눌 수 있는 사랑의 영원함이다. 시의 말미에서 시인은 그렇지 못할 바에는 차라리 죽는 게 낫다고 말한다.

이 작품의 문제점 중의 하나는 별이 바다 및 산, 황야와 갖는 관계와 시의 화자가 그 애인과 갖는 관계의 유비(類比)가 적절치 못하다는 것이다. 별이 바다와 산, 황야를 내려다보는 모습과 화자가 사랑하는 임의 품에 안겨 있는 모습은 서로 아무런 유사성이 없다는 말이다. 또 다른 문제점은 시의 초반부에 나오는 은둔자나 사제의 이미지, 갓 내린 눈의 이미지가 시의 후반부에 나오는 화자와 그 애인의 사랑이라는 내용과 무슨 연관성이 있는지 모호하다는 것이다.

첫 번째 문제의 경우, 별이 자연을 내려다보는 모습과 화자가 바라는 임을 안고 있는 모습은 단지 '한결같다', '영원하다'라는 점에서만 유사할 따름이다. 굳이 초반부 묘사의 필요성이 있다면, 별은 바다나 산으로부터 멀리 떨어져서 혼자 그것들을 지켜보고만 있을 따름인데 반해서 화자 자신은 임과 둘이 함께 붙어서 사랑하고 싶다는 대조적 바람을 표현하기 위한 것이라고 말할 수 있다. 두 번째 문제의 경우, 별이 아무리 성스럽고 고고한 일을 한다고 해도 자신은 그런 별처럼 되기보다는 임의 품에 안겨 사랑을 하는 게 낫다는 생각을 표현한 것으로 볼 수 있다. '은둔자', '깨끗이 씻어주는'(세정식), '사제'와 같은 표현에서 보이듯 이 시에서 묘사된 별의 모습에는 종교적인 느낌이 강하게 나타난다. 그러나 별은 멀리 떨어져서 인간세계를 응시할 뿐 인간세계의 아름다움을 껴안지 못한다. 시인은 그렇게 외롭게 영원성을 누리고 싶어 하지는 않는다. 시인이 원하는 것은 그런 차가운 영적, 정신적 고고함이나 신성함, 참을성이 아니라 애인과의 뜨거운 육체적인 교감, 그 교감의 영원성이다. 시간에 사로잡힌 세계에 사는 인간은 별이 보여주는 무시간적 영원성을 누릴 수 없다. 키츠는 별을 바라보며 자신의 인간으로서의 한계를 인식하면서도 동시에 그 한계를 넘어서는 사랑을 소원하고 있다.

Sonnet to Sleep

O soft embalmer of the still midnight!
Shutting, with careful fingers and benign,
Our gloom-pleas'd eyes, embower'd from the light,
Enshaded in forgetfulness divine;
O soothest Sleep! if so it please thee, close,
In midst of this thine hymn, my willing eyes.
Or wait the Amen, ere thy poppy throws

Around my bed its lulling charities;
Then save me, or the passed day will shine
Upon my pillow, breeding many woes;
Save me from curious conscience, that still lords
Its strength for darkness, burrowing like a mole;
Turn the key deftly in the oiled wards,
And seal the hushed casket of my soul.

〈주석〉

1] embalmer: one who treats a dead body to preserve it.
1-4] 셰익스피어『헨리4세 제2부』, 제3막 1장 제5행 이하 참조: ‘오 잠이여, 오 다정한 잠이여,/ 자연의 부드러운 보모여, 어찌 나는 너를 놀라게 하여/ 너는 더 이상 내 눈꺼풀을 닫아/ 내 감각들을 망각 속에 빠뜨리려고 하지 않는가?’(O sleep, O gentle sleep,/ Nature's soft nurse, how have I frighted thee,/ That thou no more wilt weigh my eyelids down/ And steep my senses in forgetfulness?)
2] with careful fingers and benign: with careful and benign fingers. benign: kind, generous.
3] embower'd: surrounded as in a bower; covered with foliage.
5] soothest: ((키츠가 만든 말)) softest, most soothing.
6] this thine hymn: this hymn of thine.
7] ere: before.
11] curious: scrupulous.
lords: marshals, arrays. captains. Woodhouse는 ‘lords’에 줄을 긋고 ‘hoards’를 써넣음.
13] oiled wards: 소리가 나지 않도록 기름을 칠한 열쇠 구멍.

빛으로부터 차단되고 성스러운 망각 속에 가려진 채,
어둠을 좋아하는 우리의 눈을
세심하고 인자한 손길로 닫아주는
오! 고요한 밤에 부드러이 향을 뿌리는 자여.
오! 더없이 부드러운 잠이여. 괜찮으시다면, 내가 당신에 대한
이 찬미가를 부르는 동안, 원하는 대로 내 눈을 감겨주소서.

아니면, 당신의 마약이 그 잠재우는 자비를 내 침상 주위에
베풀기 전에는 '아멘'을 외치지 마소서.
그래서 나를 구해 주소서. 그렇지 않으면 지나간 낮이
내 베개 위를 비추어 많은 고통이 되살아날 것입니다.
두더지처럼 굴을 파면서 아직도 어둠에 힘을 행사하는
소심한 양심으로부터 나를 구해 주소서.
기름 먹인 열쇠 구멍 속으로 능숙하게 열쇠를 돌려서
내 영혼의 잠잠해진 관을 밀봉해 주소서.

〈해설〉

1819년 4월에 쓴 이 소네트는 전체적으로 낮과 밤의 대립에 근거해서 전개되고 있다. 시인은 깨어 있는 낮 시간의 고통을 벗어나 깊이 잠들고 싶어 한다. 그에게 평정과 안식을 가져다줄 잠은 동시에 죽음에 대한 비유로 나타난다. 따라서 이 작품은 죽음에 대한 시인의 욕구와 예감을 동시에 표현하고 있다고 볼 수 있다.

시인은 첫 4행(제1-4행)에서 잠을 '향을 뿌리는 자'(embalmer)로 칭하며 불러들인다. 여기에서 '향을 뿌리는 자'라는 말은 시신이 썩지 않게 방부 처리하는 사람을 말한다. 잠이 죽음의 비유로 쓰이는 것은 흔한 일이지만 첫 행부터 이미 시인은 잠에서 죽음을 예감하고 있는 것처럼 보인다. 그러면서도 잠은 부드럽게 향을 뿌려 온전히 시신을 보존해 주는 존재로 표현된다. 시인이 꿈꾸는 것은 잠-죽음을 통한 자신의 완전한 소멸이 아니라 죽음과 같은 안온한 상태의 영원한 지속으로 보인다. 이 소네트에서는 밤과 잠을 묘사하는 어휘들은 '세심하고' '인자한' '성스러운' '부드러이 향을 뿌리는 자'와 같이 한결같이 긍정적인 것들로 나타난다.

두 번째 4행(제5-8행)에서 시인은 한 번 더 잠을 부른다. 첫 4행이 단

순히 사람들('우리')에게 미치는 잠의 영향력을 묘사했다면, 두 번째 4행에서는 시인 자신('내가' '내 눈' '내 침상')에게 미치는 잠의 영향력과 관계된 자신의 바람을 표현하고 있다. 잠의 영향력을 마약(양귀비)이라고 부르고 있지만, 결코 부정적인 의미가 담겨 있는 것은 아니다. 시인은 이 시를 '당신에 대한/ 이 찬미가'라고 부른다. '찬미가' '자비' '아멘'과 같은 표현은 시인이 잠에 대해 종교적인 신성함까지 부여하고 있음을 보여준다.

시인이 왜 그토록 잠을 애타게 청하고 있는지 그 이유가 세 번째 4행(제9-12행)에서 분명히 나타난다. 잠을 부르는 시인의 목소리는 더욱 절박해진다. 시인은 잠을 통해 낮의 세계로부터 도피하고자 한다. 침대에 누워서도 빨리 잠들지 못하면 지나간 낮의 고통이 되살아날 것이며 소심한 양심이 깨어나서 그를 괴롭힐 것이라고 한다.

마지막 2행연구(제13-14행)에서 시인은 잠이 자신의 영혼을 완전히 밀봉해 주기를 바라고 있다. '영혼의 잠잠해진 관'이라는 표현은 시인이 바라는 것이 단순한 잠이 아니라 죽음이라는 사실을 한번 더 확실하게 암시한다. 키츠는 폐결핵 진단을 받기 이전부터 늘 죽음의 문제를 천착했던 것으로 보인다. 「엘긴의 대리석 조각품들을 보고」("On Seeing the Elgin Marbles")나 「내가 두려움에 사로잡힐 때면」("When I Have Fears") 같은 소네트에서 인간의 유한성과 죽음에 대한 아쉬움과 두려움을 표현했다면, 이 소네트에서는 오히려 죽음을 감미로운 것으로 받아들이는 태도를 보여주고 있다. 시인은 잠-죽음을 의인화하여 마치 연인에게 하듯 부르며 대하고 있다. '차단되고' '가려진 채' '손길' '내 침상' '내 베개'와 같은 시구는 은밀히 침대에 함께 있는 두 연인을 연상시킨다. 이 작품은 인간이 일생을 살면서 겪게 되는 괴로움과 고통, 그리고 그것들로부터 도피하고자 하는 시인의 바람을 표현한 것이면서도 마치 한 편의 사랑시처럼 보이는 것은 바로 그런 점 때문이다.

Ode to a Nightingale

1

My heart aches, and a drowsy numbness pains
My sense, as though of hemlock I had drunk,
Or emptied some dull opiate to the drains
One minute past, and Lethe-wards had sunk:
'Tis not through envy of thy happy lot,
But being too happy in thy happiness,—
That thou, light-winged Dryad of the trees,
In some melodious plot
Of beechen green, and shadows numberless,
Singest of summer in full-throated ease.

〈주석〉

2] hemlock: 독미나리, 독당근(소크라테스가 마신 독배도 이것으로 만들었다).

3] dull opiate: 감각을 둔하게 만드는 아편.
to the drains: to the dregs(찌꺼기까지).

4] One minute past: one minute ago(조금 전에).
Lethe-wards had sunk: had sunk Lethe-wards(망각의 강 쪽으로 가라앉았다. 망각의 강에 빠졌다). Lethe: mythological river of forgetfulness.

5] thy happy lot: 너[나이팅게일]의 행복한 신세(운명).

7] Dryad: 나무의 요정(tree nymph); 숲의 요정(nymph of woods).

8] some melodious plot: 아름다운 선율이 흐르는 곳. 'melodious'는 nightingale에 붙어야 할 형용사인데 plot에 붙어 있다. 일종의 transfcrred cpithct(전이 수식어).

9] Of beechen green: 너도밤나무의 녹음이 깃든.

shadows numberless: 수없이 많은 나무 그늘.

10] Singest: 제7행의 thou에 연결되는 동사. -est는 주어 thou에 상응하는 동사의 어미.

full-throated ease: 목청껏 마음 놓고.

2

O for a draught of vintage! that hath been
Cooled a long age in the deep-delved earth,
Tasting of Flora and the country green,
Dance, and Provençal song, and sun-burnt mirth!
O for a beaker full of the warm South,
Full of the true, the blushful Hippocrene,
With beaded bubbles winking at the brim,
And purple-stained mouth;
That I might drink, and leave the world unseen,
And with thee fade away into the forest dim:

〈주석〉

11] O for a draught of vintage!: 아, 포도주 한 잔 했으면! vintage: wine.

12] a long age: 오랫동안.

13] Tasting of: … 의 맛이 나는.

Flora: 꽃의 여신; 꽃.

14] Provençal: Provence는 음유시인들로 유명한 옛 프랑스 남동부지역.

15] warm South: Southern wine.

16] blushful Hippocrene: 붉은(얼굴을 붉게 만드는) 히포크레네. 'blushful'은 일종의 transferred epithet(전이수식어). 히포크레네는 시신들이 마신다는 헬리콘산의 샘물(the fountain of the Muses on Mount Helicon)로서, 시적 영감의 원천. 여기서는 포도주를 말하지만, 이 시의 전체적인 내용으로 볼 때 영감을 암시하기도 한다.

18] purple-stained mouth: purple-colored lip of beaker.

19-20] That I might drink, and leave … and fade away … 식의 문장.

20] forest dim: dim forest.

3

Fade far away, dissolve, and quite forget
What thou among the leaves hast never known,
The weariness, the fever, and the fret
Here, where men sit and hear each other groan;
Where palsy shakes a few, sad, last gray hairs,
Where youth grows pale, and spectre-thin, and dies;
Where but to think is to be full of sorrow
And leaden-eyed despairs;
Where Beauty cannot keep her lustrous eyes,
Or new Love pine at them beyond tomorrow.

〈주석〉

21] Fade far away: 제20행의 'fade away'를 이어받아 반복하는 말.

22] What thou among the leaves hast never known(네가 나뭇잎들 가운데서 결코 알지 못했던 것들): 다음 행에 나오는 'The weariness, the fever, and the fret/ Here'(지상에 사는 인간이 겪는 온갖 고통)를 지칭함. 이 고통의 구체적인 내용은 제25, 26, 27, 29행에 나오는 'Where…' 이하에서 언급되고 있다.

25] palsy: 의인화되어 있다. youth(제26행), Beauty(제29행), Love(제30행)도 마찬가지.

26] Where youth grows pale, and spectre-thin, and dies: 동생 Tom을 염두에 두고 있는 듯. Tom Keats는 1818년 나이 스물이 되기도 전에 폐병으로 세상을 떠났다. spectre-thin: thin as a spectre.

4

Away! away! for I will fly to thee,
Not charioted by Bacchus and his pards,
But on the viewless wings of Poesy,
Though the dull brain perplexes and retards:
Already with thee! tender is the night,
And haply the Queen-Moon is on her throne,

Clustered around by all her starry Fays;
But here there is no light,
Save what from heaven is with the breezes blown
Through verdurous glooms and winding mossy ways.

〈주석〉

31] Away! away!: 술은 그만둬!(제2연에서 술의 힘을 빌어서 나이팅게일의 세계에 들어가려고 했던 것을 그만두겠다는 말. 이제는 술 대신 시의 힘을 빌어서 그 세계에 들어가겠다고 말한다).

32] pards: leopards(표범). 주신(酒神) Bacchus[Dionysus]는 표범과 함께 놀며 자랐고, 흔히 표범을 탄 모습으로 그려진다.

33] viewless wings of Poesy: 시신들은 날개 달린 말 Pegasus를 타고 다닌다고 한다. Pegasus는 영감의 상징으로서, 'viewless'라고 말하는 것은 영감이 눈에 보이지 않는 정신적, 영적 세계에 속하는 것이기 때문이다. viewless: invisible.

36] haply: by chance, perhaps.

37] Fays: fairies.

38] here: 시인이 현재 있는 지상의 어두운 밤 세계.

39] Save: except. 여기에서 what 이하는 반딧불을 지칭하는 것으로 보임.

40] verdurous: freshly green(푸른 초목으로 덮인).

5

I cannot see what flowers are at my feet,
Nor what soft incense hangs upon the boughs,
But, in embalmed darkness, guess each sweet
Wherewith the seasonable month endows
The grass, the thicket, and the fruit-tree wild;
White hawthorn, and the pastoral eglantine;
Fast-fading violets covered up in leaves;
And mid-May's eldest child,
The coming musk-rose, full of dewy wine,
The murmurous haunt of flies on summer eves.

〈주석〉

42] incense: 주로 종교 의식에 쓰이는 향을 말하는데, 여기서는 꽃향기(scent of a flower)를 말함.

43] embalmed: 원래는 시체에 방부처리를 해서 미라로 만들었다는 말인데, 여기서는 '향기롭다'(fragrant)는 뜻.
sweet: sweet flavor, smell.

44] Wherewith the seasonable month endows: With which the seasonable month endows. 'endow A with B'의 구문. the seasonable month: 여기서는 5월(May)을 말함.

46] hawthorn: 산사나무, 아가위나무.
eglantine: 들장미(sweetbrier).

48] mid-May's eldest child: 다음 행에 나오는 'The coming musk-rose'와 동격.

49] musk-rose: musk rose(사향장미).

50] murmurous: 일종의 transferred epithet(원래는 'flies'에 붙어야 할 수식어).
haunt: 자주 찾아오는 곳.
eves: evenings.

6

Darkling I listen; and for many a time
I have been half in love with easeful Death,
Called him soft names in many a mused rhyme,
To take into the air my quiet breath;
Now more than ever seems it rich to die,
To cease upon the midnight with no pain,
While thou art pouring forth thy soul abroad
In such an ecstasy!
Still wouldst thou sing, and I have ears in vain—
To thy high requiem become a sod.

〈주석〉

51] Darkling I listen: I listen in the dark.

53] rhyme: poem.

54] To take into the air my quiet breath: '조용히 숨을 거둔다'는 뜻.

56] cease: cease to exist; die.

60] requiem: 키츠 자신의 실제 죽음을 예견하는 일종의 prolepsis(예변법 豫辯法).
sod: (무덤의) 잔디, 뗏장.

7

Thou wast not born for death, immortal Bird!
No hungry generations tread thee down;
The voice I hear this passing night was heard
In ancient days by emperor and clown:
Perhaps the self-same song that found a path
Through the sad heart of Ruth, when, sick for home,
She stood in tears amid the alien corn;
The same that oft-times hath
Charmed magic casements, opening on the foam
Of perilous seas, in faery lands forlorn.

〈주석〉

64] clown: 어릿광대(jester) 혹은 시골뜨기(peasant, rustic)의 뜻.

65] self-same: selfsame, exact, same, identical.

66] Ruth: 성경「룻기」의 중심인물로서, 유대인(Jews) 남편이 죽은 후에도 친정인 모압(Moab)족에 남지 않고 시어머니를 따라 베들레헴에 가서 살다가 보아즈(Boaz)와 결혼하여 다윗왕의 조상이 된 여인.

67] corn: wheat.

69] casements: casement windows(여닫이창).

70] faery lands: fairylands.

8

Forlorn! the very word is like a bell
To toll me back from thee to my sole self!
Adieu! the fancy cannot cheat so well

As she is famed to do, deceiving elf.
Adieu! adieu! thy plaintive anthem fades
Past the near meadows, over the still stream,
Up the hill-side; and now 'tis buried deep
In the next valley-glades:
Was it a vision, or a waking dream?
Fled is that music:—do I wake or sleep?

〈주석〉

71] Forlorn: lonely, desolate, dreary. 제7연 마지막에 나오는 'forlorn'을 이어받아 반복한 것.

72] sole: only, lonely, solitary.

74] she: 앞 행에 나온 fancy를 지칭함.

75] plaintive anthem: sorrowful hymn(구슬픈 찬미가).

1

내 가슴은 저리고, 나른하게 파고드는 마비가 내 감각을
괴롭게 한다, 마치 조금 전에 독약을 마시거나
감각을 둔하게 만드는 아편을 찌꺼기까지 들이켜서
망각의 강에 빠지기라도 한 것처럼.
이는 너의 행복한 신세를 시샘해서가 아니라
네가 행복한 것이 너무 행복하기 때문이다.
날개가 가벼운 나무의 요정인 네가
너도밤나무의 녹음이 깃든 아름다운 선율이 흐르는 곳,
수없이 많은 나무 그늘 속에서
목청껏 마음 놓고 여름을 노래하니까.

2

아, 포도주 한 잔 했으면!
깊이 판 땅속에 오랫동안 서늘하게 저장해두어
꽃과 시골의 초록 들판,

춤과 프로방스의 노래, 햇볕에 탄 환희의 맛이 나는.
아, 따뜻한 남국의 정취가 가득 서린 술 한 잔 했으면!
진정한 진홍빛 히포크레네 샘물로 넘치고
염주알 같은 거품이 가장자리에 이는
자줏빛으로 물든 술잔으로.
술을 마시고 눈에 띄지 않게 이 세상을 빠져나가
너와 함께 어둑한 숲속으로 사라져버렸으면.

3

멀리 사라져 녹아버리고 완전히 잊어버렸으면,
네가 나뭇잎들 가운데서 결코 알지 못했던 것들,
이 세상의 피로와 열병, 초조함을.
이곳에서는 사람들이 앉아 서로의 신음소리를 듣고
중풍환자가 마지막으로 몇 가닥 남은 슬픈 백발을 날리며,
젊은이는 창백해져 유령처럼 여위어 죽고
그저 생각만 해도 슬픔과 눈빛이 거슴츠레해지는
절망으로 가득 차며,
미인이 반짝이는 눈을 내일이 넘도록 지닐 수 없고
새로운 애인이 그 눈을 연모할 수도 없다.

4

그만둬! 술은 그만둬! 표범이 끄는 바쿠스의 마차를 타지 않고
보이지 않는 시의 날개로
너에게 날아갈 테니,
비록 우둔한 두뇌가 혼란스럽고 지체하게 만들지만.
벌써 너와 함께 있구나! 밤은 부드럽고,
마침 달 여왕님이 별 선녀들에게 에워싸여
옥좌에 앉아 계시네.
하지만 이곳에는 빛이 없다,
짙은 신록과 꾸불꾸불한 이끼 덮인 길을 지나
하늘로부터 산들바람에 불려오는 빛들을 제외하고는.

5

나는 내 발치에 어떤 꽃이 피어 있는지
무슨 부드럽고 향긋한 꽃이 가지에 달려있는지 볼 수 없지만
향기 풍기는 어둠 속에서 추측해 본다,
풀과 잡목숲, 야생 과일나무,
흰 아가위 꽃과 목장의 들장미,
잎사귀에 가려진 금세 시드는 제비꽃,
5월 중순의 맏아들인
술 같은 이슬로 가득 찬, 여름날 저녁 날벌레들이 붕붕대며
늘 찾아오는 피어나는 사향장미에게
이 계절 이 달이 주는 향기들을.

6

어둠 속에서 나는 귀를 기울인다. 여러 번 나는
안락한 죽음과 반쯤 사랑에 빠져
많은 명상적 시에서 죽음을 부드럽게 부르며
나의 고요한 숨결을 하늘로 데려가 달라고 했었다.
지금이 죽기에 그 어느 때보다 호사스러운 것 같다,
네가 그렇게 황홀하게도
영혼을 쏟아 노래하는 동안
고통 없이 이 한밤중에 숨지는 것이!
그래도 너는 노래할 것이며, 나는 귀가 있어도 듣지 못하고
너의 고귀한 진혼곡을 들으며 한 줌의 뗏장이 되리라.

7

너는 태어나서 죽지 않는다, 불멸의 새여!
어떤 굶주린 세대도 너를 짓밟지 못한다.
지나가는 이 밤에 내가 듣고 있는 너의 목소리는
고대에 황제와 어릿광대도 들었고,
아마도 고국이 그리워 눈물에 젖은 채
타국의 곡식밭에 서 있던 룻의

슬픈 가슴속을 파고 들었던 바로 그 노래,
쓸쓸한 요정나라의 물거품이 이는 위험한 바다 쪽으로
열린 마법의 창문을 자주 매혹시켰던
바로 그 노래이리라.

8

쓸쓸한! 바로 이 말은 나를 너에게서
내 자신에게로 불러내는 조종(弔鐘) 같구나!
잘 가라! 사람을 속이는 요정인 공상은
명성처럼 잘 속이지 못하는구나.
잘 가라! 잘 가라! 너의 구슬픈 노래는
가까운 목장을 지나, 고요한 시냇물을 넘어,
산허리 위로 사라진다. 그리고 이제는
다음 골짜기 숲속에 깊이 묻혔다.
이건 환상이었나, 아니면 백일몽이었나?
그 노랫소리는 사라졌네. 나는 깨어 있는가, 자고 있는가?

〈해설〉

송(頌), 송가(頌歌) 혹은 부(賦)로 번역되는 오드(Ode)는 장중한 문체로 쓴 명상적, 철학적 성격의 비교적 긴 서정시 양식을 말한다. 1819년 5월, 이 오드를 쓸 당시 햄프스테드(Hampstead)의 웬트워스(Wentworth)에서 키츠와 함께 살고 있었던 찰스 브라운(Charles Brown)은 이 작품의 창작배경에 관해서 17년 후에 나온 키츠 전기에서 다음과 같이 설명했다.

> 1819년 봄, 나이팅게일 한 마리가 우리 집 근처에 둥지를 틀었다. 키츠는 줄곧 나이팅게일의 노랫소리에 잔잔한 기쁨을 느꼈다. 어느 날 아침 키츠는 식탁의자를 가지고 자두나무 밑 풀밭에 나가서 두 세 시간 동안 앉아있었다. 키츠가 집안으로 돌아왔을 때 그의 손에는

종이 몇 장이 들려있었다. 그가 종이를 슬그머니 책 뒤에 밀어 넣고 있을 때 나는 물었다. 네댓 장 되는 그 종이쪽들은 나이팅게일의 노래에 대한 그의 시적 감정을 담고 있었던 것이다. 글씨는 잘 알아볼 수가 없었고, 그렇게 여러 장의 종이쪽에 쓰다 보니 시의 연들의 순서를 맞추기도 어려웠다. 키츠의 도움으로 순서를 잡을 수 있었는데, 바로 이 작품이 그의 「나이팅게일 송가」로서, 읽는 모든 사람이 즐거워했다.

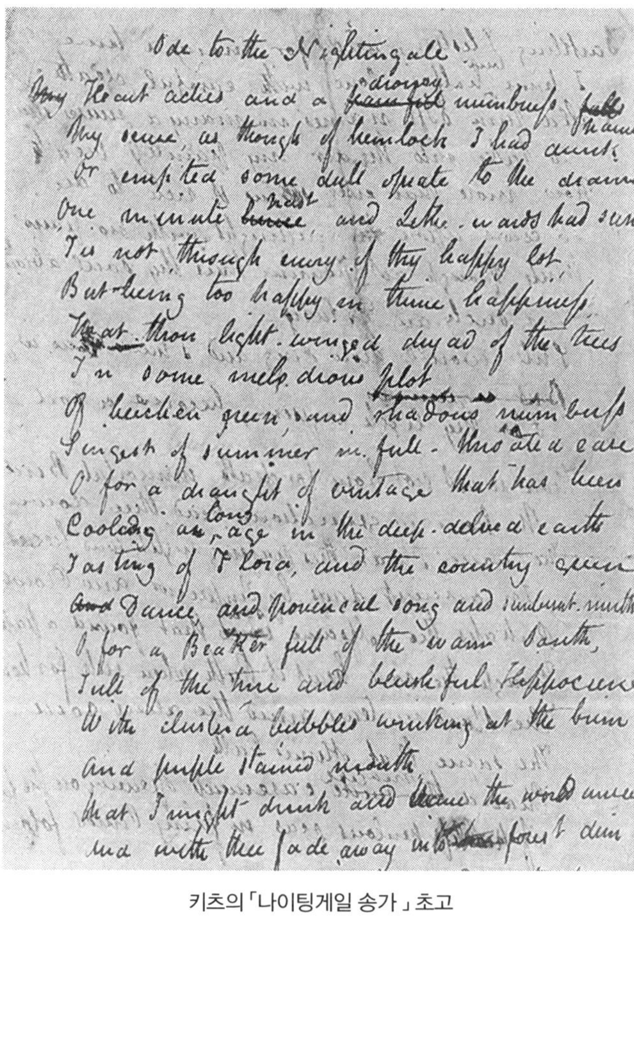
Ode to the Nightingale
My Heart aches and a drowsy numbness pains
My sense as though of hemlock I had drunk
Or emptied some dull opiate to the drains
One minute past and Lethe-wards had sunk
'Tis not through envy of thy happy lot
But being too happy in thine happiness
That thou light-winged dryad of the trees
In some melodious plot
Of beechen green, and shadows numberless
Singest of summer in full-throated ease.
O for a draught of vintage that has been
Cooling a long age in the deep-delved earth
Tasting of Flora, and the country green
Dance, and provencal song and sunburnt mirth
O for a Beaker full of the warm South,
Full of the true and blushful Hippocrene
With clustered bubbles winking at the brim
And purple stained mouth
That I might drink and leave the world unseen
And with thee fade away into the forest dim

키츠의 「나이팅게일 송가 」 초고

키츠가 나이팅게일의 노랫소리에 열광했던 것은 그가 느꼈던 삶의 고통에 대한 반작용으로 보인다. 당시에 키츠는 동생이 폐결핵으로 죽은 후 자신의 죽음에 대한 두려움에 휩싸여 있었고, 패니 브라운(Fanny Brawne)과의 사랑도 절망적이었다. 이런 상황에서 키츠는 하늘을 자유롭게 날며 노래하는 나이팅게일에게서 고통과 번뇌에 싸인 이 지상세계의 속박을 벗어난 이상세계의 모습을 보았던 것이다.

첫 연에는 나이팅게일의 노래를 듣고 감각이 마비될 정도로 황홀경에 빠진 시인의 모습이 그려진다. '가슴이 저린다'든지 '괴롭게 한다'라는 표현은 시인 자신이 현실적으로 겪고 있는 고통과 죽음의 두려움을 암시하면서도, 동시에 그런 고통과 두려움을 잊게 되는 심리적 과정을 보여준다. 그는 독약이나 아편을 마시기라도 한 것처럼 나이팅게일의 노랫소리가 무감각과 망각을 가져다준다고 느낀다.

둘째 연에 와서 시인은 나이팅게일의 노래가 이끄는 그 환희의 세계, 이상적 세계에 도달하기 위해 술의 힘을 빌려 한다. 그는 꽃향기와 초록 들판, 춤과 노래, 따뜻한 남국의 정취가 가득한 술을 마시고 이 세상을 빠져나가 나이팅게일과 함께 어두운 숲속으로 사라져버리고 싶어 한다.

셋째 연에서는 시인으로 하여금 이 세상을 벗어나고 싶노록 만드는 이 지상 세계의 참상과 고통이 그려지고 있다. 그는 황홀에 젖어 노래하고 있는 나이팅게일로서는 결코 알지 못할 인간사회의 피로와 초초함, 병과 노쇠, 절망감, 그리고 미와 사랑의 덧없음을 한탄한다.

넷째 연에 와서 시인은 그런 고통에 잔 지상세계를 벗어나 나이팅게일의 세계에 들어가기 위해 둘째 연에서 얘기한 것과는 달리 주신(酒神) '바쿠스의 마차를 타지 않고/ 보이지 않는 시의 날개'를 타겠다고 한다. 술의 힘 대신 시의 힘을 통해 그 환희의 세계에 도달하겠다는 말이다. 둘째 연에서 시신들이 마시는 히포크레네 샘물을 언급했지만 그것은 시적 영감의 원천으로서보다 자신이 마시고자 하는 술의 향취를 강조하기 위한 것이었을 뿐이다. 시인은 자신의 상상력의 한계로 인해 혼란을 겪고 지체되기는 하지만 금세 나이팅게일의 세계에 들어가게 된다. 그는 별 무리 가운데 있는 달이 마치 시녀들에게 둘러싸인 여왕 같다고 느끼면서 달빛이 비치는 밤하늘의 밝고 아름다운 세계를 바라본다. 그러나 이 연의 마지막 부분에는 다시 어두운 지상의 세계가 언급된다. 그는 이 어두운 밤에 지상에서 보이는 빛이라고는 산들바람에 불려오는 빛밖에 없다고 말한다(이 빛은 반딧불을 말하는 것으로 보인다). 말하자면 이 연에서는 시인의 정신과 몸이 분리되어 있는 양상을 보인다. 그는 정신적으로는 나이팅게일의 순수한 환희의 세계에 들어가 있으면서도 육체적으로 지상세계의 어둠에 매인 자신을 의식하고 있다.

이어서 다섯째 연에서 시인은 자신이 서 있는 어두운 숲속 세계가 풍기는 향기를 언급한다. 사물을 식별할 수 없는 캄캄한 어둠 속에서 그는 각종 봄꽃들의 향기를 맡으며, 그 향기를 풍기는 것이 어떤 꽃들인지, 풀과 잡목들, 야생 과일나무, 아가위와 들장미, 제비꽃, 사향장미와 같이 꽃을 피우는 여러 식물들을 언급하며 추측해 본다. 이 부분에서 시인이 일차적으로 보여주는 것은 나이팅게일의 이상적 세계가 아닌 이 지상세계의 향기로움이다. 그렇다면 이 연은 앞의 연들과는 달리 지상세계의 한계나 부정적인 측면이 아닌 그 아름다움을 제시하고 있는 것이다. 다른 관점에서 보자면 이 연은 나이팅게일이 표상하는 보이지 않는 이상적 세계의 아름다움을 암시하는 것으로 볼 수도 있다. 말하자면 이 시에 나타난 어둠은 현실세계가 가지고 있는 어둠인 동시에 나이팅게일의 노래가 암시하는 보이지 않는 이상적, 초월적 세계의 비유로 나타난다. 나이팅게일이 노래하는 숲의 어둠에 관한 이중적 해석 가능성은 이 시에 일종의 시적 긴장감을 부여한다.

여섯째 연에서 시인은 다음 순간 자신이 서 있는 세계의 어둠으로부터 죽음을 연상해낸다. 앞서 살펴본 작품 「소네트—잠에게」("Sonnet to Sleep")가 보여주듯 그는 자신의 여러 명상적 시에서 죽음을 동경하며 노래했다고 말한다. 어둠에서 죽음을 연상하는 것은 부자연스러운 일은 아니다. 그러나 나이팅게일의 노랫소리가 주는 황홀감에 이어 이 세상 혹은 나이팅게일이 노래하는 숲의 향기로움을 표현하고 있는 이 시의 흐름상 죽음에 관한 언급은 다소 의외다. 나이팅게일의 변치 않고 순수한 이상적 세계에 들어가는 것은 술이나 시를 통해서가 아니라 오로지 죽음을 통해서만 가능하다는 뜻으로 보인다. 혹은 그저 나이팅게일의 노랫소리를 통해 이상적 세계의 황홀감을 맛본 그 순간 고통 없이 죽고 싶은 마음을 나타낸 것으로 보이기도 한다. '안락한 죽음', '고통 없이'라는 표현에서 보이듯 여기에서 말하는 죽음은 셋째 연에 언급된 이 세상의 고통스런 죽음과는 다른 관념적, 정신적 죽음이다. 그러나 동시에 그 죽음은 현실적인 죽음이기도 하다. 그래서 그는 자신이 죽게 되면 나이팅게일의 노랫소리를 더 이상 들을 수가 없을 것이고, 다만 그 노랫소리는 자신의 진혼곡이 될 것이라고 말한다.

일곱째 연에 와서 시인 자신의 죽음에 대한 연상은 인간 삶의 덧없음으로 이어지며, 그것은 나이팅게일의 불멸성에 대한 가상으로 이어진다. 인간은 개별적 인간들의 죽음과 탄생의 반복을 통하여 세대를 이어가지만 이 밤에 시인에게 노랫소리를 들려주고 있는 바로 이 나이팅게일은 옛날부터 계속 살아있다고 시인은 말한다. 그래서 이 나이팅게일의 노랫소리는 고대의 황제와 어릿광대뿐만 아니라 이방 곡식밭에서 눈물 속에 이삭을 줍던 모압족 여인 룻도 들었고 중세 로맨스에 나오는 아름다운 아가씨가 갇혀 있는 마법의 창에도 울렸다고 상상한다. 이 연은 나이팅게일의 불멸성을 가상하면서 동시에 시인이 나이팅게일의 노래를 통해 시간적 공간적으로 멀리 떨어진 환상적이고 신비한 세계를 체험하고 있음을 말해 주고 있다.

이 연 끝부분에 나온 '쓸쓸한'(forlorn)이라는 단어는 다음 연 첫머리에서 반복되며 마지막 연의 분위기를 이끈다. 같은 단어가 반복된 것이지만, 두 부분의 의미는 확연히 다르다. 앞부분이 외딴 선경(仙境)을 객관적으로 묘사한 것이라면, 이 부분은 화자 자신의 쓸쓸한 처지를 주관적으로 표현하고 있다. 나이팅게일의 노랫소리를 통해 황홀경에 빠져 있던 시인은 이 '쓸쓸한'이라는 말을 단초로 해서 환상에서 깨어나 현실의 세계로 되돌아오게 된다. 그를 나이팅게일의 세계로 이끌었던 '공상'(fancy)은 소문과 달리 계속 속이지 못하고, 나이팅게일의 초월적 세계와 하나가 되었던 시인은 이제 자신이 홀로 어두운 숲에 남아있음을 순간 깨닫는다. 그래서 그는 이제 나이팅게일의 노랫소리가 황홀하지 않고 구슬프다고 느낀다. 나이팅게일이 날아가면서 그 노랫소리는 가까운 목장과 시냇물, 산허리에서 점점 약하게 들리다가 마침내 다음 골짜기에서 사라져버린다. 이것은 동시에 시인이 환상의 세계에서 점점 벗어나는 과정을 보여준다. 그래서 마침내 시인은 현실의 세계로 돌아오지만, 자신이 바로 전에 경험했던 것이 환상이었는지 백일몽이었는지 어리둥절해 한다.

새는 흔히 시와 시인의 상징으로 쓰인다. 시인의 영감은 새처럼 날아다니고 노래를 만들어내기 때문이다. 새들이 땅을 박차고 솟아올라 하늘을 날며 노래하는 모습은 시인들이 상상력의 날개를 타고 현실

세계의 속박을 벗어나 영원한 이상세계를 노래하는 모습을 연상시킨다. 나이팅게일 역시 이 작품에서 단순한 생물 이상의 의미를 가진다. 나이팅게일의 노래는 시인 자신을 이상적 황홀경으로 이끌고, 나이팅게일 존재 자체는 불멸성을 가진 것으로 그려진다. 그러나 나이팅게일의 노래가 인간에게 환희를 주지만 그것은 새가 부르는 노래일 뿐이며, 나이팅게일 또한 하나의 생물로서 죽을 수밖에 없는 운명을 가지고 있다. 나이팅게일이 보여주는 황홀경이나 불멸성은 모두 시인의 환상이 만들어낸 허구에 불과하며, 결국 현실로 돌아온 시인은 이를 인식하지 않을 수 없게 된다.

그러나 작품의 마지막 부분은 이 현실세계에 대한 시인의 생각이 어떤 것인지 모호하게 만든다. 그는 현실로 돌아온 자신이 깨어 있는 것인지 자고 있는 것인지 알지 못한다. 깨었다는 말은 자신이 나이팅게일의 환상적 세계를 벗어났다는 뜻이며, 자고 있다는 말은 이 현실세계 자체가 본질적 세계가 아닌 꿈같은 허상의 세계라는 뜻이다. 이 부분은 꿈에 자신이 나비가 되어 즐겼지만 나비가 자신인지 자신이 나비인지 분간하지 못했다는 장자의 '호접지몽'(胡蝶之夢)을 연상시킨다.

> '어느 날 장주는 나비가 된 꿈을 꾸었다. 나비가 되어 훨훨 날아다니며 즐겁게 놀면서도 자신이 장주라는 것을 깨닫지 못했다. 꿈에서 깨어나 보니 자신은 틀림없이 장주가 아닌가. 도대체 장주가 꿈속에서 나비가 된 것일까? 아니면 나비가 꿈속에서 장주가 된 것일까?'(『장자』「제물론」).

To Autumn

1

Season of mists and mellow fruitfulness,
    Close bosom-friend of the maturing sun;

Conspiring with him how to load and bless
    With fruit the vines that round the thatch-eves run;
To bend with apples the moss'd cottage-trees,
    And fill all fruit with ripeness to the core;
        To swell the gourd, and plump the hazel shells
    With a sweet kernel; to set budding more,
And still more, later flowers for the bees,
Until they think warm days will never cease,
        For summer has o'er-brimm'd their clammy cells.

〈주석〉

2] bosom-friend: 절친(intimate friend).
maturing sun: '과일을 성숙시키는 태양'이라는 의미와 '가을이 되면서 스스로 성숙해가는 태양'이라는 의미를 동시에 가진다.

3] him: 앞 행에 나온 'the maturing sun'을 지칭함.
how to load and bless: how는 이어서 To bend…(제5행), And (to) fill…(제6행), To swell…and plump…(제7행), to set budding…(제8행)으로 연결된다.

5] moss'd cottage-trees: 시골집 근처의 이끼가 낀 사과나무들.

6] core: (과일의) 속.

7] plump: swell out(살찌우다).

8] kernel: (밤, 개암 따위의) 연한 속살.

8-9] to set budding more,/And still more, later flowers for the bees: 'to set'의 목적어는 'later flowers'. 'budding'은 목적보어.

2

Who hath not seen thee oft amid thy store?
    Sometimes whoever seeks abroad may find
Thee sitting careless on a granary floor,
    Thy hair soft-lifted by the winnowing wind;
Or on a half-reap'd furrow sound asleep,
    Drowsed with the fume of poppies, while thy hook
        Spares the next swath and all its twined flowers:

And sometimes like a gleaner thou dost keep
Steady thy laden head across a brook;
Or by a cider-press, with patient look,
Thou watchest the last oozings, hours by hours.

〈주석〉

12] thee: Autumn. 가을을 농부로 의인화하고 있음.
oft: often.
14] careless: casually or without cares.
granary: a storehouse for grain(곡식창고).
15] soft-lifted: softly lifted.
winnowing: fanning the chaff from the grain(키질하는).
16] furrow: 밭고랑.
17] Drowsed: made drowsy.
fume of poppies: the sleepy smell of poppies.
hook: scythe(낫).
18] swath: the width of corn cut by a scythe(낫으로 베는 한 줄).
21] cyder-press: 사과착즙기, 사과즙 짜는 압착기.
22] oozings: 착즙기에서 방울방울 떨어지는 사과즙을 말함.

3

Where are the songs of Spring? Ay, where are they?
Think not of them, thou hast thy music too,—
While barred clouds bloom the soft-dying day,
And touch the stubble-plains with rosy hue;
Then in a wailful choir the small gnats mourn
Among the river sallows, borne aloft
Or sinking as the light wind lives or dies;
And full-grown lambs loud bleat from hilly bourn;
Hedge-crickets sing; and now with treble soft
The redbreast whistles from a garden-croft,
And gathering swallows twitter in the skies.

〈주석〉

23] Where are the songs of Spring? Ay, where are they?: *ubi sunt* theme (〈인생무상〉이라는 주제).

25] barred clouds: bars of clouds(길게 늘어선 구름).
bloom: touch with a soft, warm glow.
soft-dying day: softly dying day(조용히 저무는 날).

26] touch: mark slightly with some color.

28] sallows: low-growing willows(갯버들).

30] bourn: boundary.

32] redbreast: robin(울새).
garden-croft: 텃밭. croft: a small plot of ground.

1

안개 끼고 과일 익어가는 결실의 계절이여,
　　과일을 성숙하게 하는 태양의 가장 가까운 친구여.
태양과 공모하여 초가집 처마를 휘감아 도는 넝쿨에
　　포도 알맹이가 주렁주렁 매달리도록 축복해 주며
시골집 이끼 낀 사과나무가 휘어지도록 사과가 달리게 하고
　　온갖 열매가 속까지 익도록 만들며
　　　　조롱박이 커지게 하고, 개암열매에 달콤한 속살이
　　꽉 차도록 만들며, 벌들을 위해
점점 더 많이 봉오리가 맺혀 늦게까지 꽃을 피게 만들어
따뜻한 날이 계속되리라고 벌들이 생각하게 만드는 계절이여.
　　　　이미 여름에 벌집이 끈적끈적하도록 꿀이 넘쳤으니.

2

네가 수확물 가운데 있는 것을 누가 자주 보지 못했으랴?
　　가끔 밖으로 너를 찾아다니는 사람은 네가
곡식 창고 바닥에 아무렇게나 앉아서 키질하는 듯한 바람에
　　머리칼을 가볍게 날리고 있는 모습을 보았으리라.
아니면 낫질을 하다가 다음 줄과 넝쿨진 꽃들을 남겨둔 채
　　양귀비 향에 취해 졸음이 쏟아져

추수를 하다 말고 밭고랑에서 푹 잠이 든 너의 모습을.
그리고 가끔은 이삭 줍는 사람처럼 너는 곡식을 진 머리가
흔들리지 않게 하고 개울을 건넌다.
혹은 사과착즙기 옆에서 끈기 있는 표정으로
마지막 방울까지 몇 시간이고 지켜본다.

3

봄노래는 어디에 있나? 정녕코 어디에 있나?
봄노래 일랑 생각지 마라. 너도 네 음악이 있으니.
날이 조용히 저물며 길게 늘어선 구름이 석양빛에 젖고
그루터기만 남은 들판이 장밋빛으로 물들고 있을 때
작은 하루살이 떼가 바람이 가볍게 일었다 잤다 함에 따라
높이 날기도 낮게 가라앉기도 하면서 강가
갯버들 가운데서 애조 띤 합창으로 구슬픈 소리를 낸다.
다 자란 양들이 언덕배기에서 음매애하고 요란하게 울고
울타리 귀뚜라미도 노래한다. 이제는 높고 부드러운 소리로
울새가 텃밭에서 휘파람을 불고
하늘에는 제비 떼가 모여 지지배배 거린다.

〈해설〉

키츠가 1819년 9월 19일에 쓴 이 송가는 가을의 풍성함을 구체적이고 사실적으로 묘사하고 있는 작품이다. 이 시를 쓰고 난 이틀 후 키츠는 절친 레이놀즈(John Hamilton Reynolds, 1794–1852)에게 다음과 같은 편지를 보냈다.

> 지금 계절이 얼마나 아름다운지, 공기는 또 얼마나 좋은지. (중략) 난 이렇게 그루터기만 남은 들판을 지금처럼 좋아한 적이 없었네. 정말로 찬 기운이 도는 봄의 초록 들판보다 더 좋네. 그루터기만 남은 들판은 어딘지 모르게 따스한 그림처럼 그렇게 따스하게 보인다네. 일

> 요일 날 산책을 하다가 이런 풍경에 깊은 감동을 받아 내가 이 시를 쓰게 된 것일세.

이 작품의 첫 연은 키츠가 가을에 대해 느꼈던 따스함과 풍요로움을 잘 표현하고 있다. 시인은 가을이 어떤 살아있는 존재이기라도 한 것처럼 가을을 부르면서 가을철에 농가에서 흔히 눈에 띄는 광경들을 느긋한 기분으로 묘사한다. 과일이 무르익고 초가집 포도 넝쿨에 포도 알맹이가 주렁주렁 달리며, 나무가 휘어질 지경이 되도록 사과가 열린다. 조롱박은 크게 자라고 각종 열매는 속이 차며, 늦도록 꽃이 계속 피어 꿀벌들이 아직도 여름이 계속되고 있다고 생각할 지경이 된다. 시인은 여기에서 나무와 과일, 꽃과 벌 등의 자연물을 주로 묘사하고 있지만, 그것은 야생의 자연물이 아닌 인간의 삶과 직접적 연관을 맺고 있는 길들여진 자연물들이다. 포도나 사과, 조롱박, 개암, 벌꿀 등은 모두 인간들이 기르고 이용하는 것들이다. 키츠가 가을 들판에서 느꼈던 따스한 감정은 이렇듯 인간화된 자연이 주는 친숙함으로 표현된다.

둘째 연에서도 마찬가지로 자연은 의인화되면서 친숙한 모습으로 나타난다. 계절이란 시간에 따른 자연의 변화와 관련된 한 해의 어떤 기간을 지칭하는 말일뿐, 인간처럼 살아있고 눈에 보이는 존재는 아니다. 우리는 자연의 변화를 보고 계절을 느낄 수 있을 따름이다. 첫 연에서는 가을이 마치 태양과 모의라도 한 것처럼 풍성함을 가져오는 존재로 묘사되었다면, 둘째 연에서는 가을이 들판에서 농사일을 하는 농부의 모습으로 나타난다. 포도가 주렁주렁 잔뜩 열리고 나무가 휘늘어지도록 사과가 달리며 조롱박이나 개암열매들이 잘 익어가는 것을 보면서 우리는 가을이 왔음을 느끼듯, 들판에서 추수하는 농부들의 모습이 보일 때 우리는 가을이 깊어가고 있다는 것을 알게 된다. 이처럼 계절이란 인간이 설정한 눈에 보이지 않는 하나의 관념이면서도 매우 구체적인 모습을 통하여 실체가 드러나게 된다. 우리가 바람을 볼 수 없지만, 나뭇가지가 흔들리는 것을 보며 바람이 불고 있다는 것을 아는 것과 같은 이치이다.

이 연에서는 가을이 알곡을 키질하고(winnowing), 곡식을 낫으로 베어 거두어들이고(reaping), 이삭을 줍고(gleaning), 사과즙을 짜는(cider-pressing) 것과 같은 네 종류의 추수 일을 하는 농부로 묘사되어 나타난다. 그러나 그것은 대체로 바쁘게 농사일을 하는 동적(動的)인 모습이 아니라 농사일을 하다가 쉬는 다소 정적(靜的)인 모습이다. 먼저 가을은 키질을 하다 말고 곡식 창고 바닥에 아무렇게나 퍼질러 앉아서 바람을 쐬며 쉬고 있는 농부의 모습으로 나타난다. 또 가을은 밭에서 낫질을 하다 말고 양귀비 향에 취해 밭고랑에서 잠든 농부의 모습으로 나타난다. 또 가을은 곡식을 머리에 지고 개울을 건너는, 이삭 줍는 사람의 모습으로 나타난다. 여기에서는 다른 농부들의 모습과는 달리 움직임이 연상되지만, 그것은 '머리가 흔들리지 않게 하고'(keep/ Steady thy laden head)라는 구절이 보여주듯 다소 느리고 순간적으로 정지된 듯한 움직임이다. 같이 붙어서 연속적으로 이어지며 한 행에 쓰여야 할 'keep'과 'Steady'라는 두 단어가 서로 다른 행으로 분리된 것은 시냇물을 건너며 균형을 잡는 농부의 순간적인 정지동작을 보는 것처럼 느껴지게 만든다. 또 가을은 착즙기로 사과즙을 짜면서 떨어지는 방울을 마지막까지 끈기 있게 지켜보고 있는 농부의 모습으로 나타난다. 양귀비와 졸음, 잠 등의 단어에서 보이듯 전체적으로 이 연은 가을의 풍요에 만족하고 도취한 듯한 분위기가 지배하고 있다.

첫 연과 둘째 연에서는 시각적 이미지가 강했다면, 셋째 연에서는 청각적 이미지가 강하게 나타난다. 날이 저물며 구름이 황혼빛에 젖고 들판이 장밋빛으로 물든다는 표현에서는 시각적 이미지가 나타나지만 셋째 연의 지배적 이미지는 청각적인 것이다. 시인은 먼저 봄노래의 행방에 대해 묻는다. 새들이 짝짓기 노래를 부르고 청춘남녀들이 사랑의 노래를 하는, 많은 노래가 울리는 계절은 역시 봄이기 때문이다. 그러다가 그는 이내 봄노래는 잊으라고 하면서 가을 자체가 가진 음악을 상기시킨다. 시인이 묘사하는 가을의 음악은 작은 하루살이가 떼를 지어 바람을 타고 날면서 내는 소리, 여름 동안 풀을 잔뜩 뜯어 배불리 먹고 가을에 살이 통통하게 오른 양들이 내는 소리, 울타리의 귀뚜라미가 우는 소리, 울새가 밭에서 내는 소리, 남쪽으로 가기 위해 모인 제비 떼가 지저귀는 소리들이다.

위에 인용한 편지를 보자면 키츠는 그루터기만 남아있는 들판에서도 가을의 서늘함이나 쓸쓸함, 슬픔보다는 주로 따뜻함, 만족감 같은 것을 느꼈던 것 같다. 그러나 하루살이 떼가 내는 '애조 띤 합창' '구슬픈 소리'가 보여주듯 이 마지막 연에서 언급되고 있는 가을의 여러 소리들은 전체적으로 슬픈 느낌을 주는 것이 사실이다. 그래서 첫 연의 따스함과 둘째 연의 느긋함은 셋째 연에서는 서글픔으로 바뀌게 된다.

노을이 지는 광경이나 남쪽을 향해 떠나는 제비들의 모습은 하루가 저물고 한 해가 기울어가는 시간의 흐름과 그에 따른 자연의 변화를 생각하게 만든다. 시간적으로 보자면 첫 연은 익어가는 과일과 열매에 대한 묘사, 여름철에 이미 벌집에 꿀이 넘쳤다는 표현으로 보아 늦여름부터 초가을까지의 광경을, 둘째 연은 농부들이 다 익은 곡식을 베고 탈곡을 하며 이삭을 줍고 사과를 수확하여 착즙기에서 사과즙을 짜는 모습으로 보아 가을 한창때의 광경을, 셋째 연은 그루터기만 남은 들판이나 귀뚜라미 노랫소리, 남쪽으로 가는 제비떼에 대한 묘사로 보아 늦가을 혹은 초겨울의 모습을 그리고 있다. 이렇게 보자면 이 시는 전체적으로 늦여름의 따뜻함과 풍요로움으로부터 초겨울의 차가움과 쓸쓸함까지의 계절에 따른 자연의 변화를 묘사하고 있다.

인간은 자연에 의존할 뿐 아니라 자연의 일부로서 시간에 따른 변화를 겪을 수밖에 없는 존재이다. 자연에 사계절이 있듯 인간에게도 시기에 따른 변화의 단계가 있다. 나무에 싹이 트고 자라고 꽃이 피며 열매를 맺고 낙엽이 지듯, 인간도 태어나서 성장하고 늙고 병들어 죽는다. 이 작품이 보여주는 시간에 따라 변화하는 가을의 모습은 그런 점에서 인간의 생애에 대한 비유이다. 가을이 지나면 겨울이 오는 것이 자연의 이치이듯, 인간도 노년에 이르면 죽음을 피할 수 없다. 이 작품의 마지막 부분이 암시하는 것은 죽음을 기꺼이 받아들이는 그런 달관된 삶의 자세이다.

이 철

서울대학교 인문대학 영어영문학과 졸업
서울대학교 대학원 졸업(문학박사)
하버드대학 비교문학과(1997-1998년)
코넬대학 영문과(2005-2007년, 2015-2017년)에서 해외파견 연구
현재 강릉원주대학교 영어영문학과 교수

저서 :

『르네상스와 신고전주의 영시의 이해』
『낭만주의와 현대 영시의 이해』
『영시읽기의 기초』(공저), 『영국문학의 이해』(공저)
『영미시』(공저), 『영미문학의 길잡이2』(공저) 등

번역서 :

『윌리엄 버틀러 예이츠 자서전』(*The Autobiography of W. B. Yeats*)
-2019년 대한민국학술원 선정 교육부 우수학술도서
『비전』(W. B. Yeats, *A Vision*)
『열정적인 너무나 열정적인』(John Tytell, *Passionate Lives : D. H. Lawrence, F. Scott Fitzgerald, Henry Miller, Dylan Thomas, Sylvia Plath—in Love* 공역)
『낭만주의선언』(Ayn Rand, *The Romantic Manifesto : A Philosophy of Literature*)
『생일편지』(Ted Hughes, *Birthday Letters*)
『물방울에게 길을 묻다』(Ted Hughes, *Selected Poems : 1957-1967*) 등

낭만주의 영시

초판 1쇄 발행 _ 2020년 8월 30일

저 자 · 이 철
발행인 · 정 현 걸
발 행 · 신 아 사
인 쇄 · 대명프린팅
주 소 · 서울특별시 은평구 통일로 59길 4 (2층)
전 화 (02) 382-6411 팩스 (02) 382-6401
홈페이지 · www.shinasa.co.kr
E-mail · shinasa@daum.net
출판등록 · 1956년 1월 5일(제9-52호)

ISBN : 978-89-8396-755-8 (93840)

정가 15,000원